普通高等教育机械类系列教材

流体传动技术

蒋 丹 郭 庆 杨 平 王洪艳 编著

电子工业出版社
Publishing House of Electronics Industry
北京·BEIJING

内 容 简 介

本书内容涵盖了流体传动技术所涉及的多个知识点，具体内容包括流体传动技术概述及流体力学基础、流体传动系统能源装置、流体传动系统执行元件、流体传动系统控制元件、流体传动系统辅助元件、流体传动系统基本回路、典型流体传动系统应用、流体传动系统计算机仿真和流体传动技术课程实验指导。通过流体传动系统计算机仿真和流体传动技术课程实验指导章节的设计，将学科竞赛与教学有机结合，帮助学生将流体传动技术中的抽象概念具体化，加深学生对流体传动专业知识的理解，提高学生的科研素养与工程应用能力。

本书可作为普通高等学校机械类、交通运输类、自动化类等专业本科生教材，也可作为从事流体传动与控制技术工作的工程技术人员和操作人员的实用工具书。

未经许可，不得以任何方式复制或抄袭本书之部分或全部内容。
版权所有，侵权必究。

图书在版编目（CIP）数据

流体传动技术 / 蒋丹等编著. -- 北京 : 电子工业出版社, 2025. 8. -- ISBN 978-7-121-50950-6
Ⅰ. TH137；TH138
中国国家版本馆CIP数据核字第2025LW4425号

责任编辑：张天运
印　　刷：天津千鹤文化传播有限公司
装　　订：天津千鹤文化传播有限公司
出版发行：电子工业出版社
　　　　　北京市海淀区万寿路173信箱　邮编 100036
开　　本：787×1092　1/16　印张：12.25　字数：330千字
版　　次：2025年8月第1版
印　　次：2025年8月第1次印刷
定　　价：52.00元

凡所购买电子工业出版社图书有缺损问题，请向购买书店调换。若书店售缺，请与本社发行部联系，联系及邮购电话：(010) 88254888，88258888。
质量投诉请发邮件至 zlts@phei.com.cn，盗版侵权举报请发邮件至 dbqq@phei.com.cn。
本书咨询联系方式：(010) 88254172，zhangty@phei.com.cn。

前　言

本书内容涵盖了流体传动技术所涉及的多个知识点，具体内容包括流体传动技术概述及流体力学基础、流体传动系统能源装置、流体传动系统执行元件、流体传动系统控制元件、流体传动系统辅助元件、流体传动系统基本回路、典型流体传动系统应用、流体传动系统计算机仿真和流体传动技术课程实验指导。通过流体传动系统计算机仿真和流体传动技术课程实验指导章节的设计，将学科竞赛与教学有机结合，帮助学生将流体传动技术中的抽象概念具体化，加深学生对流体传动专业知识的理解，提高学生的科研素养与工程应用能力。

本书在编写过程中，本着学以致用的原则，着重考虑了以下三个方面。

（1）通过课前、课内、课后思考题，帮助学生加深对基本概念的理解，加强学生对分析能力的训练，使学生可以对相关知识融会贯通。

（2）通过课后知识拓展，引入先进的流体传动技术，扩展学生的学术视野。

（3）"纸上得来终觉浅，绝知此事要躬行"。通过计算机仿真与实验操作，提高学生的动手能力、团队协作能力及理论结合实际的能力，进一步增强学生的实干与创新精神。

本书可作为普通高等学校机械类、交通运输类、自动化类等专业本科生教材，也可作为从事流体传动与控制技术工作的工程技术人员和操作人员的实用工具书。

本书由蒋丹、郭庆、杨平、王洪艳负责编写。电子科技大学机械与电气工程学院对本书出版给予了大力支持，电子工业出版社工作人员为本书出版付出了辛勤劳动，在此向他们致以诚挚的谢意。本书在编写过程中参阅了许多国内外同行撰写的相关资料，同时 SMC（中国）有限公司为 SMC 电子科技大学技术中心提供了气动拾取演示装置、气动实验箱及最新技术资料，研究生赵冬冬、陆启霞、刘渊铭、周兵源、赵雯婷、付益路、姜尚彬、岳诚承担了部分插图的绘制工作，在此一并表示衷心的感谢。

由于编者水平有限且时间仓促，书中难免存在疏漏和不足之处，敬请读者批评指正。

编著者

2025 年 6 月

目 录

第1章 流体传动技术概述及流体力学基础 ... 1
1.1 流体传动技术的发展概况 ... 1
1.2 流体传动系统的工作原理及组成 ... 2
1.2.1 流体传动系统的工作原理 ... 2
1.2.2 流体传动系统的组成 ... 3
1.3 流体传动系统的特点及应用 ... 4
1.3.1 流体传动系统的特点 ... 4
1.3.2 流体传动系统的应用 ... 5
1.4 流体力学基础知识 ... 6
1.4.1 工作介质的物理性质 ... 6
1.4.2 液体静力学基础 ... 9
1.4.3 液体动力学基础 ... 10
1.4.4 管道流动 ... 12
1.4.5 孔口流动和缝隙流动 ... 16
1.4.6 气体状态方程 ... 20
1.4.7 液压冲击和气穴现象 ... 21

第2章 流体传动系统能源装置 ... 25
2.1 概述 ... 25
2.2 液压泵 ... 25
2.2.1 液压泵概述 ... 26
2.2.2 齿轮泵 ... 29
2.2.3 叶片泵 ... 33
2.2.4 柱塞泵 ... 36
2.3 气源装置 ... 37
2.3.1 气压发生装置 ... 38
2.3.2 净化和储存压缩空气的装置与设备 ... 39
2.3.3 气动三联件 ... 41

第3章 流体传动系统执行元件 ... 43
3.1 概述 ... 43

    3.2   直线往复运动执行元件 ··· 43
        3.2.1   液压缸 ··· 44
        3.2.2   气缸 ·· 53
        3.2.3   缸的安装和机械连接方式 ·· 56
    3.3   旋转运动执行元件 ··· 59
        3.3.1   液压马达 ··· 59
        3.3.2   气动马达 ··· 63

第 4 章　流体传动系统控制元件 ··· 66

    4.1   概述 ·· 66
    4.2   液压阀的阀芯结构和性能 ··· 66
        4.2.1   阀芯结构 ·· 66
        4.2.2   液动力 ·· 68
        4.2.3   卡紧力 ·· 69
    4.3   液压方向控制阀 ·· 70
        4.3.1   单向阀 ·· 71
        4.3.2   换向阀 ·· 73
    4.4   液压压力控制阀 ·· 82
        4.4.1   溢流阀 ·· 83
        4.4.2   减压阀 ·· 86
        4.4.3   顺序阀 ·· 89
        4.4.4   压力继电器 ··· 92
    4.5   液压流量控制阀 ·· 93
        4.5.1   节流阀 ·· 94
        4.5.2   调速阀和溢流节流阀 ··· 96
    4.6   液压插装阀与叠加阀 ·· 99
        4.6.1   插装阀 ·· 99
        4.6.2   叠加阀 ·· 101
    4.7   电液数字阀 ·· 103
    4.8   电液比例阀 ·· 104
    4.9   电液伺服阀 ·· 106
    4.10 气动控制元件 ··· 108
        4.10.1 气动方向控制阀 ·· 108
        4.10.2 气动压力控制阀 ·· 110
        4.10.3 气动流量控制阀 ·· 111

第 5 章　流体传动系统辅助元件 ·· 114

    5.1   液压辅助元件 ·· 114
        5.1.1   蓄能器 ·· 114
        5.1.2   过滤器 ·· 118

	5.1.3 油箱	121
	5.1.4 管道	122
	5.1.5 管接头	123
	5.1.6 密封元件	124
	5.1.7 热交换器	128
5.2	气动辅助元件	129
	5.2.1 消声器	129
	5.2.2 气动管道连接件	130

第6章 流体传动系统基本回路 … 131

6.1	液压基本回路	131
	6.1.1 压力控制回路	131
	6.1.2 速度控制回路	135
	6.1.3 方向控制回路	143
	6.1.4 多执行元件控制回路	145
6.2	气动基本回路	149
	6.2.1 方向控制回路	149
	6.2.2 压力控制回路	150
	6.2.3 速度控制回路	151
	6.2.4 其他常用气动基本回路	153
6.3	流体传动系统常用电气回路	156

第7章 典型流体传动系统应用 … 162

7.1	典型负载特性	162
	7.1.1 恒转矩负载特性	162
	7.1.2 恒功率负载特性	163
	7.1.3 通风机型负载特性	163
7.2	YT4543型动力滑台液压系统	164

第8章 流体传动系统计算机仿真 … 169

8.1	机电液系统相似模型	169
8.2	流体传动系统仿真软件介绍	169
	8.2.1 FluidSIM软件	169
	8.2.2 AMESim软件	171
	8.2.3 MATLAB/Simulink软件	173

第9章 流体传动技术课程实验指导 … 177

9.1	液压与气动元件拆装实验	177
9.2	单作用气缸换向及速度调节回路实验	178
9.3	双作用气缸换向及速度调节回路实验	179

9.4　液压缸并联同步回路实验 ··· 180
9.5　管路液压冲击实验 ·· 181
9.6　气动拾取演示实验 ·· 181
9.7　SMC 气动实验 ··· 182
9.8　慧鱼气动模型搭建与调试实验 ·· 185

参考文献 ··· 188

第 1 章
流体传动技术概述及流体力学基础

课前思考题：

液压千斤顶（Hydraulic Jack）是一种简单的起重设备（起重高度通常低于 1m），如图 1-1 所示。在修理车辆时，液压千斤顶可以用来支撑车辆。试思考液压千斤顶的结构组成、工作原理、工作参数及使用注意事项。

图 1-1 液压千斤顶

1.1 流体传动技术的发展概况

流体传动（Fluid Transmission）包括液压传动（Hydraulic Transmission）与气压传动（Pneumatic Transmission），是以流体（包括液体和气体）作为工作介质来进行能量传递和控制的一种传动形式。它先通过能源装置（如液压泵、空压机）将原动机（如电动机、内燃机）的机械能转换为流体的压力能（Pressure Energy），然后通过密闭管道、控制元件等由执行元件（如液压缸、液压马达、气缸、气动马达）将流体的压力能转换为机械能（Mechanical Energy），以驱动负载做直线运动或旋转运动。流体传动系统的能量转换图如图 1-2 所示。

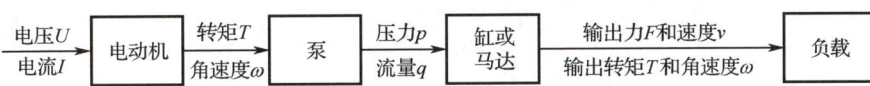

图 1-2 流体传动系统的能量转换图

自 17 世纪帕斯卡提出静压传递原理、18 世纪末英国制成世界上第一台水压机以来，液压传动已有 300 多年的历史。但是由于当时没有成熟的液压传动技术和液压元件，因此它没有得到普遍的应用。在第二次世界大战期间，由于军事上迫切需要反应快、质量轻、功率大的各种武器装备，而液压传动技术正好具有这方面的优势，所以其获得了较快的发展。如今，液压传动技术已渗透到各行各业，并得到了广泛的应用。

早在公元前，埃及人就开始利用风箱产生压缩空气助燃，这是气压传动最初的应用。从18世纪的产业革命开始，气压传动逐渐被应用到各行各业中。目前，气压传动作为一种低成本的工业自动化手段，发展十分迅速。

目前，流体传动技术在实现高压、高速、大功率、高效率、小噪声、长使用寿命、高度集成化、小型化与轻量化、一体化、执行件柔性化等方面取得了很大的进展。同时，通过与微电子技术的紧密结合，流体传动能在极小的空间内传递出更大的功率，并实现精确控制，从而在各行各业中发挥重要作用。

1.2 流体传动系统的工作原理及组成

1.2.1 流体传动系统的工作原理

流体传动系统的理论是以帕斯卡定律（Pascal's Law）、牛顿的黏度理论（Viscosity Theory）、伯努利方程（Bernoulli's Equation）为基础发展起来的。以液压千斤顶为例进行分析，其工作原理图如图1-3所示。

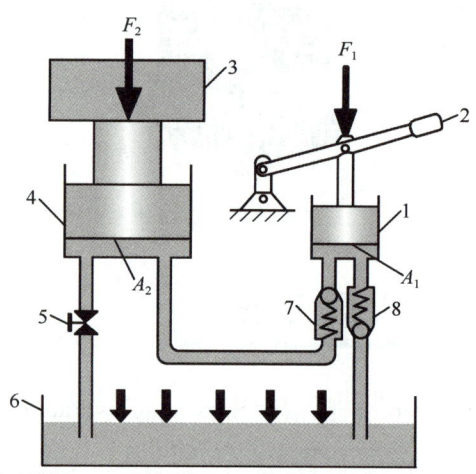

1—小液压缸；2—杠杆；3—负载（重物）；4—大液压缸；5—截止阀（放油螺塞）；6—油箱；7—压油阀；8—吸油阀。

图1-3 液压千斤顶的工作原理图

1. 力的传递

如图1-3所示，大液压缸中所产生的液压力 p_2 为

$$p_2 = \frac{F_2}{A_2} \tag{1-1}$$

式中，F_2——大液压缸的负载力；

A_2——大液压缸无杆腔活塞的有效工作面积。

作用在液压泵（由杠杆2、小液压缸1、压油阀7、吸油阀8组成）活塞上的力 F_1 为

$$F_1 = p_1 A_1 = p_2 A_1 = \frac{A_1}{A_2} F_2 \tag{1-2}$$

式中，p_1——小液压缸中所产生的液压力；

A_1——小液压缸无杆腔活塞的有效工作面积。

根据式（1-2）可知，系统压力与负载密切相关。由此得出流体传动系统工作原理的第一个重要特性：流体传动系统的工作压力取决于负载。

2. 运动的传递

液压泵排出的液体体积等于进入大液压缸的液体体积，即

$$S_1 A_1 = S_2 A_2 \tag{1-3}$$

式中，S_1、S_2——小液压缸、大液压缸中活塞的位移。

将式（1-3）等号两边同除以运动时间 t，可得

$$q_1 = v_1 A_1 = v_2 A_2 = q_2 \tag{1-4}$$

式中，v_1、v_2——小液压缸、大液压缸中活塞的运动速度；

q_1、q_2——小液压缸、大液压缸的流量。

由此得出流体传动系统工作原理的第二个重要特性：活塞的运动速度取决于输入的流量，而与负载无关。

由上面的讨论还可以看出，压力（Pressure）和流量（Flow Rate）是流体传动系统中两个最基本的参数。

课内思考题：

1-1 流体传动系统完成了两次能量转换，试分析能量转换的具体过程，并思考固体与流体对力传递的区别。

1-2 世界上第一台水压机的工作介质为水，目前油液压系统的工作介质为液压油，水液压系统的工作介质为纯水或海水。试思考不同工作介质对应不同应用场合的区别。

1-3 试思考如何测量流体传动系统的压力和流量，如何选用压力传感器和流量传感器，并了解其工作原理、使用范围和注意事项。

1.2.2 流体传动系统的组成

流体传动系统包括液压传动系统（以下简称液压系统）与气压传动系统（以下简称气动系统），其组成部分如表 1-1 所示。典型的液压系统基本组成如图 1-4 所示，包括实现负载直线往复运动的液压系统［见图 1-4（a）］和实现负载旋转运动的液压系统［见图 1-4（b）］两种基本组成方式。

表 1-1 液压与气动系统的组成部分

组成部分	功能	液压元件	气动元件
能源装置	将机械能转换为压力能	液压泵	气源装置
执行元件	将压力能转换为机械能	液压缸（做直线往复运动）	气缸
		液压马达（做旋转运动）	气动马达
控制元件	控制流体的流动方向、压力和流量	液压阀	气动阀
辅助元件	辅助作用	过滤器、油箱、密封元件、管件等	管道、接头、消声器等
工作介质	流体	液压油、纯水或其他合成液体	压缩空气

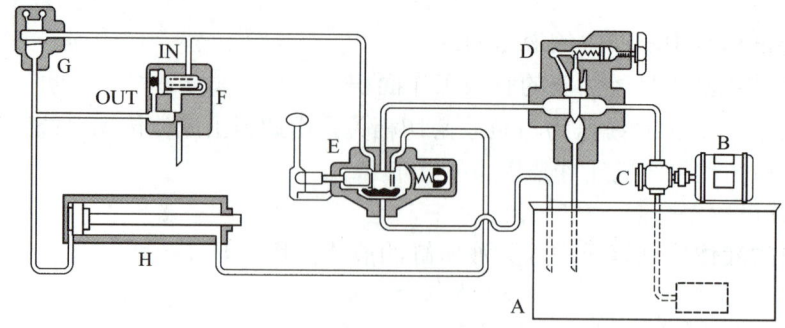

（a）实现负载直线往复运动的液压系统

A—油箱；B—电动机；C—液压泵；D—溢流阀；E—方向控制阀；F—流量控制阀；G—单向阀；H—液压缸。

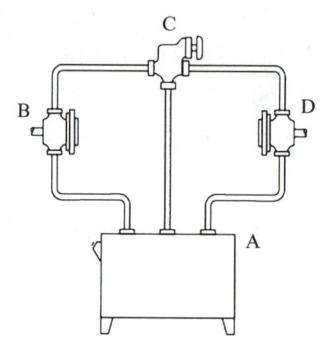

（b）实现负载旋转运动的液压系统

A—油箱；B—液压泵；C—液压阀；D—液压马达。

图1-4　典型的液压系统基本组成

1.3　流体传动系统的特点及应用

1.3.1　流体传动系统的特点

与电动机驱动系统相比，不同的流体传动系统具有不同的特点。

液压系统的主要优点如下。

（1）在同等体积下，液压系统能产生更大的动力。在同等功率下，液压系统的体积小、质量轻、结构紧凑，并且具有较大的功率密度或力密度。

（2）液压系统易于实现无级调速，而且调速范围大。

（3）液压系统工作平稳，换向冲击小，易于实现频繁换向。

（4）液压系统易于实现过载保护，能实现自润滑，使用寿命长。

（5）液压系统易于实现自动化，可以很方便地对液体的流动方向、压力和流量进行调节与控制，并且能和电气、电子控制或气动控制结合起来，实现复杂的运动和操作。

（6）液压元件易于实现系列化、标准化和通用化，便于设计、制造和推广使用。

液压系统的主要缺点如下。

（1）泄漏和液体的可压缩性使液压系统无法保证严格的传动比。

（2）液压系统有较大的能量损失（如泄漏损失、压力损失等），传动效率相对较低。

（3）液压系统对油温的变化比较敏感，不宜在较高或较低的温度下工作。

（4）液压系统在出现故障时不易找出原因。

气动系统的主要优点如下。

（1）空气黏度很小，在管路中的压力损失较小，便于进行集中供气和远距离输送。

（2）由于压缩空气的工作压力较低（一般为 0.3～0.8MPa），因此对气动元件材质要求较低。

（3）气动系统维护简单，管道不易堵塞。

（4）气动系统使用安全，没有防爆问题，便于实现过载保护。

气动系统的主要缺点如下。

（1）气动系统中的信号传递较慢，不宜用于对信号传递速度要求十分高的复杂系统。

（2）由于空气的可压缩性较大，因此气动系统的运动稳定性较差。

（3）气动系统的工作压力较低，结构尺寸又不宜过大，因此气动系统的总推力一般不大。

1.3.2 流体传动系统的应用

近年来，流体传动技术迅速发展，液压与气动元件不断完善，使得流体传动技术在机电设备传动系统中得到了广泛的应用，其优势也逐渐显现。

随着世界工业水平的不断提高，各类液压与气动产品的标准化、系列化和通用化使流体传动技术得到了迅速发展，并开始向高压、高速、大功率、高效率、小噪声、低能耗、高度集成化等方向发展。流体传动系统在各类机械行业中的应用举例如表 1-2 所示。

表 1-2 流体传动系统在各类机械行业中的应用举例

行业名称	应用举例
工程机械	挖掘机（见图 1-5）、装载机、推土机、铲运机、液压叉车（见图 1-6）、盾构机等
矿山机械	凿岩机、开掘机、提升机、矿井护顶液压支架等
建筑机械	打桩机、液压千斤顶、平地机等
冶金机械	轧钢机、压力机等
机械制造	机床、数控加工中心、自动线、气动扳手、锻压机（见图 1-7）、空气锤等
轻工机械	注塑机、打包机、校直机、橡胶硫化机等
汽车工业	高空作业车、自卸式汽车转向器等
水利工程	船闸/水闸启闭机、船舵液压操纵机构等
农林机械	化肥包装机、联合收割机、拖拉机、农机悬挂系统等

图 1-5 挖掘机

图 1-6 液压叉车

图 1-7 锻压机

课内思考题：

1-4　磨床工作台的液压系统的工作原理图如图 1-8（a）所示，其图形符号如图 1-8（b）所示，试分析磨床工作台如何实现直线往复运动和中位停止。

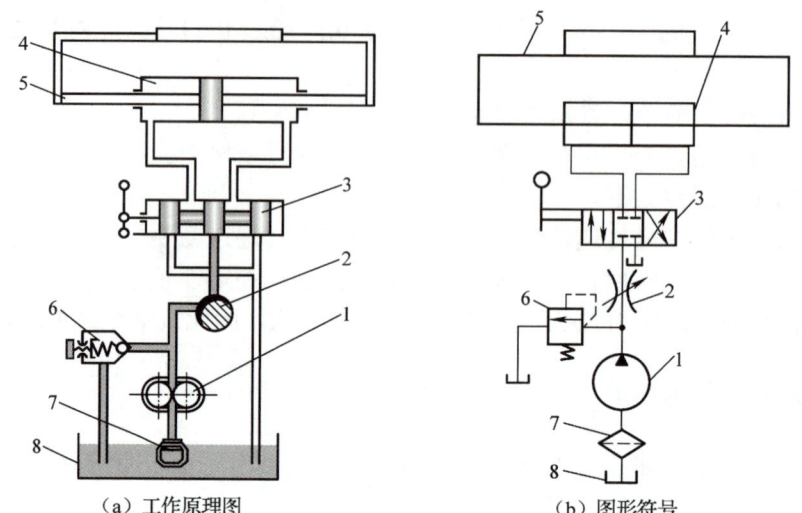

（a）工作原理图　　　　　（b）图形符号

1—液压泵；2—流量控制阀；3—换向阀；4—液压缸；5—工作台；6—溢流阀；7—过滤器；8—油箱。

图 1-8　磨床工作台的液压系统的工作原理图和图形符号

1-5　汽车起重机的手臂是如何放下和吊起重物的？

1-6　一个企业能否采用一个泵站集中供给压力油？一个企业能否集中供气？请分别说明理由。

1-7　通过查阅图书馆数据库和相关文献，了解国内外流体传动相关企业的名称、相关产品与主要参数、未来发展方向等；了解流体传动领域的专业软件及其特点；了解流体传动领域的科学家故事，学习科学家精神。

1.4　流体力学基础知识

1.4.1　工作介质的物理性质

流体传动的工作介质包括液压油、纯水、海水、淡水、压缩空气等，它们的物理性质差别很大。液压油的分类如图 1-9 所示。

1.4.1.1　液体的可压缩性

液体在压力作用下体积减小的性质称为液体的可压缩性。体积为 V_0 的液体，当压力增大 Δp 时，体积减小 ΔV，液体的体积压缩系数（Volume Compressibility Coefficient）k 可表示为

$$k = -\frac{1}{\Delta p}\frac{\Delta V}{V_0} \tag{1-5}$$

液体的体积压缩系数的倒数称为液体的体积弹性模量（Bulk Modulus），用 K 表示为

$$K = \frac{1}{k} = -\frac{\Delta p}{\Delta V}V_0 \tag{1-6}$$

液压油的体积弹性模量 K 为$(0.7\sim1.4)\times10^9\text{Pa}$，几乎可认为其不可压缩。当液压油中混入空气时，其可压缩性将显著增大，从而影响液压系统的工作性能。

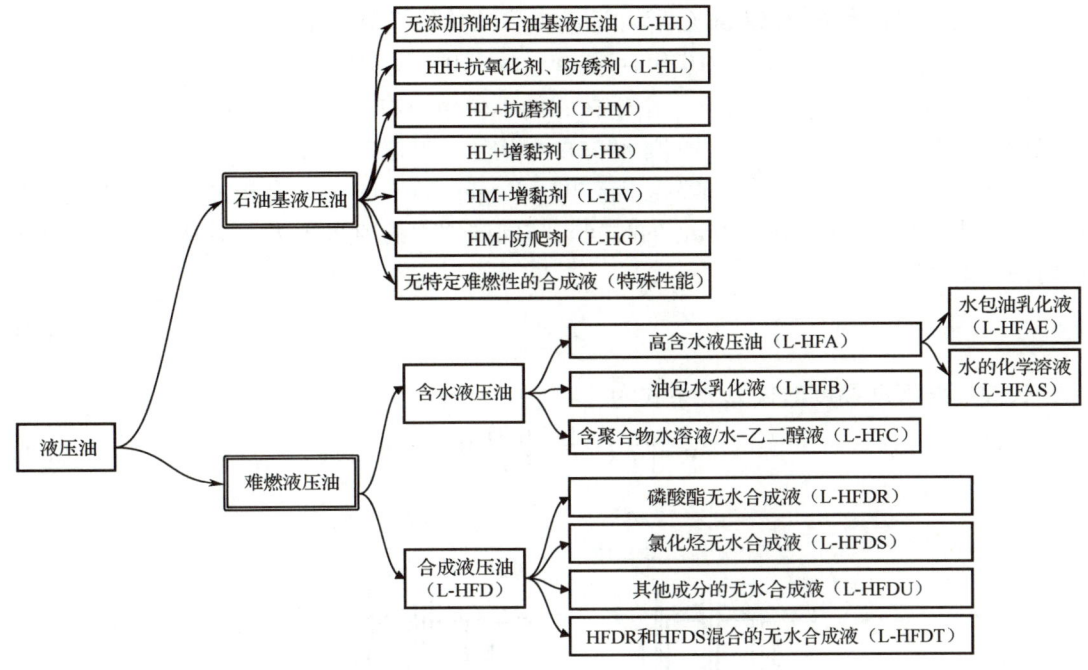

图 1-9　液压油的分类

1.4.1.2　液体的黏性

当液体在外力作用下流动时，液体分子间的内聚力会阻碍液体分子的相对运动，即具有一定的内摩擦力，这种性质称为液体的黏性。黏性是液体的重要物理性质，也是选择液压油的主要依据。黏性示意图如图 1-10 所示。液体黏性的大小用黏度来表示。常用的黏度包括动力黏度（Dynamic Viscosity）、运动黏度（Kinematic Viscosity）和相对黏度。

牛顿内摩擦定律可表示为

$$\tau = \frac{F_\text{f}}{A} = \mu\frac{\text{d}u}{\text{d}y} \tag{1-7}$$

式中，τ——液层间的切应力；
F_f——流动液体相邻层间的内摩擦力；
A——液层接触面积；
μ——比例系数，称为动力黏度；
$\text{d}u/\text{d}y$——液层间的速度梯度。

图 1-10　黏性示意图

（1）动力黏度。动力黏度是指液体在单位速度梯度下流动时，流动液层间单位面积上的内摩擦力，又称为绝对黏度。根据牛顿内摩擦定律，动力黏度可表示为

$$\mu = \frac{\tau}{\text{d}u/\text{d}y} \tag{1-8}$$

动力黏度的单位是 Pa·s 或 N·s/m²。

（2）运动黏度。运动黏度是指液体的动力黏度与同温度下该液体密度 ρ 的比值，即

$$\nu = \frac{\mu}{\rho} \tag{1-9}$$

运动黏度的单位是 m²/s 或 St（斯）。运动黏度的单位换算关系为

$$1\text{m}^2/\text{s} = 10^4 \text{St} = 10^6 \text{mm}^2/\text{s} = 10^6 \text{cSt}（厘斯）$$

运动黏度没有明确的物理意义。由于在它的单位中只有长度和时间的量纲，所以称它为运动黏度。一般将液压油在 40℃时的运动黏度平均值（单位为 mm²/s）作为该液压油的牌号。

（3）相对黏度。相对黏度又称为恩氏黏度（Engler Viscosity），是指油品在某温度下从恩氏黏度计（见图 1-11）中流出 200mL 的时间 t_1 与同样体积的纯水在 20℃时从恩氏黏度计中流出的时间 t_2 的比值，即

$$°E = \frac{t_1}{t_2} \tag{1-10}$$

恩氏黏度与运动黏度的换算关系式为

$$\nu = \left(7.31°E - \frac{6.31}{°E}\right) \times 10^{-6} \tag{1-11}$$

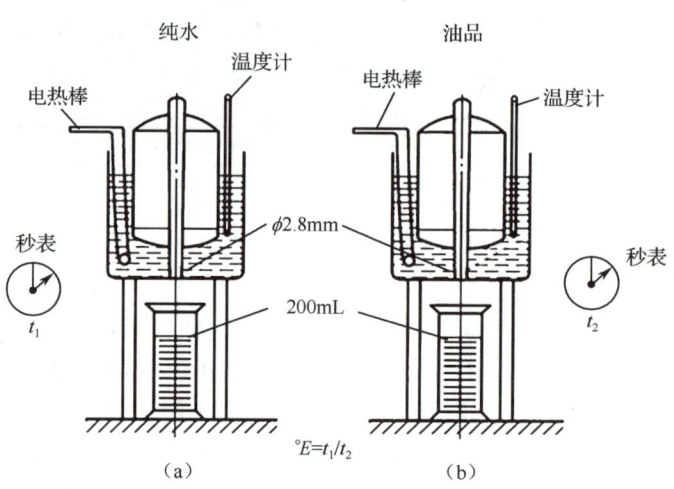

图 1-11 恩氏黏度计的工作原理图

课内思考题：

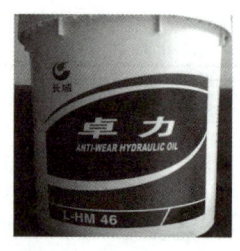

图 1-12 桶装液压油

1-8 桶装液压油如图 1-12 所示，观察液压油的牌号，并说明 L-HM 46 的具体含义。

1-9 液体产生黏性的机理与气体产生黏性的机理有何不同？随着温度升高，液体的黏度如何变化？气体的黏度又如何变化？

1-10 在常温常压下，空气、水、32 号液压油的动力黏度和运动黏度分别为多少？哪种流体更易于流动？

1-11 符合牛顿内摩擦定律的流体称为牛顿流体。试思考哪些流体属于牛顿流体，哪些流体属于非牛顿流体。

1.4.2 液体静力学基础

液体静压力在物理学上称为压强,在工程实际应用中习惯上称为压力,通常用 p 表示。当液体表面 ΔA 上作用有法向力 ΔF 时,液体内某点处的压力为

$$p = \lim_{\Delta A \to 0} \frac{\Delta F}{\Delta A} \tag{1-12}$$

液体静压力具有以下特性。

(1) 液体静压力垂直于承压面,其方向和该面的内法线方向一致。

(2) 静止液体内任一点所受到的静压力在各个方向上都相等。

1.4.2.1 静压力基本方程

在重力作用下的静止液体内的压力分布规律如图 1-13 所示。

由于液柱受力平衡,因此有

$$p\Delta A = p_0 \Delta A + \rho g h \Delta A \tag{1-13}$$

将式(1-13)等号两边同除以 ΔA,可得静压力基本方程,即

$$p = p_0 + \rho g h \tag{1-14}$$

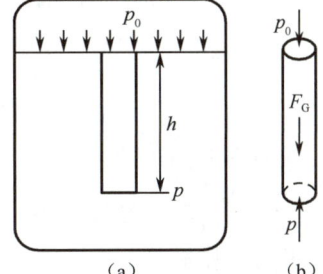

图 1-13 在重力作用下的静止液体内的压力分布规律

由式(1-14)可知,在重力作用下的静止液体内的压力分布具有如下特性。

(1) 静止液体内任一点处的压力均由两部分组成:一部分是液面上的压力 p_0;另一部分是该点以上液体自重所形成的压力,即 ρg 与该点深度 h 的乘积。当液面只受大气压力 p_a 作用时,液体内任一点处的压力为

$$p = p_a + \rho g h \tag{1-15}$$

(2) 静止液体内的压力随液体深度增加呈直线规律递增。

(3) 深度相同处各点的压力均相等,压力相等的所有点组成的面叫作等压面。

(4) 能量守恒,即满足:

$$\frac{p_0}{\rho g} + h_0 = \frac{p}{\rho g} + h = 常量 \tag{1-16}$$

式中,p_0/g ——静止液体内单位质量液体的压力能;

h ——单位质量液体的势能。

1.4.2.2 压力的表示方法及单位

根据度量基准的不同,流体压力可分为绝对压力和相对压力(表压)两种。

(1) 绝对压力。以绝对真空为基准度量的压力叫作绝对压力。

(2) 相对压力。以大气压力为基准度量的压力叫作相对压力或表压。

如果流体中某点的绝对压力小于大气压力,那么比大气压力小的那部分数值为该点处的真空度。绝对压力、相对压力和真空度的关系如图 1-14 所示。

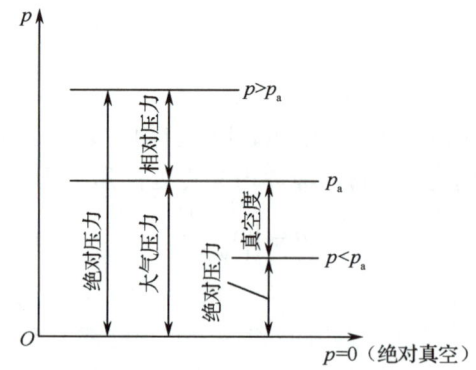

图 1-14　绝对压力、相对压力和真空度的关系

压力的单位及其换算关系如下：

$$1Pa（帕）= 1N/m^2，\quad 1bar（巴）= 1\times10^5 Pa = 1\times10^5 N/m^2$$

$$1atm（工程大气压力）= 1kgf/cm^2 = 9.8\times10^4 N/m^2$$

$$1mH_2O（米水柱）= 9.8\times10^3 N/m^2$$

$$1mmHg（毫米汞柱）= 1.33\times10^2 N/m^2$$

课内思考题：

1-12　工程中常见的指针式压力表显示的数值是相对压力还是绝对压力？试思考指针式压力表的工作原理。

1.4.3　液体动力学基础

液体动力学主要研究液体流动时速度和压力的变化规律，涉及三个基本方程：流量连续性方程（Continuity Equation）、伯努利方程和动量方程（Momentum Equation）。

1.4.3.1　流量连续性方程——质量守恒定律

流量连续性方程是质量守恒（Conservation of Mass）定律在流体力学中的一种表现形式。单位时间内流过某一通流截面的液体体积称为体积流量（Volume Flow Rate）（常用单位为 m^3/s 或 L/min）；单位时间内流过某一通流截面的液体质量称为质量流量（Mass Flow Rate）（常用单位为 g/s）。流体传动系统通常采用体积流量。平均流速 v 是通过整个通流截面的体积流量 q 与通流截面面积 A 的比值。

如图 1-15 所示，液体在任意形状的管道内做定常流动，任取两个不同的通流截面 1、2，根据质量守恒定律，单位时间内流过这两个通流截面的液体质量是相等的，即

$$\rho_1 v_1 A_1 = \rho_2 v_2 A_2 \tag{1-17}$$

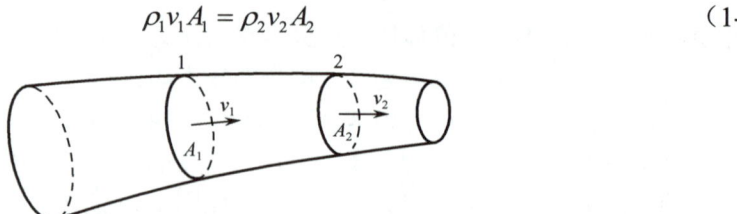

图 1-15　流量连续性方程推导简图

不考虑液体的压缩性，可得

$$v_1 A_1 = v_2 A_2 \tag{1-18}$$

或写为

$$q = v_1 A_1 = v_2 A_2 = vA = 常量 \tag{1-19}$$

式（1-19）为不可压缩液体做定常流动时的流量连续性方程，它说明流过各通流截面的体积流量是相等的。

1.4.3.2 伯努利方程——能量守恒定律

伯努利方程是能量守恒（Conservation of Energy）定律在流体力学中的一种表现形式。首先讨论理想液体的伯努利方程，然后对它进行修正，得到实际液体的伯努利方程。

1. 理想液体的伯努利方程

假设液体在流动过程中无能量损失，根据能量守恒定律，可得

$$z_1 + \frac{p_1}{\rho g} + \frac{v_1^2}{2g} = z_2 + \frac{p_2}{\rho g} + \frac{v_2^2}{2g} \tag{1-20}$$

或写为

$$z + \frac{p}{\rho g} + \frac{v^2}{2g} = 常量 \tag{1-21}$$

式中，z_1、z_2——单位质量液体的位能，也称为比位能。

式（1-20）和式（1-21）为理想液体的伯努利方程。其物理意义是，在密闭的管道内做定常流动的理想液体具有三种形式的比能，即比位能、比压能和比动能，三者可以互相转换，但总的能量不变。

2. 实际液体的伯努利方程

要想把理想液体的伯努利方程修正成实际液体的伯努利方程，考虑到能量损失因素，应该在理想液体的伯努利方程中引入修正项 h_w。

采用过流截面的平均流速 v 取代微元体的流速 u，需要引入动能修正系数 α，它等于单位时间内某过流截面处的实际动能与按平均流速计算的动能之比，即

$$\alpha = \frac{\frac{1}{2}\int_A u^2 \rho u \, dA}{\frac{1}{2}\rho A v v^2} = \frac{\int_A u^3 \, dA}{v^3 A} \tag{1-22}$$

在引入能量损失 h_w 和动能修正系数 α 后，实际液体的伯努利方程可表示为

$$z_1 + \frac{p_1}{\rho g} + \frac{\alpha_1 v_1^2}{2g} = z_2 + \frac{p_2}{\rho g} + \frac{\alpha_2 v_2^2}{2g} + h_w \tag{1-23}$$

式中，α_1、α_2——过流截面 A_1、A_2 上的动能修正系数。

1.4.3.3 动量方程——动量定理

动量方程是动量定理在流体力学中的具体应用，常用来计算液流对固体壁面的作用力。

刚体力学动量定理指出，作用在物体上的合外力等于物体在力作用方向上动量的变化率，即

$$F = m\frac{dv}{dt} \tag{1-24}$$

对于做定常流动的液体，引入动量修正系数 β，可写出如下形式的动量方程：

$$F = \rho q(\beta_2 v_2 - \beta_1 v_1) \tag{1-25}$$

课内思考题：

1-13　了解关于理想流体、定常流动、一维流动、流线、流束、过流截面的基本概念。

1-14　了解文丘里管（Venturi Tube）的工作原理和应用场合，试推导其流量公式。

1.4.4　管道流动

液体在流动过程中有能量损失（因为有黏性），可由伯努利方程来表示［见式（1-23）］，其中能量损失 h_w 由沿程压力损失和局部压力损失两部分组成。

1.4.4.1　液体的流动状态与雷诺数

液体在管道内流动时存在两种流动状态，即层流（Laminar Flow）和紊流（又称湍流）（Turbulent Flow）。两种流动状态可通过雷诺实验来观察。雷诺实验原理图如图 1-16 所示。雷诺实验表明，层流时，液体质点互不干扰，液体沿管路轴线做线性或层状流动；紊流时，液体质点相互干扰，液体运动杂乱无章，除沿管路轴线运动外还有剧烈的横向运动。

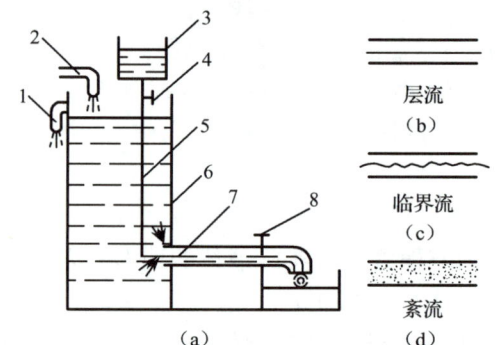

1—溢流管；2—供水管；3、6—容器；4、8—阀；5—小管；7—大管。

图 1-16　雷诺实验原理图

雷诺实验分析表明，层流发生在液体流速较低的场合，黏性力起主导作用，压力损失主要是液体的黏性摩擦损失；紊流发生在液体流速较高的场合，惯性力起主导作用，压力损失主要是液体的动能损失。

液体的流动状态可用雷诺数（Reynolds Number）判断。对于圆形截面管路，雷诺数定义为

$$Re = \frac{v d_H}{\nu} \tag{1-26}$$

式中，d_H——管路的水力直径；

　　　v——液体的平均流速；

　　　ν——液体的运动黏度。

对于非圆形截面管路，雷诺数定义为

$$Re = \frac{4 v R_H}{\nu} = \frac{4 v A}{\nu \chi} \tag{1-27}$$

式中，R_H——管路的水力半径，$R_H = \dfrac{d_H}{4} = \dfrac{A}{\chi}$；

A——液流的有效面积；

χ——液流的湿周。

课内思考题：

1-15 填写表1-3，通过对比不同形状截面管路的水力直径，思考管路通常采用圆形截面的原因。

表1-3 不同形状截面管路的水力直径

不同形状截面	液流的有效面积 A	液流的湿周 χ	管路的水力半径 R_H	管路的水力直径 d_H
半径为 r				
半径为 r				
边长为 a				

雷诺数表明了液体的流动状态。液体由紊流变成层流时对应的雷诺数称为临界雷诺数，记作 Re_{cr}。当液流的实际雷诺数小于临界雷诺数时，液流为层流；反之，液流为紊流。雷诺数的物理意义是液流的惯性力和黏性力之比。另外，前面提到的动能修正系数 α 和动量修正系数 β 也与液体的流动状态有关。层流时，$\alpha=2$，$\beta=4/3$；紊流时，$\alpha=\beta=1$。常见管道的临界雷诺数由实验求得，如表1-4所示。

表1-4 常见管道的临界雷诺数

管道	Re_{cr}	管道	Re_{cr}
光滑的金属圆管	2320	光滑的偏心环形缝隙	1000
橡胶软管	1600~2000	圆柱滑阀阀口	260
光滑的同心环形缝隙	1100	锥阀阀口	20~100

1.4.4.2 沿程压力损失

液体在等径管道内流动时因黏性摩擦而产生的损失称为沿程压力损失。液体的沿程压力损失也因液体流动状态的不同而有所区别。

1. 层流时的沿程压力损失

1）过流截面上的流速分布规律

如图1-17所示，液流在做匀速运动时受力平衡，故有

$$(p_1-p_2)\pi r^2 = F_f = -2\pi r l \mu \frac{du}{dr} \tag{1-28}$$

令 $\Delta p = p_1 - p_2$，整理可得

$$du = -\frac{\Delta p}{2\mu l} r dr \tag{1-29}$$

对式（1-29）进行积分，并应用边界条件（当 $r=R$ 时，$u=0$），可得

$$u = \frac{\Delta p}{4\mu l}(R^2 - r^2) \tag{1-30}$$

由此可见，管道内液体质点的最小流速发生在管壁（$r=R$）处，有 $u_{min} = 0$；最大流速发生在轴线（$r=0$）处，有

$$u_{max} = \frac{\Delta p}{4\mu l} R^2 \tag{1-31}$$

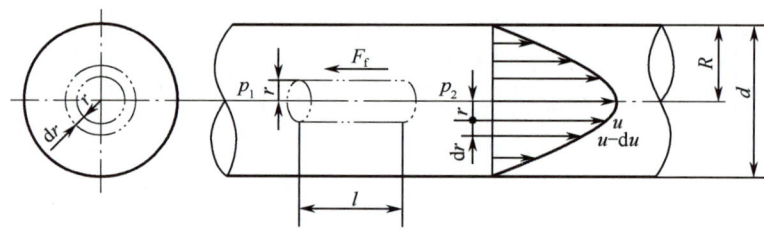

图 1-17　圆管中的层流

2）通过管道的流量

对于半径为 r、宽度为 dr 的微小环形通流截面，其面积 $dA = 2\pi r dr$，所通过的流量为

$$dq = 2\pi \frac{\Delta p}{4\mu l}(R^2 - r^2) r dr \tag{1-32}$$

对式（1-32）进行积分，可得

$$q = \int_0^R 2\pi \frac{\Delta p}{4\mu l}(R^2 - r^2) r dr = \frac{\pi R^4}{8\mu l}\Delta p = \frac{\pi d^4}{128\mu l}\Delta p \tag{1-33}$$

3）管道内的平均流速

根据平均流速的定义，可得

$$v = \frac{q}{A} = \frac{1}{\pi R^2} \frac{\pi R^4}{8\mu l}\Delta p = \frac{R^2}{8\mu l}\Delta p = \frac{d^2}{32\mu l}\Delta p \tag{1-34}$$

将式（1-34）与式（1-31）进行比较可知，平均流速 v 为最大流速 u_{max} 的 1/2。

4）沿程压力损失的计算公式

沿程压力损失的计算公式为

$$\Delta p_\lambda = \Delta p = \frac{32\mu l v}{d^2} = \frac{64}{\frac{dv}{\nu}} \frac{l}{d} \frac{\rho v^2}{2} = \frac{64}{Re} \frac{l}{d} \frac{\rho v^2}{2} = \lambda \frac{l}{d} \frac{\rho v^2}{2} \tag{1-35}$$

式中，λ——沿程阻力系数，理论上 $\lambda = \frac{64}{Re}$，但在实际计算时，对于金属管取 $\lambda = \frac{75}{Re}$，对于橡胶软管取 $\lambda = \frac{80}{Re}$。

2. 紊流时的沿程压力损失

紊流时的沿程阻力系数 λ 的表达式为

$$\lambda = f(Re, \varepsilon/d) \quad (1\text{-}36)$$

式中，ε/d——管壁表面相对粗糙度。

管壁表面相对粗糙度示意图如图 1-18 所示。其中，管壁表面绝对粗糙度 ε 和管道的材料有关，一般计算时可参考下列数值：钢管 ε 取 0.04mm，铜管 ε 取 0.0015～0.01mm，铝管 ε 取 0.0015～0.06mm，橡胶软管 ε 取 0.03mm。

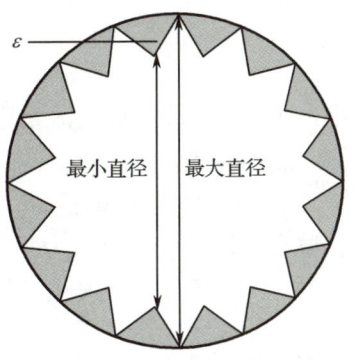

图 1-18 管壁表面相对粗糙度示意图

课内思考题：

1-16 沿程阻力系数 λ 可以通过 Moody 图查找，如图 1-19 所示。当管路内径 d 为 20mm，管壁表面绝对粗糙度为 1×10^{-2}mm 时，工作介质为水。常温下，水的密度为 1000kg/m³，水的动力黏度为 10^{-3}Pa·s，水在管道内的流速为 5m/s。试通过 Moody 图查找沿程阻力系数 λ 的对应值。

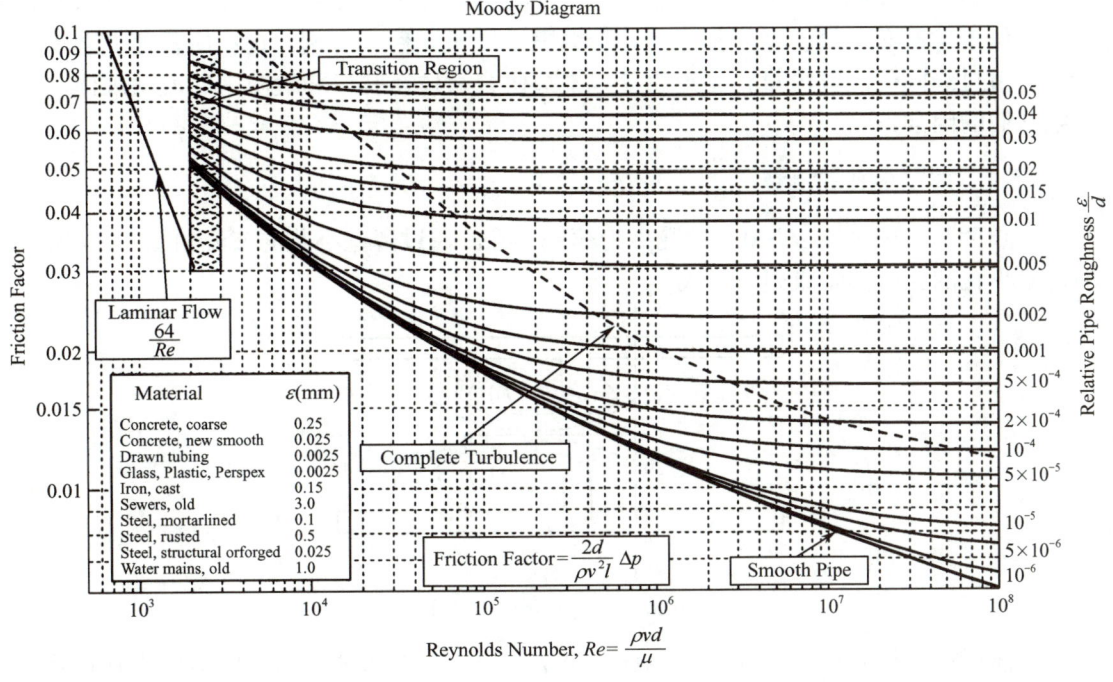

图 1-19 Moody 图

1.4.4.3 局部压力损失

液体流经管道的弯头、接头、突变截面、阀和滤网等局部装置时产生的压力损失称为局部压力损失。局部压力损失的计算公式为

$$\Delta p_\xi = \xi \frac{\rho v^2}{2} \quad (1\text{-}37)$$

式中，ξ——局部阻力系数。各种局部装置的 ξ 是由实验测定的，可查手册获得。

当流经阀的实际流量 q 不等于额定流量时，通过该阀的压力损失 Δp_ξ 可表示为

$$\Delta p_\xi = \Delta p_n \left(\frac{q}{q_n}\right)^2 \tag{1-38}$$

式中，Δp_n——阀在额定流量下的压力损失；

q_n——阀的额定流量；

q——阀的实际流量。

整个液压系统的总压力损失应为所有沿程压力损失和所有局部压力损失之和，即

$$\sum \Delta p = \sum \Delta p_\lambda + \sum \Delta p_\xi = \sum \lambda \frac{l}{d} \frac{\rho v^2}{2} + \sum \xi \frac{\rho v^2}{2} \tag{1-39}$$

在液压系统中，液体的流速对压力损失的影响最大。当液体的流速过高时，压力损失会显著增大；当液体的流速过低时，需要增大管路和阀类元件的尺寸。因此，合理选择液体的流速是液压系统设计中的一个重要问题。

1.4.5 孔口流动和缝隙流动

在液压系统中，孔口和缝隙极为常见。例如，节流器中存在孔口，液压缸的活塞与缸筒之间、液压阀的阀芯与阀套之间都存在环形缝隙。液压元件中有相对运动的各部件之间都存在缝隙，流过缝隙的液体流量称为泄漏量。本节研究液体在孔口和缝隙中的流动规律，并分析影响它们的因素。

1.4.5.1 薄壁小孔的流量

通流长度与孔径之比 $l/d \leqslant 0.5$ 的孔称为薄壁小孔。通过薄壁小孔的液流如图 1-20 所示。一般薄壁小孔的孔口都做成刃口形式。

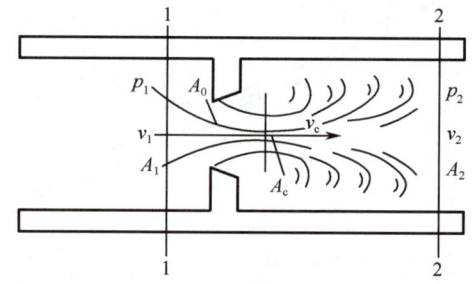

图 1-20 通过薄壁小孔的液流

当孔前通道直径 d 与小孔直径 d_0 之比，即 $d/d_0 \geqslant 7$ 时，液流的收缩作用不受孔前通道内壁的影响，这时液流的收缩称为完全收缩；当 $d/d_0 < 7$ 时，孔前通道对液流进入小孔起导向作用，这时液流的收缩称为不完全收缩。

现对孔前、孔后通道断面 1—1 和 2—2 列伯努利方程，设动能修正系数 $\alpha=1$，则有

$$\frac{p_1}{\rho g} + \frac{v_1^2}{2g} = \frac{p_2}{\rho g} + \frac{v_2^2}{2g} + \sum h_\xi \tag{1-40}$$

式中，$\sum h_\xi$——液体流经小孔的局部能量损失，包括流经的截面突然缩小时的局部能量损失 $h_{\xi 1}$ 和流经的截面突然扩大时的局部能量损失 $h_{\xi 2}$，即

$$\sum h_\xi = h_{\xi 1} + h_{\xi 2} = \xi \frac{v_c^2}{2g} + \left(1 - \frac{A_c}{A_2}\right)^2 \frac{v_c^2}{2g} \tag{1-41}$$

式中，A_c——通过小孔后的液体形成的收缩截面的面积。

由于 $A_c \ll A_2$，$A_1 = A_2$，$v_1 = v_2$，所以可得

$$v_c = \frac{1}{\sqrt{\xi+1}}\sqrt{\frac{2}{\rho}(p_1-p_2)} = C_v\sqrt{\frac{2\Delta p}{\rho}} \tag{1-42}$$

式中，C_v——小孔速度系数，$C_v = \dfrac{1}{\sqrt{\xi+1}}$；

Δp——孔口前后压差，$\Delta p = p_1 - p_2$。

薄壁小孔的流量公式为

$$q = A_c v_c = C_c A_0 C_v \sqrt{\frac{2\Delta p}{\rho}} = C_d A_0 \sqrt{\frac{2\Delta p}{\rho}} \tag{1-43}$$

式中，A_0——小孔截面积；

C_c——截面收缩系数，$C_c = \dfrac{A_c}{A_0}$；

C_d——流量系数，$C_d = C_v C_c$。

在液流完全收缩（$d/d_0 \geqslant 7$）的情况下，当 $Re = 800 \sim 5000$ 时，C_d 可表示为

$$C_d = 0.964 Re^{-0.05} \tag{1-44}$$

当 $Re > 10^5$ 时，C_d 一般取 0.60～0.61。在液流不完全收缩（$d/d_0 < 7$）的情况下，C_d 可按表 1-5 取值。气体的流量系数 C_d 一般取 0.62～0.64。

表 1-5　液流不完全收缩时流量系数 C_d 的值

A_0/A	0.1	0.2	0.3	0.4	0.5	0.6	0.7
C_d	0.602	0.615	0.634	0.661	0.696	0.742	0.804

由于薄壁小孔的沿程压力损失非常小，薄壁小孔的流量对液体温度的变化不敏感，因此薄壁小孔常被用作调节流量的节流器。根据这一原理，锥阀阀口和滑阀阀口可被用作液压阀的可调节小孔。

对于滑阀阀口，以圆柱滑阀阀口（见图 1-21）为例来进行分析。

由式（1-43）可求出通过阀口的流量，即

$$q = C_d w \sqrt{x_v^2 + C_r^2}\sqrt{\frac{2\Delta p}{\rho}} \tag{1-45}$$

式中，w——阀口的周向长度，对于圆柱滑阀阀口，$w = \pi d$。

当 C_r 忽略不计时，有

$$q = C_d w x_v \sqrt{\frac{2\Delta p}{\rho}} \tag{1-46}$$

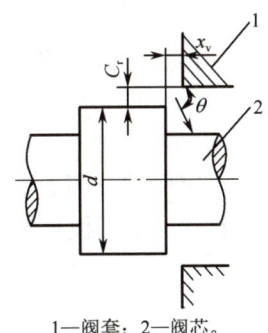

1—阀套；2—阀芯。

图 1-21　圆柱滑阀阀口

1.4.5.2　短孔和细长孔的流量

$0.5 < l/d \leqslant 4$ 的孔称为短孔。短孔的流量公式仍为式（1-43），只是其流量系数应从图 1-22 中查出。短孔的工艺性好，常用在固定节流器中。

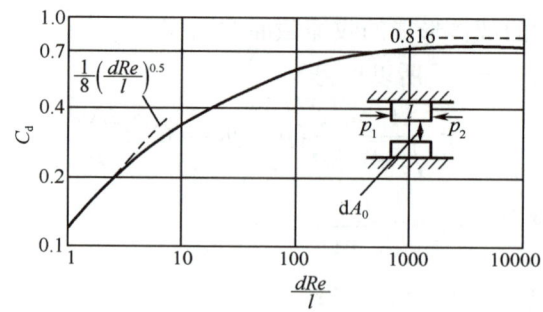

图 1-22　短孔的流量系数

$l/d>4$ 的孔称为细长孔。细长孔的流量可用式（1-33）来计算。细长孔的流量受液体温度的影响较大，这一点和薄壁小孔不同，细长孔的流量与液体黏度有关。

1.4.5.3　平行平板缝隙的流量

平行平板缝隙中的液体流动情况如图 1-23 所示。设平行平板缝隙的长度、宽度、高度分别为 l、b、δ，液体在压差和上平板运动的作用下流动。取平行平板缝隙中的平行六面微元体进行受力分析，可得

$$pb\mathrm{d}y + (\tau + \mathrm{d}\tau)b\mathrm{d}x = (p + \mathrm{d}p)b\mathrm{d}y + \tau b\mathrm{d}x \tag{1-47}$$

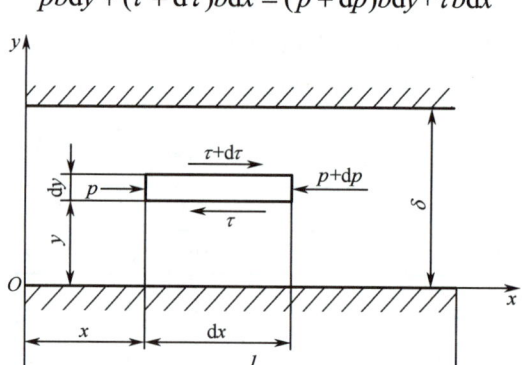

图 1-23　平行平板缝隙中的液体流动情况

将式（1-7）代入式（1-47），整理后得

$$\frac{\mathrm{d}^2 u}{\mathrm{d}y^2} = \frac{1}{\mu}\frac{\mathrm{d}p}{\mathrm{d}x} \tag{1-48}$$

对 y 积分两次，代入相应的边界条件，并考虑到液体做层流流动时压力 p 只是 x 的线性函数，且上平板可能做与压差方向相反方向的运动，可得

$$u = \frac{\Delta p}{2\mu l}(\delta - y)y \pm \frac{u_0}{h}y \tag{1-49}$$

因此，平行平板缝隙的流量公式为

$$q = \int_0^\delta b u \mathrm{d}y = \frac{b\delta^3}{12\mu l}\Delta p \pm \frac{u_0}{2}b\delta \tag{1-50}$$

由此可知，平行平板缝隙的流量与其高度的三次方成正比。当上平板的运动方向与压差方向相同时，式（1-50）中取"+"；当上平板的运动方向与压差方向相反时，式（1-50）中取"-"。下面分析两种特殊情况。

（1）压差流动，其泄漏量为

$$q = \frac{b\delta^3 \Delta p}{12\mu l} \tag{1-51}$$

（2）剪切流动，其泄漏量为

$$q = \frac{u_0}{2}b\delta \tag{1-52}$$

1.4.5.4 环形缝隙的流量

1. 同心环形缝隙的流量

同心环形缝隙的结构如图 1-24 所示。如果将同心环形缝隙沿圆周方向展开，就相当于一个平行平板缝隙。因此，只要用 πd 取代式（1-50）中的 b，就可以得到内外表面有相对运动的同心环形缝隙的流量公式，即

$$q = \frac{\pi d \delta^3 \Delta p}{12\mu l} \pm \frac{\pi d \delta u_0}{2} \tag{1-53}$$

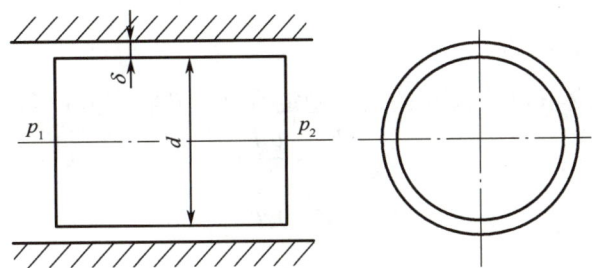

图 1-24 同心环形缝隙的结构

2. 偏心环形缝隙的流量

偏心环形缝隙的结构如图 1-25 所示，内外圆间的偏心量为 e，在任意角度 θ 处的缝隙值为 h。根据图 1-25 中的几何关系，可得

$$h \approx h_0 - e\cos\theta = h_0(1 - \varepsilon\cos\theta) \tag{1-54}$$

式中，h_0——内外圆同心时半径方向的缝隙值；

ε——相对偏心率，$\varepsilon = \dfrac{e}{h_0}$。

因为缝隙值小，所以可把微小圆弧近似地看作平行平板缝隙的流动，其流量为

$$dq = ch^3 r d\theta + \frac{u_0 h}{2} r d\theta \tag{1-55}$$

式中，$c = \dfrac{\Delta p}{12\mu l}$。

将式（1-54）代入式（1-55），可得

$$dq = ch_0^3(1 - \varepsilon\cos\theta)^3 r d\theta + \frac{u_0 h_0}{2}(1 - \varepsilon\cos\theta) r d\theta \tag{1-56}$$

对式（1-56）进行积分，可得

$$q = \int_0^{2\pi} ch_0^3(1 - \varepsilon\cos\theta)^3 r d\theta + \frac{u_0}{2}\int_0^{2\pi} h_0(1 - \varepsilon\cos\theta) r d\theta \tag{1-57}$$

因此，有

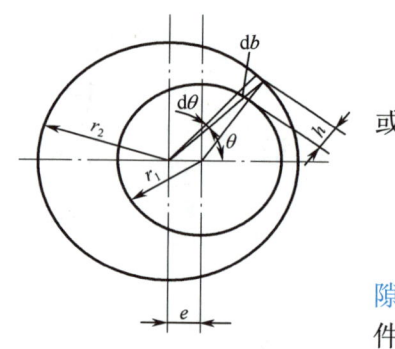

图 1-25 偏心环形缝隙的结构

$$q = \pi d h_0^3 c\left(1 + \frac{3\varepsilon^2}{2}\right) \pm \frac{\pi d h_0 u_0}{2} \quad (1\text{-}58)$$

或

$$q = \frac{\pi d h_0^3 \Delta p}{12\mu l}\left(1 + \frac{3\varepsilon^2}{2}\right) \pm \frac{\pi d h_0 u_0}{2} \quad (1\text{-}59)$$

因此，当相对偏心率 $\varepsilon=1$，即有最大偏心量时，偏心环形缝隙的流量是同心环形缝隙流量的 2.5 倍。因此，在液压与气动元件中，为了减小缝隙泄漏量，应采取措施，尽量使其配合件处于同心状态。

1.4.6 气体状态方程

气体的压力、温度和体积是描述气体状态的参数，气体从一种状态变化到另一种状态称为气体状态变化。气体状态方程描述了气体在状态变化以后或在状态变化过程中这些参数之间的关系。

1. 理想气体状态方程

一定质量的理想气体在状态变化的某一稳定瞬时，其状态方程为

$$\frac{p_1 V_1}{T_1} = \frac{p_2 V_2}{T_2} \quad (1\text{-}60)$$

$$pV = RT \quad (1\text{-}61)$$

$$\frac{p}{\rho} = RT \quad (1\text{-}62)$$

式中，p_1、p_2、p——气体的绝对压力，单位为 Pa；

V_1、V_2——气体的体积，单位为 m^3；

T_1、T_2——气体的热力学温度，单位为 K；

V——气体的单位质量体积，单位为 m^3/kg；

R——理想气体状态常数，对于干空气 $R=287.1 J/(kg \cdot K)$，对于水蒸气 $R=462.05 J/(kg \cdot K)$。

理想气体状态方程适用于绝对压力不超过 20MPa、热力学温度不低于 253K 的空气、氧气、氮气、二氧化碳等气体，不适用于高压状态和低温状态下的气体。

2. 气体状态变化过程

1) 等压过程

气体在保持压力 p 不变的条件下，温度由 T_1 变化到 T_2，体积由 V_1 变化到 V_2，这个气体状态变化过程称为等压过程，该变化过程符合：

$$\frac{V}{T} = \frac{V_1}{T_1} = \frac{V_2}{T_2} = \frac{R}{p} = 常数 \quad (1\text{-}63)$$

2) 等容过程

气体在保持体积 V 不变的条件下，温度由 T_1 变化到 T_2，压力由 p_1 变化到 p_2，这个气体状态变化过程称为等容过程，该变化过程符合：

$$\frac{p}{T} = \frac{p_1}{T_1} = \frac{p_2}{T_2} = \frac{R}{V} = 常数 \quad (1\text{-}64)$$

3）等温过程

气体在保持温度 T 不变的条件下，压力由 p_1 变化到 p_2，体积由 V_1 变化到 V_2，这个气体状态变化过程称为等温过程，该变化过程符合：

$$p_1V_1 = p_2V_2 = RT = 常数 \tag{1-65}$$

4）绝热过程

气体在状态变化过程中，与外界无热量交换，这个气体状态变化过程称为绝热过程，该变化过程符合：

$$pV^k = 常数 \tag{1-66}$$

式中，k——绝热指数（等熵指数），对于空气 $k=1.4$。

5）多变过程

不加任何附加条件的气体状态变化过程称为多变过程，前面介绍的四种变化过程均为多变过程的特例。严格来讲，等温过程和绝热过程是不存在的，它们是在工程实际中为计算方便而假设的变化过程。多变过程符合：

$$pV^n = 常数 \tag{1-67}$$

式中，n——多变指数。

前面介绍的四种变化过程是多变过程的特例：当 $n=0$ 时，$p=$常数，为等压过程；当 $n=\infty$ 时，$V=$常数，为等容过程；当 $n=1$ 时，$T=$常数，为等温过程；当 $n=k$ 时，$pV^k=$常数，为绝热过程。

在气动系统中，气体状态变化过程是一个多变过程，n 一般在 1~1.4 范围内变化。

课内思考题：

1-17 试思考下列变化过程分别属于哪种气体状态变化过程。
（1）气动系统的快速充气和排气过程。
（2）气缸慢速运动过程。
（3）气动管路送气过程。

1.4.7 液压冲击和气穴现象

当对恒温下的液体采用静力或动力方法减压时，如果压力降低到饱和蒸气压以下并且持续足够长的时间，则气穴开始出现并发育。饱和蒸气压的大小与液体的性质和温度有关。对于同一种液体来说，随着温度升高，饱和蒸气压会增大。在液压系统中，液压冲击和气穴现象给系统带来了诸多不利影响，因此需要了解这些现象产生的原因，并采取措施加以预防。

1.4.7.1 液压冲击及其危害

在液压系统中，某些原因会导致液压力突然产生很大的峰值，这种现象称为液压冲击。当发生液压冲击时，由于瞬间的压力峰值比正常的工作压力大好几倍，因此会使密封元件、管道和液压元件损坏，还会引起设备振动，从而产生很大的噪声。液压冲击经常使压力继电器、顺序阀等元件产生误动作。

液压冲击多发生在阀突然关闭或运动部件快速制动的场合，这时液体的流动突然受阻，液体的动量发生变化，从而产生压力冲击波。该压力冲击波迅速往复传播，最后由于液体受到摩擦力作用而衰减。根据液压冲击产生的原因，可以将其分为以下两种类型。

1. 液体突然停止运动时产生的液压冲击

当管道末端的阀突然关闭时，液体立即停止运动，会产生液压冲击，如图1-26所示。根据能量守恒定律，可得

$$\frac{1}{2}\rho A l v^2 = \frac{1}{2}\frac{Al}{K'}\Delta p^2 \qquad (1\text{-}68)$$

式中，K'——考虑管壁弹性后液体的等效体积弹性模量。

因此，有

$$\Delta p = \rho\sqrt{\frac{K'}{\rho}}v = \rho c v \qquad (1\text{-}69)$$

式中，c——压力冲击波在管道内传播的速度，其计算公式为

$$c = \sqrt{\frac{K'}{\rho}} = \frac{\sqrt{\frac{K}{\rho}}}{\sqrt{1+\frac{dK}{\delta E}}} \qquad (1\text{-}70)$$

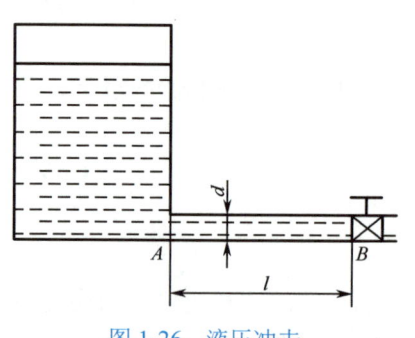

图1-26 液压冲击

式中，K——液体的体积弹性模量；

E——管路材料的弹性模量；

d——管路内径；

δ——管路壁厚。

式（1-70）仅适用于管道末端的阀突然关闭的情况，也就是阀的关闭时间 t 小于压力冲击波往返一次所需时间（临界关闭时间）t_c，即

$$t < t_c = 2l/c \qquad (1\text{-}71)$$

的情况。凡是满足式（1-71）的液压冲击均称为完全冲击（直接液压冲击），否则称为不完全冲击（间接液压冲击）。不完全冲击引起的压力峰值计算公式为

$$\Delta p = \rho c v \frac{t_c}{t} \qquad (1\text{-}72)$$

2. 运动部件制动时产生的液压冲击

根据动量定理，可求出系统中冲击压力的近似值，即

$$\Delta p = \frac{\sum m \Delta v}{A \Delta t} \qquad (1\text{-}73)$$

分析各种影响因素，可以归纳出以下减小液压冲击的主要措施。

（1）延长阀关闭和运动部件制动换向的时间，可以采用换向时间可调的换向阀。

（2）限制管道中液体的流速及运动部件的运动速度。

（3）适当增大管径。

（4）尽量缩短管道长度，使完全冲击变为不完全冲击。

（5）采用橡胶软管或在冲击源处设置蓄能器，或者在容易发生液压冲击的地方安装限制压力升高的安全阀。

1.4.7.2 气穴现象

在液流中，当某点处的压力低于当时温度下的空气分离压时，溶在液体中的空气就会分离出来形成气泡；当压力继续降低到饱和蒸气压时，液体将汽化产生大量气泡，这种现象称

为气穴现象。气泡会在高压区破灭，使金属表面产生气蚀，缩短零件的使用寿命。

在液压泵的吸油腔，常因吸油面过低、吸油管径过小、吸油管路的其他阻力过大，导致吸油腔压力过低，或者液压泵的转速过高，吸油腔未能充满油液。如果阀口通流截面面积很小，流速升得很高，则根据能量守恒定律可知，流速的升高也将使该处的压力很低，这将导致气穴现象的产生。

为了减小气穴现象和气蚀的危害，一般可采取如下措施。

（1）减小阀口或其他元件通道前后的压力降，一般使压力比 $p_1/p_2 < 3.5$。

（2）在设计液压元件和管路时，尽量避免设计成狭窄油道或急转弯油道，以防止产生低压区。

（3）尽量降低液压泵的吸油高度。

（4）各元件的连接处要密封可靠，防止空气进入。

（5）对容易产生气蚀的元件，如液压泵的配流盘等，要采用抗腐蚀能力强的金属材料，以增强元件的机械强度。

课后知识拓展：

1. **电流变流体**

电流变流体（Electrorheological Fluid，ERF）是在绝缘的连续相液体介质中加入精细的固体颗粒而形成的悬浊液。其中，液体介质是不导电的油，如矿物油、硅（氧）油或石蜡油等。悬浮在油中的颗粒为尺寸在 1～100μm 范围内的不导电元件和有机材料。颗粒占流体总体积的 10%～40%。电流变流体的性质在外加静电场作用下会迅速发生变化。当施加电压时，电流变流体会固化；当去掉电压后，电流变流体又立即恢复液体状态。使用电流变流体的优点是，整个系统只需要很少或根本不需要运动部件，因此可降低零部件制造精度，延长其使用寿命。

2. **磁流变流体**

磁流变流体（Magnetorheological Fluid，MRF）在磁场的作用下能够瞬间（毫秒级时间）从自由流动的牛顿流体转变成具有一定可控屈服强度的宾汉（Bingham）塑性固体，而且转变过程是可逆的。

课后思考题：

磁流变流体属于新型功能材料，试思考它可以应用的工程场合。

3. **外骨骼机器人**

外骨骼机器人是融合了传感、控制、信息、移动计算等技术的一种可穿戴式智能机械设备。

课后思考题：

外骨骼机器人可以采用电动机驱动，也可以采用流体传动技术驱动，试分析两种驱动方式对外骨骼机器人性能的影响。

4. **软体机器人**

软体机器人本体采用柔性材料或软材料制作而成，可以实现连续变形，理论上具有无限自由度。软体机器人能够任意改变自身形状，可以通过狭缝等障碍区域，具有良好的柔顺性与交互能力。

课后思考题：

试思考气动软体机器人的组成、工作原理、特点及应用场合。

5. *微流控系统*

微流控系统被认为是微机电系统中最有前景的一部分，它在生化分析、临床检测、环境监测及司法刑侦等领域有着广泛的应用。一些微流控产品，如喷墨打印机微喷头、胰岛素泵、生物芯片等，已经具有很高的市场价值。微流控技术的出现和应用，将对传统液压传动技术产生深远的影响。

课后思考题：

试思考微流控系统与传统液压系统的相似点与不同点。

第 2 章
流体传动系统能源装置

课前思考题：

如图 2-1 所示，观察齿轮泵、叶片泵、柱塞泵的外形，试思考它们的组成、结构及工作原理。

（a）齿轮泵　　　　　　（b）叶片泵　　　　　　（c）柱塞泵

图 2-1　各种液压泵

2.1　概述

流体传动系统能源装置主要分为液压能源装置和气压能源装置（以下简称气源装置）。液压能源装置用来向液压系统输送具有一定压力和流量的清洁工作介质，由液压泵、油箱和一些液压辅件（如过滤器、温控元件、热交换器、蓄能器、压力表及管件等）组成。气源装置用来向气动系统输送具有一定压力和流量的洁净压缩空气，由空压机、压缩空气的净化储存设备（如后冷却器、油水分离器、储气罐、干燥器及输送管道等）、气动三联件（空气过滤器、减压阀和油雾器）组成。

2.2　液压泵

液压泵（Hydraulic Pump）是一种将机械能转换为液压能的能量转换装置，它是靠密封工作腔容积的变化来工作的，因此又称为容积泵（Positive Displacement Pump）。

2.2.1 液压泵概述

2.2.1.1 液压泵的工作原理

容积式单柱塞泵的工作原理图如图 2-2 所示。当凸轮 1 由原动机带动旋转时,柱塞 2 便在凸轮和弹簧 3 的作用下在缸体中做直线往复运动。当柱塞右移时,缸体中密封工作腔 4 的容积增大,产生局部真空,油箱中的油液便在大气压力的作用下通过吸油阀 5 进入缸体,实现吸油;当柱塞左移时,缸体中密封工作腔的容积减小,油液受到挤压,通过压油阀 6 被输送到液压系统中,实现压油。如果凸轮不断地旋转,液压泵就会不断地完成吸油和压油动作,也就能连续不断地向液压系统供油。缸体内孔与柱塞外圆之间有良好的配合精度,使柱塞在缸体中做直线往复运动时基本没有油液泄漏,即具有良好的密封性。

吸油阀和压油阀轮换打开,保证吸入和输出油液的转换,称为配流。液压泵的配流方式包括确定式配流(如配流盘配流、配流轴配流)和阀式配流(如滑阀配流、座阀配流)等。

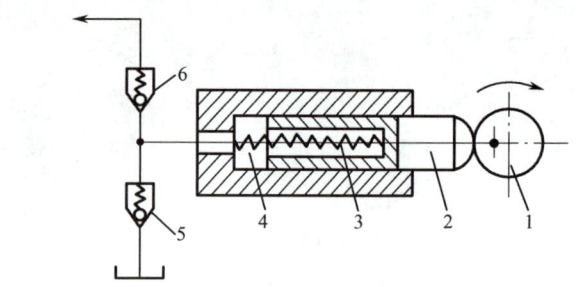

1—凸轮;2—柱塞;3—弹簧;4—密封工作腔;5—吸油阀;6—压油阀。

图 2-2 容积式单柱塞泵的工作原理图

课内思考题:

2-1 保证容积式液压泵正常工作的基本条件有哪些?试思考容积式液压泵与离心泵(Centrifugal Pump)、轴流泵(Axial Pump)的区别。

2.2.1.2 液压泵的主要性能参数

液压泵的主要性能参数包括液压泵的压力、排量、流量、功率、效率、转速等。

1. 液压泵的压力

(1) 工作压力 p:液压泵出口处的实际压力。工作压力的大小取决于液压泵输出到液压系统中的液体在流动过程中所受到的阻力。若阻力(负载力)增大,则工作压力升高;反之,工作压力降低。

(2) 额定压力 p_n:液压泵在连续工作过程中允许达到的最高压力。额定压力的大小由液压泵零部件的结构强度和密封性决定。当工作压力超过额定压力时,液压泵有可能发生机械或密封方面的损坏。

压力分级如表 2-1 所示。

表 2-1　压力分级

压力分级	低压	中压	中高压	高压	超高压
压力/MPa	≤2.5	2.5～8	8～16	16～32	>32

2. 液压泵的排量和流量

（1）排量（Displacement）V：在无泄漏情况下，液压泵转一转所能排出的油液体积。由此可见，排量的大小只与液压泵中密封工作腔的几何尺寸和个数有关。排量的常用单位是 mL/r 和 cc/r。

（2）流量：又分为理论流量、实际流量、额定流量。

① 理论流量（Theoretical Flow Rate）q_t：在无泄漏情况下，液压泵单位时间内输出的油液体积，其值等于液压泵的排量 V 和泵轴转数 n 的乘积，即

$$q_t = Vn \tag{2-1}$$

② 实际流量（Actual Flow Rate）q：单位时间内液压泵实际输出的油液体积。由于工作过程中液压泵的出口压力不等于零，因此存在内部泄漏量 Δq（液压泵的工作压力越高，内部泄漏量越大），使得液压泵的实际流量小于理论流量，有

$$q = q_t - \Delta q \tag{2-2}$$

显然，当液压泵处于卸荷（非工作）状态时，输出的实际流量近似为理论流量。

③ 额定流量 q_n：液压泵在额定转速和额定压力下输出的实际流量。

3. 液压泵的功率和效率

（1）输入功率（Input Power）P_i：驱动液压泵的机械功率，由电动机或柴油机（适用于工程机械）提供，有

$$P_i = \omega T = 2\pi n T \tag{2-3}$$

（2）输出功率（Output Power）P_o：液压泵输出的液压功率，其值等于液压泵的实际流量 q 与液压泵的进、出口压差 Δp 的乘积，即

$$P_o = \Delta p q \tag{2-4}$$

当忽略能量转换及输送过程中的损失时，液压泵的输出功率应该等于输入功率，即液压泵的理论功率 P_t 为

$$P_t = \Delta p q = \Delta p V n = \omega T_t = 2\pi n T_t \tag{2-5}$$

式中，ω——液压泵旋转的角速度；
　　　　T_t——液压泵的理论转矩。

实际上，液压泵工作时的能量损失分为容积损失和机械损失两种。

容积损失：液压泵内部泄漏造成的流量损失。容积损失的大小用容积效率（Volumetric Efficiency）η_v 表征，即

$$\eta_v = \frac{q}{q_t} = \frac{q_t - \Delta q}{q_t} = 1 - \frac{k_l p}{Vn} \tag{2-6}$$

式中，Δq——内部泄漏量，$\Delta q = k_l p$；
　　　　k_l——液压泵的泄漏系数。

因为液压泵工作构件之间的间隙很小，所以泄漏液体的流动状态可以看作层流，即内部泄漏量和液压泵的工作压力成正比。

机械损失：液压泵内流体黏性和机械摩擦造成的转矩损失。机械损失的大小用机械效率

（Mechanical Efficiency）η_m 表征，即

$$\eta_m = \frac{T_t}{T} = \frac{T_t}{T_t + T_l} \tag{2-7}$$

式中，T_l——转矩损失。

（3）总效率（Overall Efficiency）：液压泵的输出功率与输入功率之比，即

$$\eta = \frac{P_o}{P_i} = \frac{\Delta p q}{\omega T} = \eta_v \eta_m \tag{2-8}$$

4. 液压泵的转速

（1）额定转速 n_n：在额定压力下，液压泵能连续长时间正常运转的最高转速。

（2）最高转速 n_{max}：在额定压力下，液压泵超过额定转速允许短时间运转的最高转速。

（3）最低转速 n_{min}：液压泵正常运转所允许的最低转速。

（4）转速范围：最低转速与最高转速之间的转速范围。

5. 液压泵的特性曲线

液压泵的特性曲线如图 2-3 所示。曲线的横坐标为液压泵的工作压力 p，纵坐标为液压泵的输入功率 P_i、总效率 η、机械效率 η_m 和容积效率 η_v（或实际流量 q）。液压泵的特性曲线是通过对液压泵在特定的工作介质、转速和油温下进行试验画出的。

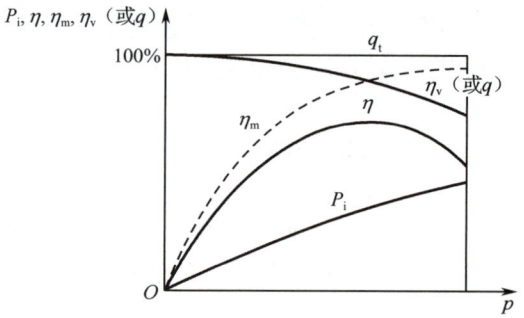

图 2-3 液压泵的特性曲线

对于某些工作转速在一定范围内的液压泵或排量可变的液压泵，其整个工作范围内的全性能特性一般用图 2-4 所示的通用特性曲线表示。曲线的横坐标为液压泵的工作压力，纵坐标为液压泵的流量、转速或排量，图 2-4 中包含液压泵的等效率曲线和等功率曲线。

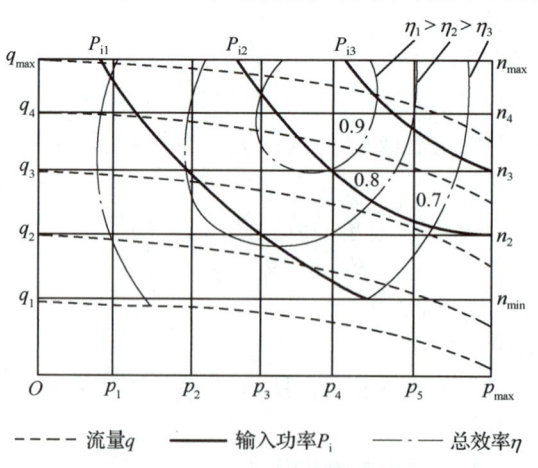

图 2-4 液压泵的通用特性曲线

2.2.1.3 液压泵的分类和图形符号

液压泵按主要运动构件的形状和运动方式可分为齿轮泵、叶片泵、柱塞泵等。
（1）齿轮泵可分为外啮合齿轮泵和内啮合齿轮泵。
（2）叶片泵可分为单作用叶片泵和双作用叶片泵。
（3）柱塞泵可分为轴向柱塞泵和径向柱塞泵。
液压泵按排量能否改变可分为定量泵和变量泵。液压泵的图形符号如图 2-5 所示。

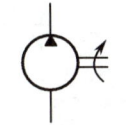 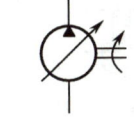  

（a）单向定量液压泵　　（b）单向变量液压泵　　（c）双向定量液压泵　　（d）双向变量液压泵

图 2-5　液压泵的图形符号

课内思考题：

2-2　试分析通过哪些方法可以改变液压泵的出口流量。

2-3　如图 2-6 所示，液压泵的额定压力 p_n 和额定流量 q_n 已知，液压缸无杆腔活塞的有效工作面积为 A，负载力为 F，试求图 2-6 中各种情况下液压泵的工作压力 p。

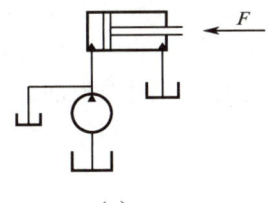 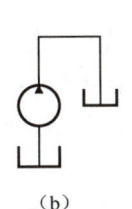 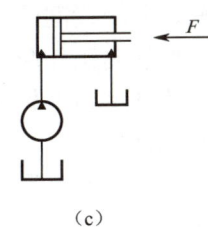

　　　（a）　　　　　　　　　　　（b）　　　　　　　　　　（c）

图 2-6　三种不同的液压回路

2.2.2　齿轮泵

齿轮泵（Gear Pump）是一种常用的液压泵，利用齿轮啮合原理工作，其主要特点如下。
（1）抗油液污染能力强、体积小、价格低廉。
（2）内部泄漏量比较大、噪声大、流量脉动大、排量不能调节。

上述特点使得齿轮泵通常被用在工作环境比较恶劣的各种低压、中压系统中。齿轮泵中齿轮的齿形以渐开线为多。根据啮合形式不同，齿轮泵可分为外啮合齿轮泵（External Gear Pump）和内啮合齿轮泵（Internal Gear Pump）。

2.2.2.1　外啮合齿轮泵

图 2-7 所示为外啮合齿轮泵的结构图，其泵体内装有一对外啮合齿轮。由于齿轮端面与泵体端盖的间隙很小，齿轮齿顶与泵体内表面的间隙也很小，因此可以认为外啮合齿轮泵泵体内被分隔成左、右两个密封工作腔。外啮合齿轮泵由于具有转速高、自吸能力好、抗油液污染能力强等一系列优点，因此得到了广泛的应用。

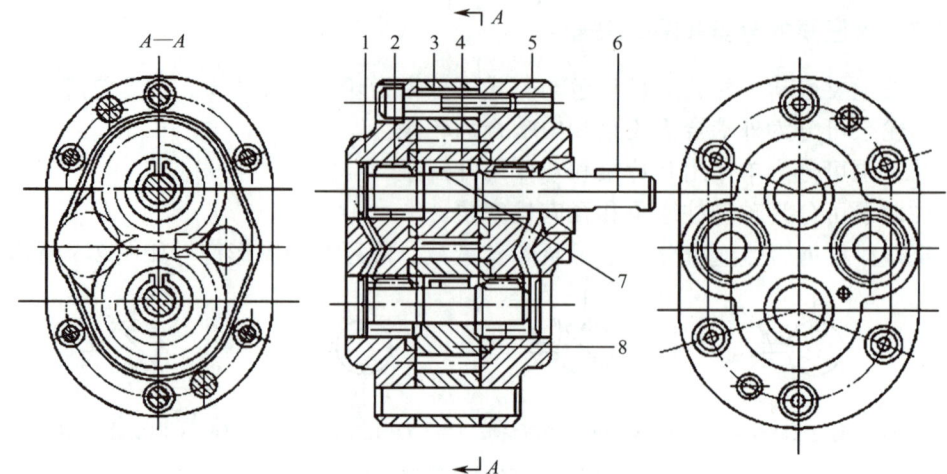

1—后盖；2—滚针轴承；3—泵体；4—主动齿轮；5—前盖；6—传动轴；7—键；8—从动齿轮。

图 2-7　外啮合齿轮泵的结构图

图 2-8 所示为外啮合齿轮泵的工作原理图。当齿轮按图 2-8 所示的方向旋转时，右侧密封工作腔中的齿轮逐渐脱离啮合，露出齿间。因此，右侧密封工作腔的容积逐渐增大，产生局部真空，油箱中的油液在大气压力的作用下经吸油口进入这个容腔，这个容腔称为吸油腔。随着齿轮的旋转，每个齿间的油液从右侧被带到了左侧。在左侧的密封工作腔中，轮齿逐渐进入啮合，使左侧密封工作腔的容积逐渐减小，把齿间的油液从压油口挤压输出，这个容腔称为压油腔。当齿轮不断地旋转时，外啮合齿轮泵的吸、压油口不断地吸油和压油，实现了向液压系统输送油液的过程。在外啮合齿轮泵中，吸油区和压油区由相互啮合的轮齿与泵体分隔开，因此没有单独的配流机构。

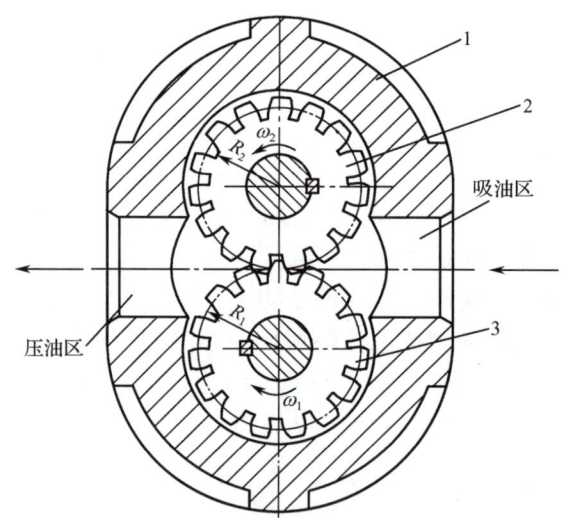

1—泵体；2—主动齿轮；3—从动齿轮。

图 2-8　外啮合齿轮泵的工作原理图

若瞬时最大流量为 q_{max}，最小流量为 q_{min}，平均流量为 q_p，则外啮合齿轮泵的瞬时理论流量脉动系数 δ_q 为

$$\delta_q = \frac{q_{max} - q_{min}}{q_p} \tag{2-9}$$

齿轮泵的排量为

$$V = 2\pi z m^2 B \tag{2-10}$$

式中，z——齿数；
m——齿轮模数；
B——齿宽。

外啮合齿轮的结构特点如下。

（1）内部泄漏与间隙补偿。

图 2-9 所示为采用浮动轴套的中高压外啮合齿轮泵，其中包括前浮动轴套和后浮动轴套。

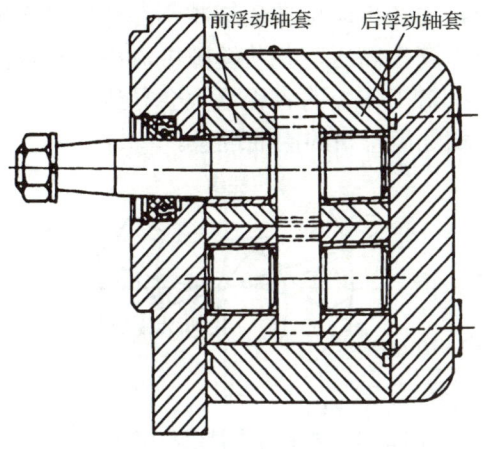

图 2-9　采用浮动轴套的中高压外啮合齿轮泵

（2）径向不平衡力。

在外啮合齿轮泵中，压油腔和吸油腔之间存在压差，液压力的合力作用在齿轮和轴上，它是一种径向不平衡力，如图 2-10 所示。

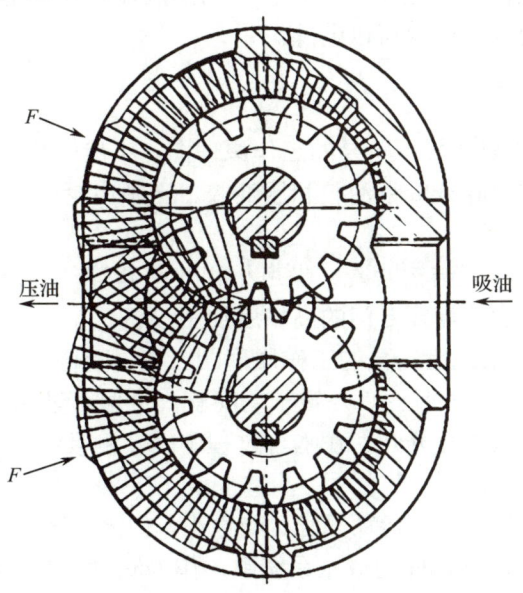

图 2-10　液压力的分布及其合力

当外啮合齿轮泵的尺寸确定时，液压力越高，径向不平衡力越大。径向不平衡力增大会加速轴承的磨损,增大内部泄漏量,甚至会造成齿顶与泵体内表面的磨损。减小径向不平衡力的方法主要有以下两种。

① 开压力平衡槽:利用压力平衡槽接通低、高压油腔,通过力的平衡作用来减小径向不平衡力。这种方法会增大内部泄漏量,一般很少使用。

② 缩小压油腔:通过减小高压油在齿轮上的作用面积来减小径向不平衡力。

(3) 困油现象。

为了使外啮合齿轮泵平稳地工作,齿轮啮合的重合度应该大于 1,即存在两对轮齿同时进入啮合的时候。因此,就有一部分油液被困在两对轮齿所形成的密封工作腔中,如图 2-11 所示。这个密封工作腔的容积先随齿轮旋转逐渐减小,然后又逐渐增大。密封工作腔的容积减小会使被困油液因受挤压而产生高压,并从缝隙中流出,导致油液发热,同时也会使轴承受到径向不平衡力的作用;密封工作腔的容积增大会导致产生局部真空,使溶在油液中的气体分离出来,产生气穴,这就是齿轮泵的困油现象。

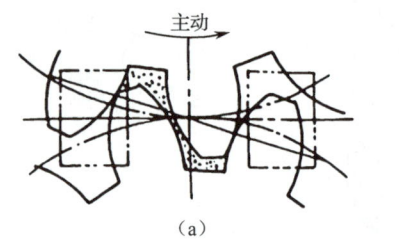 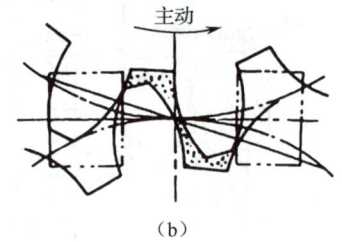 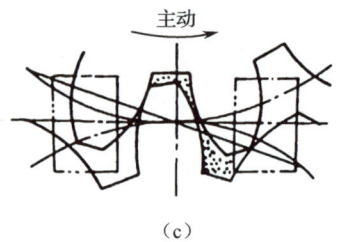

(a)　　　　　　　　　　(b)　　　　　　　　　　(c)

图 2-11 外啮合齿轮泵的困油现象

困油现象会使外啮合齿轮泵产生很大的噪声和严重的气蚀,影响其工作的平稳性和使用寿命。消除困油现象的方法通常是在两端盖板上开卸荷槽。当密封工作腔的容积减小时,让卸荷槽与泵的压油腔相通,使密封工作腔中的高压油排到压油腔中;当密封工作腔的容积增大时,让卸荷槽与泵的吸油腔相通,使吸油腔中的油液及时补到密封工作腔中,从而避免产生局部真空,这样便可使困油现象得以消除。

2.2.2.2 内啮合齿轮泵

图 2-12 所示为内啮合渐开线齿轮泵的工作原理图。小齿轮和内齿轮相互啮合,它们的啮合线与月牙板将泵体内的容腔分成吸油腔和压油腔。当小齿轮按图 2-12 所示的方向旋转时,内齿轮同向旋转。

内啮合渐开线齿轮泵具有结构紧凑、噪声小和效率高等一系列优点。由于齿形复杂,因此内啮合渐开线齿轮泵的加工需要专门的高精度加工设备。

图 2-13 所示为内啮合摆线齿轮泵的工作原理图。在内啮合摆线齿轮泵中,外转子和内转子只差一个齿,没有月牙板,并且内、外转子之间有一个偏心量 e,内转子为主动轮,内、外转子的啮合点将吸油腔和压油腔分开。在啮合过程中,左侧吸油腔 1 的容积逐渐增大,右侧压油腔 2 的容积逐渐减小。

内啮合摆线齿轮泵结构紧凑、运动平稳、噪声小,但流量脉动比较大,啮合处泄漏量大,通常应用在工作压力为 2.5~7MPa 的液压系统中,作为润滑、补油的辅助泵。

2.2.2.3 螺杆泵

螺杆泵实质上是一种外啮合摆线齿轮泵,其按螺杆根数可分为单螺杆泵、双螺杆泵、三螺杆泵、四螺杆泵、五螺杆泵等；按螺杆的横截面形状可分为摆线齿形螺杆泵、摆线-渐开线齿形螺杆泵和圆弧齿形螺杆泵。

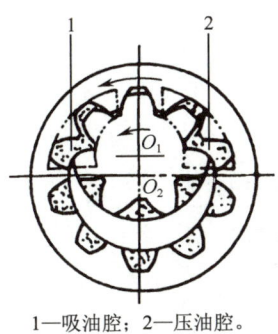

1—吸油腔；2—压油腔。

图 2-12　内啮合渐开线齿轮泵的工作原理图　　图 2-13　内啮合摆线齿轮泵的工作原理图

图 2-14 所示为三螺杆泵的工作原理图。在三螺杆泵泵体内平行地安装着三根相互啮合的双头螺杆，中间凸螺杆 1 为主动螺杆，上、下两根凹螺杆 2 为从动螺杆。三根螺杆的外圆与泵体对应弧面保持良好的配合，螺杆的啮合线将主动螺杆和从动螺杆的螺旋槽分割成多个相互隔离的、互不相通的密封工作腔。当传动轴（与凸螺杆为一个整体）沿图 2-14 所示的方向旋转时，这些密封工作腔随着螺杆的旋转一个接一个地在左端形成，并不断地从左向右移动，在右端消失。主动螺杆每转一周，每个密封工作腔便移动一个导程。密封工作腔在最左端形成时容积逐渐增大，将油液吸入容腔以完成吸油动作，最右端密封工作腔的容积逐渐减小直至消失，从而将油液压出以完成压油动作。螺杆直径越大，螺旋槽越深，螺杆泵的排量就越大；螺杆越长，吸、压油口之间的密封层次越多，密封性越好，螺杆泵的额定压力就越高。

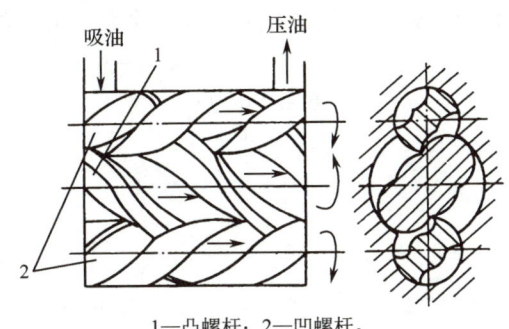

1—凸螺杆；2—凹螺杆。

图 2-14　三螺杆泵的工作原理图

螺杆泵与其他容积式液压泵相比，具有结构紧凑、体积小、质量轻、自吸能力强、运动平稳、流量无脉动、噪声小、对油液污染不敏感、使用寿命长等优点。螺杆泵的加工工艺复杂，加工精度要求高，目前常应用于精密机床和用来输送黏度大或含有颗粒物质液体的场合。

2.2.3　叶片泵

叶片泵（Vane Pump）按结构可分为单作用叶片泵和双作用叶片泵。

2.2.3.1　单作用叶片泵

单作用叶片泵由转子 1、定子 2、叶片 3 和配流盘（图 2-15 中未画出）等组成，如图 2-15

所示。单作用叶片泵因转子旋转一周，叶片在转子叶片槽内滑动一次，完成一次吸油和压油动作而得名。

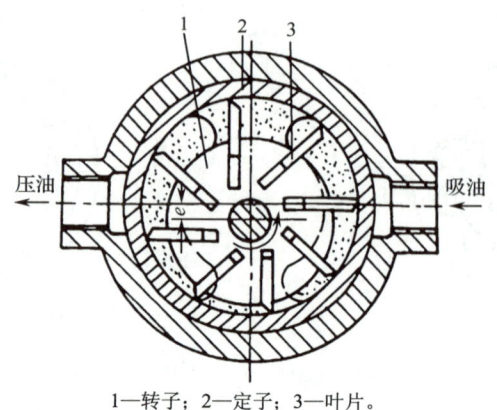

1—转子；2—定子；3—叶片。

图 2-15　单作用叶片泵的工作原理图

单作用叶片泵的定子内表面呈圆形，定子与转子之间有一个偏心量 e，配流盘上只开一个吸油窗口和一个压油窗口。当转子旋转时，由于离心力的作用，叶片顶部始终贴紧定子内表面。这样，相邻叶片间就形成了密封工作腔。当转子按图 2-15 所示的方向旋转时，图 2-15 中右侧的容腔是吸油腔，左侧的容腔是压油腔，其容积的变化分别对应着吸油和压油过程。单作用叶片泵的转子会受到径向不平衡力的作用，因此又称为非卸荷式叶片泵或非平衡式叶片泵（Unbalanced Vane Pump）。

改变定子与转子之间的偏心方向可以改变单作用叶片泵的吸、压油口，即原来的吸油口变成压油口，原来的压油口变成吸油口；改变偏心量 e 的大小可以改变单作用叶片泵的排量。单作用叶片泵的排量为

$$V = 2be\pi D \tag{2-11}$$

式中，b——转子宽度；

D——定子内圆直径。

2.2.3.2　双作用叶片泵

双作用叶片泵因转子旋转一周，叶片在转子叶片槽内滑动两次，完成两次吸油和压油动作而得名。双作用叶片泵具有结构紧凑、流量均匀、噪声小、运动平稳等优点，被广泛用于中、低压液压系统。但它也存在结构复杂、吸油能力差、对油液污染比较敏感等缺点。

图 2-16 所示为双作用叶片泵的工作原理图。转子和定子是同心的，定子内表面由八段曲面拼合而成：两段半径为 R 的大圆弧面、两段半径为 r 的小圆弧面及连接圆弧面的四段过渡曲面。当转子沿图 2-16 所示的方向旋转时，叶片在离心力和通往叶片底部压力油的作用下贴紧定子内表面，在相邻叶片之间形成密封工作腔。左上角和右下角的密封工作腔容积逐渐增大，所在的区域是吸油区；左下角和右上角的密封工作腔容积逐渐减小，所在的区域是压油区。在吸油区和压油区，配流机构提供了相应的吸油窗口和压油窗口，并用封油区将吸油区和压油区隔开。

双作用叶片泵的两个吸油区和两个压油区是径向对称分布的，作用在转子上的液压力是径向平衡的，因此又称为卸荷式叶片泵或平衡式叶片泵（Balanced Vane Pump）。显然，双作

用叶片泵的排量是不可调的,因此只能用作定量泵。

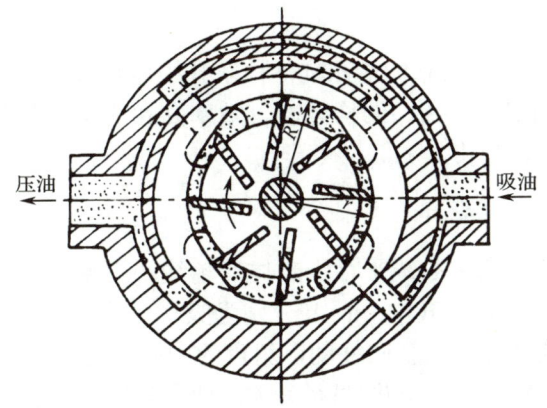

图 2-16 双作用叶片泵的工作原理图

双作用叶片泵的排量为

$$V = 2\pi b(R^2 - r^2) - \frac{2zbs(R-r)}{\cos\theta} \tag{2-12}$$

式中,R、r——定子内表面圆弧部分长、短半径;

　　　z——叶片数;

　　　b——叶片宽度;

　　　s——叶片厚度;

　　　θ——叶片倾角。

2.2.3.3 限压式变量叶片泵

限压式变量叶片泵又称为压力补偿式叶片泵(Pressure Compensated Vane Pump),是一种输出流量随工作压力变化而变化的泵,其工作原理图如图 2-17(a)所示。当工作压力升高到泵所产生的流量全部用于补偿泄漏时,泵的输出流量为零,不管负载如何增大,泵的输出压力都不会再升高。

限压式变量叶片泵的压力-流量特性曲线如图 2-17(b)所示。其中,AB 段为泵的不变量段,定子与转子之间的偏心量最大;BC 段为泵的变量段,泵的实际输出流量随着工作压力升高而减小。B 点为曲线的拐点,C 点对应泵的最大输出压力 p_{max}。

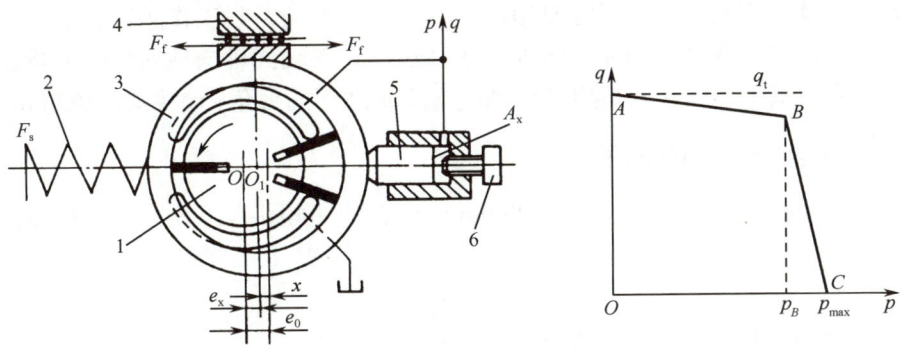

(a)工作原理图　　　　　　　　(b)压力-流量特性曲线

1—转子;2—弹簧;3—定子;4—滑块滚针支承;5—反馈柱塞;6—流量调节螺钉。

图 2-17 限压式变量叶片泵的工作原理图及压力-流量特性曲线

2.2.4 柱塞泵

柱塞泵（Piston Pump）是依靠柱塞在缸体柱塞孔中做直线往复运动时发生的容积变化进行吸油和压油的，具有额定压力高、结构紧凑、效率高和流量调节方便等优点。柱塞泵对油液污染比较敏感，价格比较昂贵。

2.2.4.1 斜盘式轴向柱塞泵

斜盘式轴向柱塞泵的柱塞中心线平行于缸体的轴线，主要由斜盘、柱塞、缸体、配流盘和传动轴组成，如图2-18所示。其中，a、b分别为吸、压油窗口。缸体上均匀分布着轴向排列的柱塞孔，柱塞可在柱塞孔内沿轴向移动，斜盘的中心线与缸体中心线之间的夹角为δ。

若柱塞直径为d，缸体柱塞孔分布圆直径为D，柱塞数为z，则斜盘式轴向柱塞泵的排量为

$$V = \frac{\pi d^2}{4} Dz \tan \delta \tag{2-13}$$

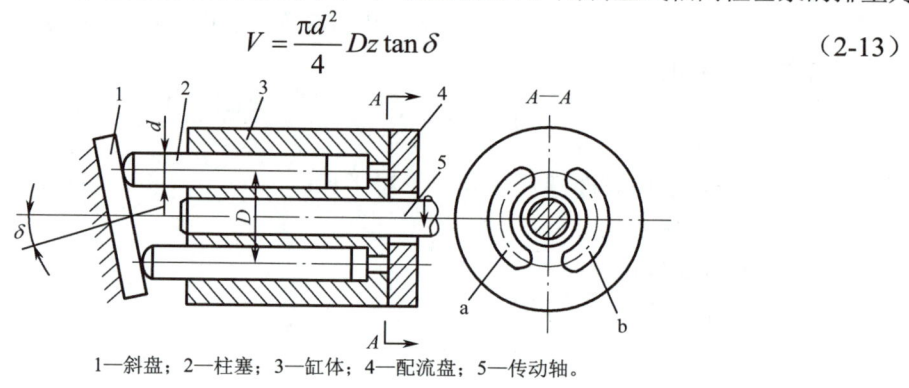

1—斜盘；2—柱塞；3—缸体；4—配流盘；5—传动轴。

图 2-18 斜盘式轴向柱塞泵的结构图

在构成吸、压油腔的三对运动摩擦副中，柱塞与缸体柱塞孔之间的圆柱环形间隙加工精度易于保证；缸体与配流盘、滑履与斜盘之间的平面缝隙采取了静压平衡措施，磨损后间隙可以补偿，因此斜盘式轴向柱塞泵的容积效率较高，额定压力也较高。

2.2.4.2 斜轴式轴向柱塞泵

斜轴式轴向柱塞泵的结构图如图2-19所示。由于缸体相对于主轴有一个倾角，所以称为斜轴式轴向柱塞泵。当主轴旋转时，连杆与柱塞内壁接触，通过柱塞带动缸体旋转，同时连杆带动柱塞在缸体柱塞孔内做直线往复运动，使柱塞底部的密封工作腔容积发生周期性的变化，通过配流盘的吸、压油窗口完成吸油和压油过程。斜轴式轴向柱塞泵的流量计算公式与斜盘式轴向柱塞泵基本相同，只需用缸体轴线与主轴之间的夹角γ代替斜盘倾角δ。

2.2.4.3 轴配流式径向柱塞泵

轴配流式径向柱塞泵（Radial Piston Pump）的结构图如图2-20所示。轴配流式径向柱塞泵的排量为

$$V = \frac{\pi d^2}{2} eZ \tag{2-14}$$

式中，d——柱塞直径；
e——定子与缸体之间的偏心量；
Z——柱塞数。

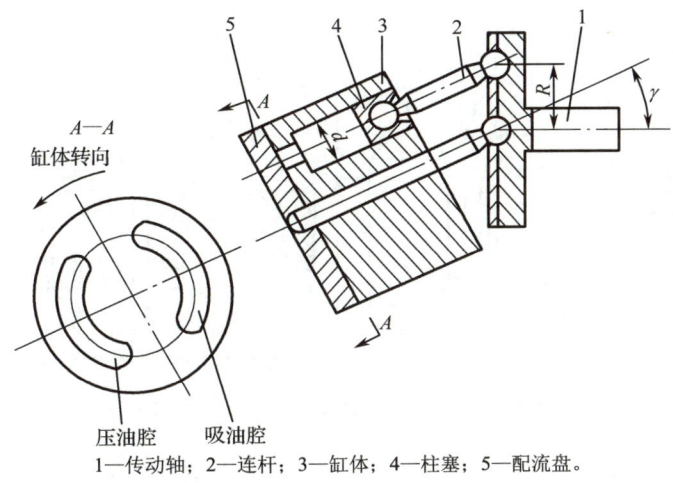

压油腔　吸油腔
1—传动轴；2—连杆；3—缸体；4—柱塞；5—配流盘。

图 2-19　斜轴式轴向柱塞泵的结构图

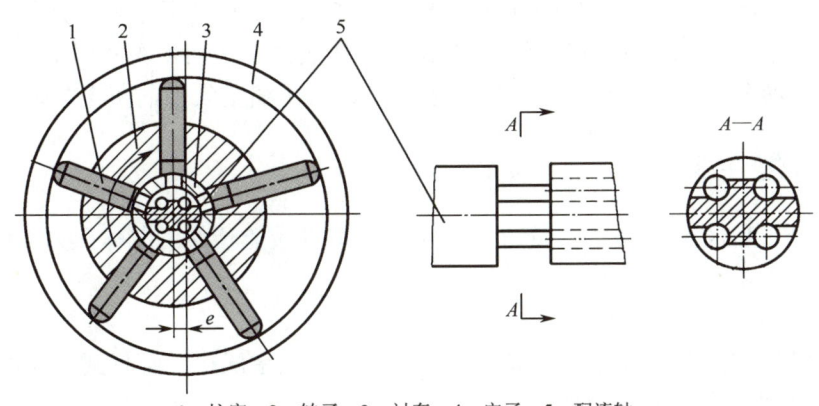

1—柱塞；2—转子；3—衬套；4—定子；5—配流轴。

图 2-20　轴配流式径向柱塞泵的结构图

改变定子与转子之间的偏心量，可以改变轴配流式径向柱塞泵的排量；改变偏心的方向（使偏心量由正值变为负值），可以改变轴配流式径向柱塞泵的吸、压油方向。因此，轴配流式径向柱塞泵可以用作单向或双向变量泵。

课内思考题：

2-4　试分析哪种类型的液压泵可以用作变量泵，哪种类型的液压泵可以用作双向泵，同时能实现连续自动换向。

2.3　气源装置

空气经过空压机压缩后，还要经过冷却、干燥、净化等处理才能用于气动系统。气源装置是用来产生具有足够压力和流量的压缩空气并对其进行一系列处理及储存的一套装置。气源装置一般由四个部分组成：①气压发生装置；②净化和储存压缩空气的装置与设备；③传输压缩空气的管道系统；④气动三联件。通常将前两个部分的装置与设备布置在压缩空气站内，作为工厂或车间统一的气源。气源系统的组成示意图如图 2-21 所示。

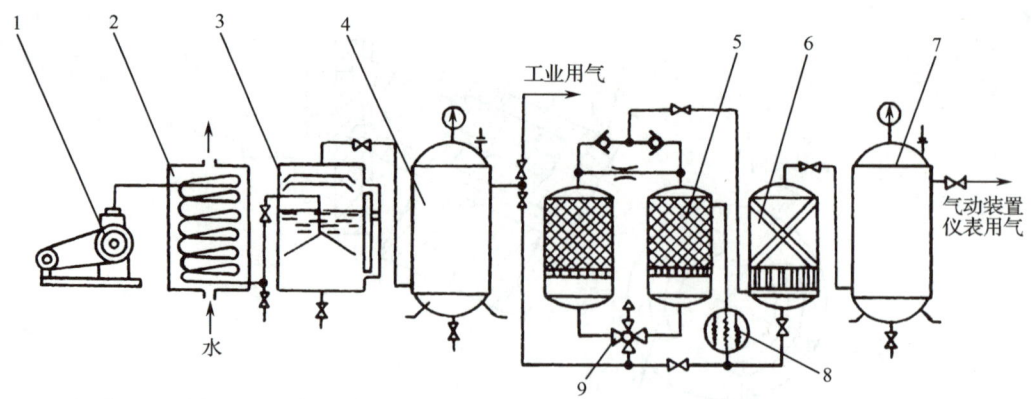

1—空压机；2—冷却器；3—油水分离器；4、7—储气罐；5—干燥器；6—过滤器；8—加热器；9—切换阀。

图 2-21 气源系统的组成示意图

空压机 1 用于产生压缩空气。冷却器 2 用于使压缩空气降温、冷却。油水分离器 3 用于分离并排出降温、冷却后凝结出来的油滴、水滴。储气罐 4 和 7 用于储存压缩空气，稳定压缩空气的压力，并除去部分油分和水分。干燥器 5、加热器 8 和切换阀 9 用于进一步吸收或排出压缩空气中的油分和水分。过滤器 6 用于进一步过滤压缩空气中的灰尘、杂质颗粒。

2.3.1 气压发生装置

空气压缩机（Air Compressor）简称空压机，是将机械能转换为气体压力能的气压发生装置，是气动系统的动力源。

1. 空压机的类型

（1）空压机按结构形式可分为活塞式空压机、叶片式空压机、螺杆式空压机。

（2）空压机按输出压力可分为低压空压机（0.2～1.0MPa）（见图 2-22）、中压空压机（1.0～10MPa）、高压空压机（10～100MPa）、超高压空压机（>100MPa）。

（3）空压机按输出流量可分为微型空压机（<1m³/min）、小型空压机（1～10m³/min）、中型空压机（10～100m³/min）、大型空压机（>100m³/min）。

图 2-22 低压空压机

2. 空压机的工作原理

下面以活塞式空压机为例介绍空压机的工作原理。电动机带动曲柄 6 做回转运动，通过连杆 5、滑块 4、活塞杆 3 推动活塞 2 做直线往复运动，空压机就可以连续输出高压气体。如图 2-23 所示，当活塞向右运动时，左腔容积增大，压力下降，当压力低于大气压力时，吸气阀 7 被打开，气体进入气缸 1，此过程为**吸气过程**；当活塞向左运动时，吸气阀关闭，气缸内气体被压缩，压力升高，此过程为**压缩过程**；当气缸内气体压力高于排气管道内的压力时，排气阀 8 被打开，压缩空气被排入排气管道，此过程为**排气过程**。

在选择空压机时，其额定压力应等于或略高于所需的工作压力，其流量应等于系统设备最大耗气量，并且应考虑管路泄漏等因素。

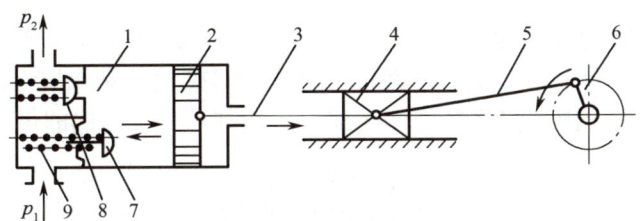

1—气缸；2—活塞；3—活塞杆；4—滑块；5—连杆；6—曲柄；7—吸气阀；8—排气阀；9—弹簧。

图 2-23　活塞式空压机的工作原理图

课内思考题：

2-5　试分析螺杆式空压机的工作原理。

2-6　空压机在标准大气状态下吸入空气的流量为 $1m^3/min$，其将标准大气状态下的空气（p_a=0.1MPa，T_a=283K）吸入并压缩后，充入 $3m^3$ 的气罐，问：

（1）空压机工作多长时间才能使气罐中的压力为 0.95MPa、温度为 60℃？

（2）当气罐中压缩空气的温度降至环境温度 10℃时，气罐中的压力是否发生变化？

（3）设气动系统在标准大气状态下的耗气量为 $1m^3/min$，当压力降至 0.4MPa 时，气动系统已不能正常工作，该气动系统的工作时间可以为多长？

2.3.2　净化和储存压缩空气的装置与设备

净化和储存压缩空气的装置与设备包括冷却器、油水分离器、储气罐、干燥器。

1. 冷却器

冷却器（Cooler）的结构形式包括蛇形管式（见图 2-24）、列管式、散热片式、套管式等，其冷却方式包括水冷和风冷。

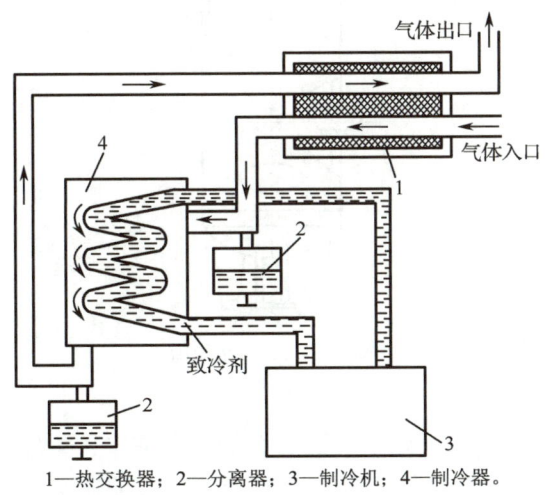

1—热交换器；2—分离器；3—制冷机；4—制冷器。

图 2-24　蛇形管式冷却器

2. 油水分离器

油水分离器主要用于分离压缩空气中凝聚的油分和水分等杂质，使压缩空气得到初步净化。油水分离器工作原理是，压缩空气进入油水分离器后产生流向和速度的急剧变化，依靠惯性力的作用，将密度比压缩空气大的油滴和水滴分离出来。

如图 2-25 所示，压缩空气自气体入口进入油水分离器壳体后，先受隔板阻挡发生撞击后折回向下，然后又回升向上，产生环形回转。这样便可使油滴和水滴在离心力与惯性力的作用下从压缩空气中分离析出并沉降在壳体底部，定期打开底部阀门即可排出油滴和水滴。

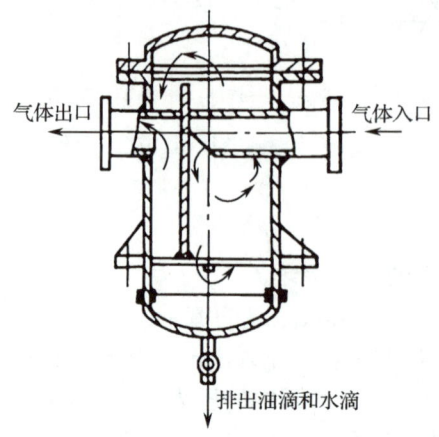

图 2-25　油水分离器

3. 储气罐

储气罐（Air Tank）主要用来调节气流，减小输出气流的压力脉动，使输出气流具有流量连续性和气压稳定性。同时储气罐中应储存一定量的压缩空气，作为备用和应急气源。储气罐一般采用圆筒状焊接结构，有立式储气罐（见图 2-26）和卧式储气罐。

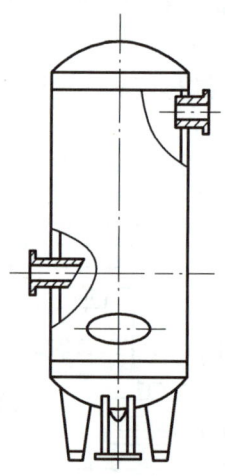

图 2-26　立式储气罐

4. 干燥器

干燥器（Dryer）的作用是满足精密气动装置的用气要求，将经过初步净化的压缩空气进一步净化，以吸收和排出其中的油分、水分及其他杂质，使湿空气变成干空气。不加热再生式干燥器如图 2-27 所示。目前使空气干燥的方法主要有冷却法和吸附法。冷却法是指利用制冷设备使空气冷却到露点温度，析出相应的水分，降低含湿量，提高空气的干燥程度。吸附法是指使空气依次通过栅板、干燥吸附剂、滤网等，以除去杂质。

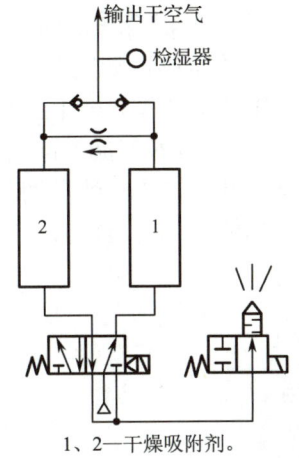

1、2—干燥吸附剂。

图 2-27　不加热再生式干燥器

课内思考题：

2-7　在学科竞赛中，移动小型机器人如果采用气压驱动方式，试思考其气源装置可以选用的气动元件及在使用过程中的注意事项。

2.3.3　气动三联件

气动三联件的安装次序根据进气方向分别为空气过滤器、减压阀和油雾器，如图 2-28 所示。

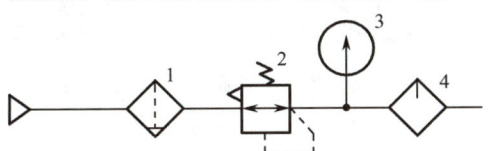

1—空气过滤器；2—减压阀；3—压力表；4—油雾器。

图 2-28　气动三联件

空气过滤器又名分水滤气器、空气滤清器，如图 2-29 所示。空气过滤器的作用是滤除压缩空气中的油分、水分及其他杂质，以使压缩空气达到气动系统所要求的洁净程度。

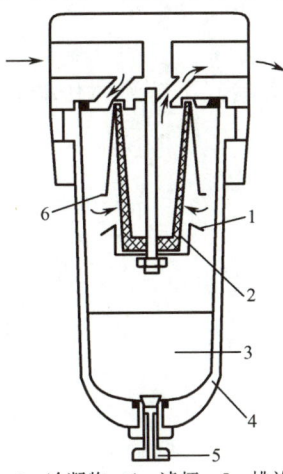

1—挡水板；2—滤芯；3—冷凝物；4—滤杯；5—排放螺栓；6—旋风挡板。

图 2-29　空气过滤器

油雾器的作用是将润滑油喷射成雾状并混合在压缩空气中，使压缩空气具有润滑气动元件的作用，其优点是方便、干净、润滑质量高，如图2-30所示。压缩空气从气体入口进入油雾器后，大部分经主管道输出，小部分气流进入立杆1上正对着气流方向的小孔a，经截止阀2进入油杯上腔c，使油面受压；立杆上背对着气流方向的小孔b处的压力低于气流压力。因此，润滑油在此压差下，经吸油管4、单向阀5和油量调节针阀6滴落到透明的视油窗7内，从小孔b中引射出去，雾化后随压缩空气输出。目前，气动控制阀、气缸和气动马达主要靠这种带有油雾的压缩空气来实现润滑。

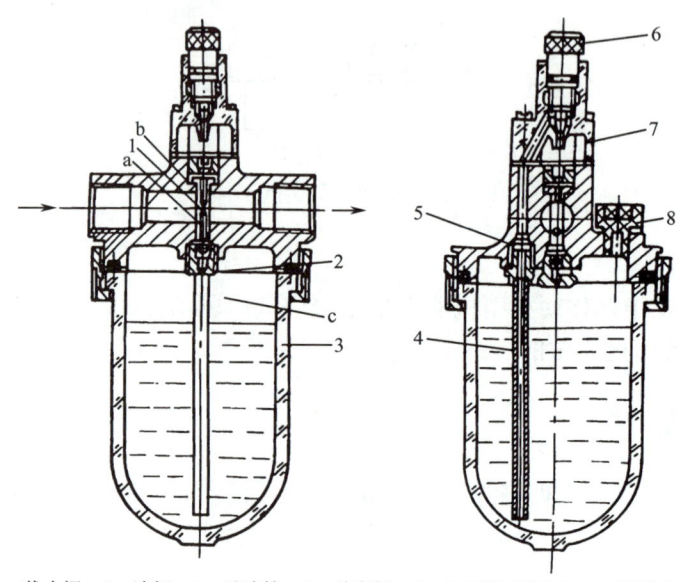

1—立杆；2—截止阀；3—油杯；4—吸油管；5—单向阀；6—油量调节针阀；7—视油窗；8—油塞。

图 2-30 油雾器

课后知识拓展：

伺服变量泵：将电液伺服阀集成在液压泵中，可以组成具有不同变量特性的泵，称为伺服变量泵，包括恒压变量泵、恒功率变量泵等。

课后思考题：

通过查阅图书馆数据库和相关文献，了解流体传动系统中新型能源装置的结构组成、工作原理及特点等。

第 3 章
流体传动系统执行元件

课前思考题:
分别采用电动机驱动和流体传动如何实现负载做直线往复运动、旋转运动、摆动。

3.1 概述

流体传动系统执行元件是将流体的压力能转换为机械能的能量转换装置。执行元件驱动负载做直线往复运动、旋转运动或摆动,其输入量为压力 p 与流量 q,输出量为力 F 与速度 v 或转矩 T 与转速 ω。

3.2 直线往复运动执行元件

液压缸(Hydraulic Cylinder)和气缸(Pneumatic Cylinder)是驱动负载做直线往复运动或摆动的执行元件。

根据使用条件、使用场合的不同,液压缸和气缸的结构、形状、功能也不一样。液压缸的类型如表 3-1 所示。

表 3-1 液压缸的类型

大类	细分类型			大类	细分类型		
活塞式	单作用	弹簧复位		组合式	串联缸		
		自重或外力复位			增压缸	相同介质	
	双作用	单活塞杆	无缓冲			不同介质	
			有缓冲		气液阻尼缸		
		双活塞杆	无缓冲	摆动式	齿轮齿条型		
			有缓冲		棘轮棘爪型		
	特殊	差动缸			螺杆型		
		多位缸			叶片型	单叶片	
		冲击缸				双叶片	
柱塞式	单作用	单柱塞		伸缩式	单作用	单作用伸缩缸	
		双柱塞			双作用	双作用伸缩缸	

3.2.1 液压缸

液压缸是利用油液的压力能驱动负载做直线往复运动的执行元件，其**功能是把液压能转换成机械能**。

3.2.1.1 液压缸的类型

液压缸按作用方式可分为单作用式（Single-Acting）液压缸和双作用式（Double-Acting）液压缸；按结构形式可分为活塞式液压缸、柱塞式液压缸、组合式液压缸、摆动式液压缸和伸缩式液压缸等。

1. 活塞式液压缸

活塞式液压缸根据使用要求不同可分为双杆式活塞缸和单杆式活塞缸。

1）双杆式活塞缸

活塞两端都有一根直径相等的活塞杆伸出的液压缸称为双杆式活塞缸，它一般由缸体、缸盖、活塞、活塞杆和密封元件等构成。双杆式活塞缸根据安装方式不同可分为缸筒固定的双杆式活塞缸和活塞杆固定的双杆式活塞缸。

缸筒固定的双杆式活塞缸如图 3-1（a）所示。其进、出口布置在缸筒两端，活塞通过活塞杆带动工作台移动。若液压缸的有效行程为 L，则整个工作台的运动范围为 $3L$，因此这种活塞缸占地面积较大。

活塞杆固定的双杆式活塞缸如图 3-1（b）所示，缸体与工作台相连，活塞杆通过支架固定在机床上，动力由缸体传出。若液压缸的有效行程为 L，则整个工作台的运动范围为 $2L$，因此这种活塞缸占地面积较小。

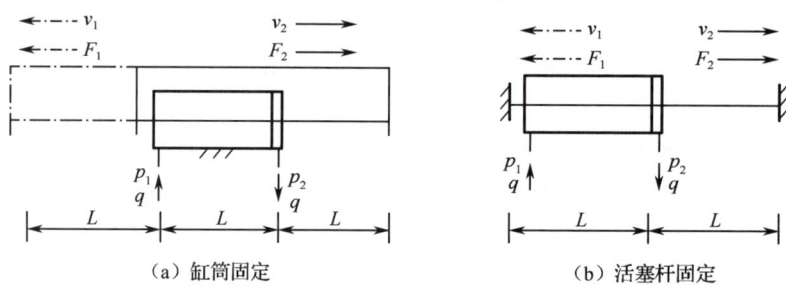

（a）缸筒固定　　　　　　　　（b）活塞杆固定

图 3-1　双杆式活塞缸

由于双杆式活塞缸两端的活塞杆直径通常是相等的，因此左、右两腔的有效工作面积也相等。当分别向左、右两腔输入相同压力和相同流量的油液时，双杆式活塞缸在左、右两个方向上输出的推力和速度相等，其值分别为

$$F_1 = F_2 = (p_1 - p_2)A\eta_m = (p_1 - p_2)\frac{\pi}{4}(D^2 - d^2)\eta_m \tag{3-1}$$

$$v_1 = v_2 = \frac{q}{A}\eta_v = \frac{4q}{\pi(D^2 - d^2)}\eta_v \tag{3-2}$$

式中，A——活塞的有效工作面积；
　　　D——活塞的直径；
　　　d——活塞杆的直径；
　　　q——输入流量；

p_1——缸的进口压力；

p_2——缸的出口压力；

η_m——缸的机械效率；

η_v——缸的容积效率。

2）单杆式活塞缸

单杆式活塞缸如图 3-2 所示，活塞只有一端带活塞杆，左、右两腔的有效工作面积不相等。它的安装方式也有缸筒固定和活塞杆固定两种，进、出口根据安装方式而定。

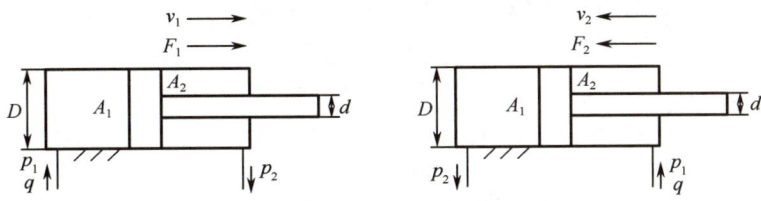

图 3-2　单杆式活塞缸

由于单杆式活塞缸左、右两腔的有效工作面积不相等，因此它在左、右两个方向上输出的推力和速度也不相等，其值分别为

$$F_1 = (p_1 A_1 - p_2 A_2)\eta_m = \frac{\pi}{4}[D^2 p_1 - (D^2 - d^2)p_2]\eta_m \tag{3-3}$$

$$F_2 = [p_1 A_2 - p_2 A_1]\eta_m = \frac{\pi}{4}[(D^2 - d^2)p_1 - D^2 p_2]\eta_m \tag{3-4}$$

$$v_1 = \frac{q}{A_1}\eta_v = \frac{4q\eta_v}{\pi D^2} \tag{3-5}$$

$$v_2 = \frac{q}{A_2}\eta_v = \frac{4q\eta_v}{\pi(D^2 - d^2)} \tag{3-6}$$

由式（3-3）～式（3-6）可知，由于 $A_1 > A_2$，所以 $F_1 > F_2$，$v_1 < v_2$。速度 v_1 和 v_2 的比值称为速度比，记作 λ_v，有

$$\lambda_v = \frac{v_2}{v_1} = \frac{D^2}{D^2 - d^2} \tag{3-7}$$

$$d = D\sqrt{(\lambda_v - 1)/\lambda_v} \tag{3-8}$$

因此，若已知 D 和 λ_v，则可确定 d。

3）差动缸

单杆式活塞缸的左、右两腔都接通高压油的连接方法称为差动连接，如图 3-3 所示。

差动连接时液压缸左、右两腔的液压力相等，但是由于无杆腔的有效工作面积大于有杆腔的有效工作面积，因此活塞向右运动，同时使有杆腔中排出的油液（流量为 q'）也进入无杆腔，加大了流入无杆腔的流量（$q + q'$），从而加快了活塞的运动速度。差动连接时活塞推力 F_3 为

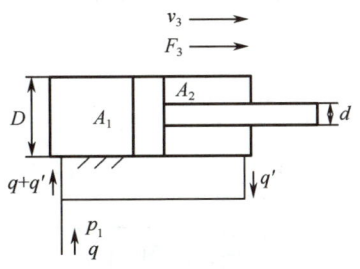

图 3-3　差动连接

$$F_3 = (p_1 A_1 - p_1 A_2)\eta_m = \frac{\pi}{4} d^2 p_1 \eta_m \tag{3-9}$$

进入无杆腔的流量为

$$q_1 = v_3 \frac{\pi D^2}{4} = q + v_3 \frac{\pi(D^2 - d^2)}{4}$$

$$v_3 = \frac{4q}{\pi d^2}$$
(3-10)

由式（3-9）、式（3-10）可知，差动连接时液压缸输出的推力比非差动连接时小，输出的速度比非差动连接时大，可在不加大油液流量的情况下得到较快的活塞运动速度，这种连接方式被广泛应用于组合机床的液压动力系统和其他机械设备的快速运动场合。如果要求机床往返速度相等（$v_2=v_3$），则由式（3-6）和式（3-10）可得

$$\frac{4q}{\pi(D^2 - d^2)} = \frac{4q}{\pi d^2}$$
(3-11)

即

$$D = \sqrt{2}d$$

将单杆式活塞缸实现差动连接，并按 $D=\sqrt{2}d$ 设计活塞直径和活塞杆直径的液压缸称为差动缸。差动缸主要应用在快速运动回路中，具体介绍见 6.1.2.5 节。

2. 柱塞式液压缸

柱塞式液压缸是单作用液压缸，即靠液压力只能实现一个方向的运动，回程要靠自重（当柱塞式液压缸垂直放置时）或其他外力实现，因此柱塞式液压缸常成对使用，如图 3-4 所示。

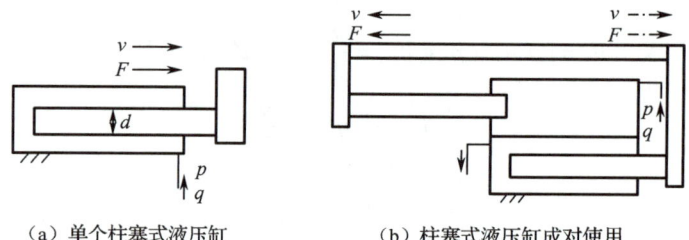

（a）单个柱塞式液压缸　　（b）柱塞式液压缸成对使用

图 3-4　柱塞式液压缸

当柱塞运动时，由缸盖上的导向套来导向，柱塞和缸筒的内壁不接触，缸筒内孔只需粗加工即可。柱塞质量往往比较大，水平放置时容易因自重而下垂，造成密封元件和导向元件的单边磨损，故柱塞式液压缸垂直放置较为有利。当柱塞行程特别长时，仅靠导向套导向是不够的，可在缸筒内设置不同形式的辅助支承，起到辅助导向的作用。

柱塞式液压缸输出的推力和速度分别为

$$F = pA\eta_m = \frac{\pi}{4}d^2 p\eta_m$$
(3-12)

$$v = \frac{q}{A}\eta_v = \frac{4q}{\pi d^2}\eta_v$$
(3-13)

式中，d——柱塞直径。

3. 其他液压缸

1）增压缸

增压缸利用活塞和柱塞的有效工作面积不同使液压系统中的局部区域获得高压。如图 3-5 所示，当输入活塞缸的液压力为 p_1，活塞直径为 D，柱塞直径为 d 时，柱塞缸中输出的液压力为高压，其值为

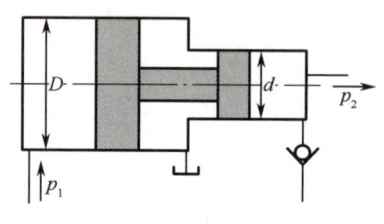

图 3-5　增压缸

$$p_2 = \left(\frac{D}{d}\right)^2 p_1 = Kp_1 \tag{3-14}$$

式中，K——增压比，它代表了增压程度，$K=D^2/d^2$。

2）伸缩缸

伸缩缸（Telescopic Cylinder）由两个或多个活塞缸套装而成，前一级活塞缸的活塞杆内孔是后一级活塞缸的缸筒，伸出时可获得很长的工作行程，缩回时可保持很小的结构尺寸。伸缩缸被广泛应用在起重运输车辆中。伸缩缸包括单作用式伸缩缸［见图3-6（a）］和双作用式伸缩缸［见图3-6（b）］。

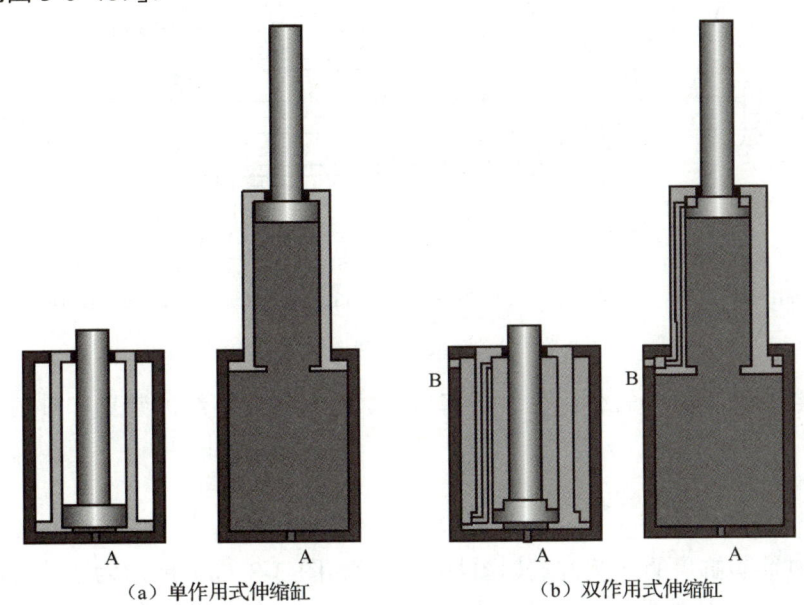

（a）单作用式伸缩缸　　（b）双作用式伸缩缸

图 3-6　伸缩缸

伸缩缸的伸出动作是逐级进行的。直径最大的缸筒最先开始伸出，当到达行程终点后，直径稍小的缸筒开始伸出，直径最小的末级活塞杆最后伸出。随着活塞缸级数变大，伸出缸筒直径越来越小。在输入流量和压力不变的情况下，伸缩缸输出的推力和速度也逐级变化，其值分别为

$$F_i = p\frac{\pi}{4}D_i^2 \eta_{mi} \tag{3-15}$$

$$v_i = \frac{4q\eta_{vi}}{\pi D_i^2} \tag{3-16}$$

式中，i——活塞缸级数。

在伸缩缸启动时，活塞的有效工作面积最大，输出的推力也最大，随着行程逐级增长，推力逐渐减小。这种推力变化情况符合自动装卸车对推力的要求。

3.2.1.2　液压缸的基本组成

液压缸的结构形式很多，下面以一种典型液压缸为例介绍液压缸的基本组成。空心活塞杆式液压缸的结构图如图3-7所示。它由缸筒10，活塞8，活塞杆1、15，缸盖18、24，密封圈4、7、17，导向套6、19，压板11、20等主要零部件组成。这种液压缸活塞杆固定，缸

筒带动工作台做直线往复运动。活塞通过锥销9、22与空心活塞杆相连,并用堵头2堵死活塞杆的一头。缸筒两端外圆上套有钢丝环12、21,用于阻止压板向外移动,通过螺栓将缸盖与压板相连(图3-7中没有画出),并把缸盖压紧在缸筒的两端。为了减少泄漏,在液压缸中可能发生泄漏的接合面处放置了密封圈和纸垫。空心活塞杆和其上的油口a、c提供了液压缸的进、出口。当缸筒移动到左、右终端时,油口a、c的开度逐渐减小,使回油阻力逐渐增大,对运动部件起到制动缓冲作用。在缸盖上设有与排气阀(图3-7中没有画出)相连的排气孔5、14,可以排出液压缸中的空气,使其运动更加平稳。图3-7中b和d为双活塞杆与负载端连接部分。

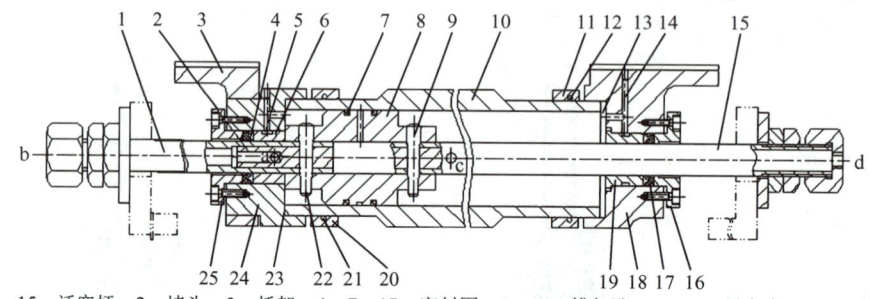

1、15—活塞杆;2—堵头;3—托架;4、7、17—密封圈;5、14—排气孔;6、19—导向套;8—活塞;9、22—锥销;10—缸筒;11、20—压板;12、21—钢丝环;13、23—纸垫;16、25—压盖;18、24—缸盖。

图3-7 空心活塞杆式液压缸的结构图

液压缸按结构可以分为缸体组件、活塞组件、密封装置、缓冲装置和排气装置等基本组成部分。

1. 缸体组件

缸体组件包括缸筒、缸盖和一些连接零件。缸筒可以用铸铁(低压时)或无缝钢管(高压时)制成。缸筒与缸盖的连接方式如图3-8所示。图3-8(a)所示为法兰式连接,其加工和拆装都很方便,只是外形尺寸较大。图3-8(b)所示为半环式连接,其要求缸筒有足够的壁厚。图3-8(c)所示为螺纹式连接,其外形尺寸小,但拆装不方便,要使用专用工具。图3-8(d)所示为拉杆式连接,其拆装容易,但外形尺寸大。图3-8(e)所示焊接,其结构简单,外形尺寸小,但可能会因焊接产生一些变形。由此可见,缸筒的材料一般要求具有足够的强度和冲击韧性,对于采用焊接方式的缸筒,还要求具有良好的焊接性能。

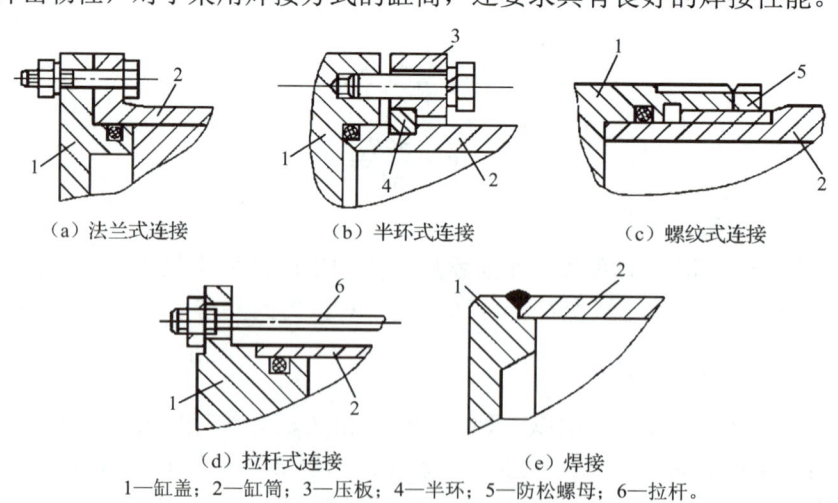

1—缸盖;2—缸筒;3—压板;4—半环;5—防松螺母;6—拉杆。

图3-8 缸筒与缸盖的连接方式

2. 活塞组件

活塞组件包括活塞和活塞杆两部分。活塞通常用铸铁制成，活塞杆通常用钢料制成。活塞与活塞杆采用什么连接方式取决于工作压力、安装方式、工作条件等。活塞与活塞杆的连接方式包括锥销式连接、整体式连接、螺纹式连接和半环式连接。整体式连接结构简单、使用可靠，在尺寸较小的场合常用。螺纹式连接和半环式连接分别如图3-9（a）、（b）所示，前者结构简单，但要防止螺母脱落；后者结构复杂，但工作可靠。

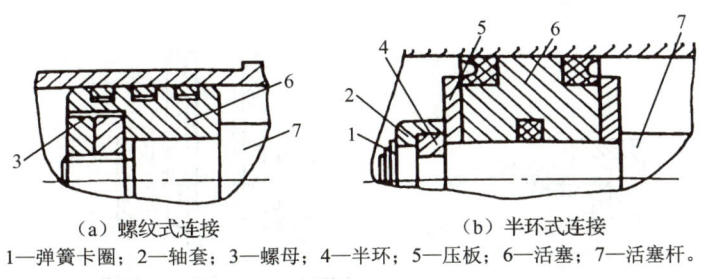

(a) 螺纹式连接　　　　　　(b) 半环式连接

1—弹簧卡圈；2—轴套；3—螺母；4—半环；5—压板；6—活塞；7—活塞杆。

图3-9　活塞与活塞杆的连接方式

3. 密封装置

液压缸的密封是指活塞、活塞杆和缸盖等处的密封，密封的作用是防止液压缸的内部泄漏和外部泄漏。液压缸的密封设计质量对液压缸的性能有着重要影响。

活塞与缸筒内壁之间的密封是液压缸中最重要的密封。由于活塞与缸筒之间存在相对运动，因此该密封属于动密封。活塞与缸筒内壁之间的密封装置和结构多种多样，主要有密封圈（如O形密封圈、V形密封圈等）密封、活塞环密封和间隙密封等密封形式，具体介绍见5.1.6节。

4. 缓冲装置

缓冲装置是在活塞或缸筒移动到接近终点时，将活塞与缸盖之间的一部分液体封住，迫使液体从小孔或缝隙中被挤出，从而产生很大的阻力，使工作部件制动，以避免活塞和缸盖相互碰撞的装置。常见的缓冲装置如图3-10所示。

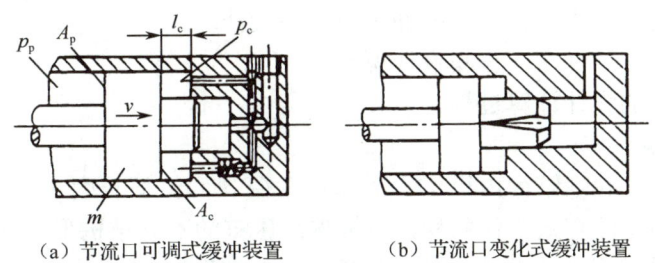

（a）节流口可调式缓冲装置　　　　（b）节流口变化式缓冲装置

图3-10　常见的缓冲装置

图3-10（a）所示为节流口可调式缓冲装置。当活塞上的凸台进入端盖凹腔后，圆环形回油腔中的液体只能通过针形节流阀流出，从而使活塞制动。调节节流阀的开口，可以改变制动阻力的大小。这种缓冲装置起始缓冲效果好，随着活塞向前移动，缓冲效果逐渐减弱，因此它的制动行程较长。图3-10（b）所示为节流口变化式缓冲装置。在缓冲柱塞上开有变截面的轴向三角槽。当活塞移向端盖时，回油腔中的液体只能经过三角槽流出，从而使活塞制动。随着活塞的移动，三角槽通流截面积逐渐减小，阻力增大。因此，该装置缓冲作用均匀，冲击压力较小，制动位置精度高。

5. 排气装置

由于液体中混有空气或液压缸停止使用时有空气侵入,因此在液压缸的最高处常会聚积空气,若不及时排出空气,则会使液压缸的运动不平稳,引起"爬行"和振动,严重时会使液体氧化,腐蚀液压元件。因此,需要通过排气装置来排出聚积在液压缸中的空气。常用的排气装置包括排气阀和排气塞,分别如图 3-11（a）和（b）所示。排气阀和排气塞都要安装在液压缸的最高处。

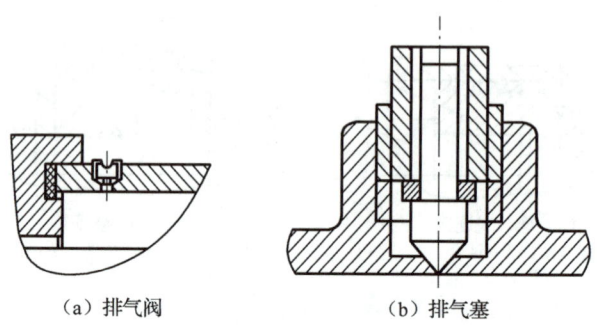

（a）排气阀　　　　　（b）排气塞

图 3-11　排气装置

对于要求不高的液压缸,往往不设置专门的排气装置,而是将油口布置在缸筒两端的最高处,使液压缸中的空气随油液的流动而被排出。对于对速度稳定性要求较高及较大型的液压缸,则必须设置专门的排气装置。

3.2.1.3　液压缸的设计计算

尽管有一些标准液压缸可供选用,但有时仍必须根据实际需要自行设计液压缸。液压缸的设计内容和步骤如下。

（1）选择液压缸的类型和各部分结构形式。
（2）确定液压缸的工作参数和结构尺寸。
（3）结构强度、刚度的计算和校核。
（4）导向、密封、防尘、排气和缓冲等装置的设计。
（5）绘制装配图、零件图,编写设计说明书。

下面介绍液压缸的设计计算过程。

1. 主要尺寸计算

液压缸的主要尺寸包括缸筒内径 D、活塞杆直径 d 和缸筒长度 L。先根据液压缸的负载力和工作压力确定活塞的有效工作面积,再根据液压缸的不同结构形式计算出缸筒内径 D。活塞杆直径 d 是根据其受力情况确定的,可按表 3-2 初步选取。缸筒长度 L 的确定要考虑活塞最大行程、活塞厚度、实现导向和密封所需长度等因素。通常情况下,$L \leq (20 \sim 30)d$,计算结果要圆整成国家标准中的推荐值。在主要尺寸初步确定后,还要根据速度要求进行验证,同时满足力和速度的要求后才可以最终确定。

表 3-2　液压缸的工作压力与活塞杆直径

活塞杆受力情况	受拉伸	受压缩（工作压力为 p）		
		$p \leq 5$MPa	5MPa$< p \leq 7$MPa	$p > 7$MPa
推荐活塞杆直径 d	$(0.3 \sim 0.5)D$	$(0.5 \sim 0.55)D$	$(0.6 \sim 0.7)D$	$0.7D$

2. 强度校核

强度校核的内容包括校核缸筒壁厚 δ、活塞杆直径 d 和缸盖固定螺栓直径 d_s。

1）缸筒壁厚 δ

在中、低压系统中，缸筒壁厚 δ 由结构工艺决定，一般不进行校核。在高压系统中，需要按下列情况校核缸筒壁厚 δ。

当 $D/\delta > 10$ 时为薄壁缸筒：

$$\delta \geq \frac{p_y D}{2[\sigma]} \tag{3-17}$$

式中，D——缸筒内径；

$[\sigma]$——缸筒材料的许用应力，$[\sigma] = \sigma_b/n$，σ_b 为材料的抗拉强度，安全系数 $n=5$；

p_y——缸筒试验压力，液压缸的额定压力 $p_n \leq 16\text{MPa}$ 时 $p_y = 1.5 p_n$，$p_n > 16\text{MPa}$ 时 $p_y = 1.25 p_n$。

当 $D/\delta < 10$ 时为厚壁缸筒：

$$\delta \geq \frac{D}{2}\left(\sqrt{\frac{[\sigma] + 0.4 p_y}{[\sigma] - 1.3 p_y}} - 1\right) \tag{3-18}$$

2）活塞杆直径 d

$$d \geq \sqrt{\frac{4F}{\pi[\sigma]}} \tag{3-19}$$

式中，F——活塞杆上的作用力；

$[\sigma]$——活塞杆材料的许用应力，$[\sigma] = \sigma_b/1.4$。

3）缸盖固定螺栓直径 d_s

$$d_s \geq \sqrt{\frac{5.2kF}{\pi z[\sigma]}} \tag{3-20}$$

式中，F——液压缸的负载力；

k——螺栓拧紧系数，$k = 1.12 \sim 1.5$；

z——固定螺栓个数；

$[\sigma]$——螺栓材料的许用应力，$[\sigma] = \sigma_s/(1.22 \sim 2.5)$，$\sigma_s$ 为材料的屈服点。

3. 活塞杆稳定性校核

活塞杆受到轴向压缩力作用时会产生压杆稳定性问题，即当压缩力 F 超过某个临界值 F_k 时，活塞杆就会失去稳定性。活塞杆稳定性校核：

$$F \leq \frac{F_k}{n_k} \tag{3-21}$$

式中，n_k——安全系数，一般取 $n_k = 2 \sim 4$。

当活塞杆的长细比 $l/r_k > \psi_1\sqrt{\psi_2}$ 时：

$$F_k = \frac{\psi_2 \pi^2 EJ}{l^2} \tag{3-22}$$

当活塞杆的长细比 $l/r_k \leq \psi_1\sqrt{\psi_2}$ 且 $\psi_1\sqrt{\psi_2} = 20 \sim 120$ 时：

$$F_k = \frac{fA}{1 + \frac{\alpha}{\psi_2}\left(\frac{l}{r_k}\right)^2} \tag{3-23}$$

式中，l——活塞杆安装长度；
r_k——活塞杆横截面最小回转半径，$r_k = \sqrt{J/A}$；
ψ_1——柔性系数；
ψ_2——由液压缸支承方式决定的末端系数；
α——系数，可查表得出；
E——活塞杆材料的弹性模量，对于钢材，$E = 2.06 \times 10^{11}$ Pa；
J——活塞杆横截面惯性矩；
A——活塞杆横截面积；
f——由材料强度决定的试验值。

4. 液压缸的缓冲计算

液压缸的缓冲计算是指估计缓冲时液压缸中出现的最大冲击压力，以便校核缸筒强度。同时，还应校核制动距离是否符合要求。

当液压缸缓冲时，缓冲腔中的液压能 E_1 和工作部件的机械能 E_2 分别为

$$E_1 = p_c A_c l_c \tag{3-24}$$

$$E_2 = p_p A_p l_c + \frac{1}{2} m v^2 - F_f l_c \tag{3-25}$$

式中，p_c——缓冲腔中的平均缓冲压力；
p_p——高压腔中的液压力；
A_c——缓冲腔的有效工作面积；
A_p——高压腔的有效工作面积；
l_c——缓冲行程；
m——工作部件质量；
v——工作部件运动速度；
F_f——摩擦力。

式（3-25）中等号右边第一项为高压腔中的液压能，第二项为工作部件的动能，第三项为摩擦能。当 $E_1 = E_2$ 时，工作部件的机械能全部被缓冲腔中的液体吸收，由式（3-24）和式（3-25）可得

$$p_c = E_2 / A_c l_c \tag{3-26}$$

课内思考题：

3-1 图 3-12 所示为三种结构形式的液压缸，活塞和活塞杆直径分别为 D、d，设进入液压缸的流量为 q，压力为 p，不计压力损失和泄漏，试分别计算各液压缸输出的推力 F、速度 v 和缸体运动方向。

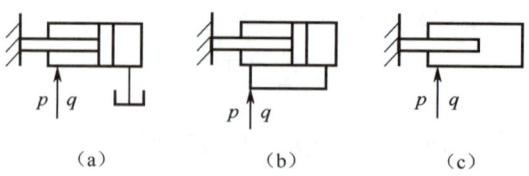

图 3-12 三种结构形式的液压缸

分图号	推力 F	速度 v	缸体运动方向（向左或向右）
(a)			
(b)			
(c)			

3-2　某液压机械手的手爪结构如图 3-13 所示，要求工件做水平方向的运动，工件 5 的重力 G=100N，b=50mm，扇齿轮半径 R=36mm，N 为夹紧力，试求夹紧缸的驱动力 F。

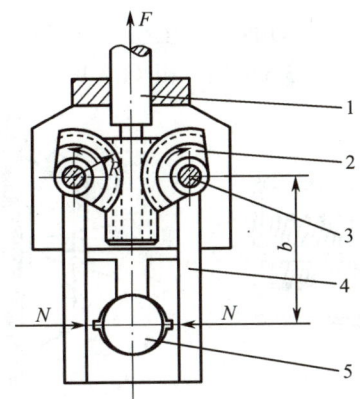

1—夹紧缸传动杆；2—扇齿轮；3—连接件；4—手指；5—工件。

图 3-13　某液压机械手的手爪结构

3.2.2　气缸

气缸是气动系统的执行元件之一，它是将压缩空气的压力能转换为机械能并驱动工作机构做直线往复直线运动或摆动的执行元件。与液压缸相比，气缸具有结构简单、制造容易、工作压力低和动作迅速等优点，故应用十分广泛。

气缸的类型如图 3-14 所示。

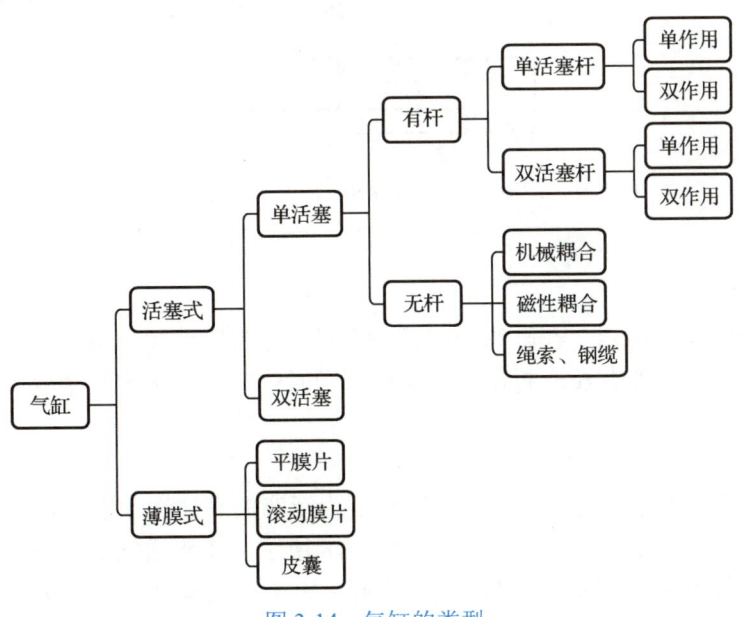

图 3-14　气缸的类型

3.2.2.1 气缸的分类及工作原理

1. 普通气缸

普通气缸包括单作用气缸和双作用气缸。普通气缸一般由缸筒、缸盖、活塞、活塞杆、密封元件和紧固元件等组成。活塞与活塞杆相连，活塞上通常装有密封圈、导向环和磁环。其中，磁环用来产生磁场，在活塞接近磁性开关时发出电信号，以检测活塞位置。

2. 薄膜式气缸

薄膜式气缸以膜片取代活塞来带动活塞杆运动，其结构常为盘状，有单作用薄膜式气缸和双作用薄膜式气缸两种，分别如图 3-15（a）和（b）所示。其中，a 和 b 分别为进、出气口。

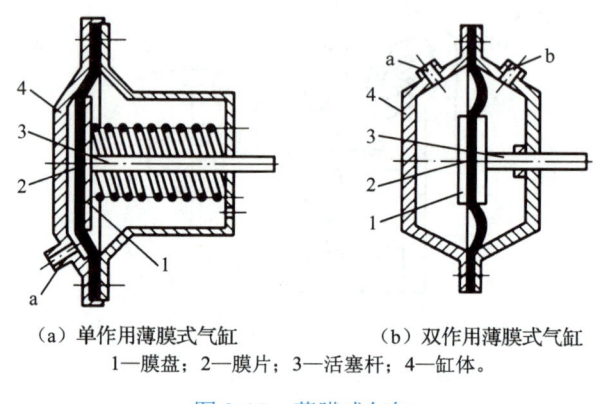

（a）单作用薄膜式气缸　　　　（b）双作用薄膜式气缸
1—膜盘；2—膜片；3—活塞杆；4—缸体。

图 3-15　薄膜式气缸

3. 气-液阻尼缸

气-液阻尼缸由气缸和液压缸组合而成，它以压缩空气为动力源，利用油液的可压缩性小和流量容易控制的特点，可达到运动平稳和速度可调的目的，如图 3-16 所示。

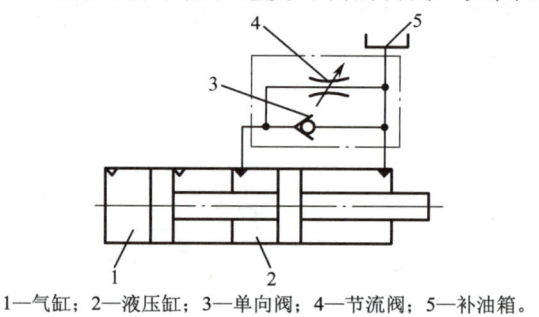

1—气缸；2—液压缸；3—单向阀；4—节流阀；5—补油箱。

图 3-16　气-液阻尼缸

4. 无杆气缸

无杆气缸如图 3-17 所示。在缸筒轴向开一个槽，在气缸两端设置空气缓冲装置。无杆活塞 5 带动与负载相连的滑块 6 一起在槽内运动，同时借助缸体上的一个管状沟槽防止其产生旋转。

5. 冲击气缸

冲击气缸可以将压缩空气的压力能瞬间转换为活塞的高速运动能量，以适应冲击性工作场合。冲击气缸的结构及工作过程示意图如图 3-18 所示。在普通气缸中间增加一个带有喷嘴 D 和排气小孔 E 的中盖 3，它与缸体固接在一起。中盖和活塞 2 把气缸分成三个腔室，即活塞杆腔 A、无杆腔 B 和蓄能腔 C。其工作过程可分为三个阶段：复位段、储能段、冲击段。

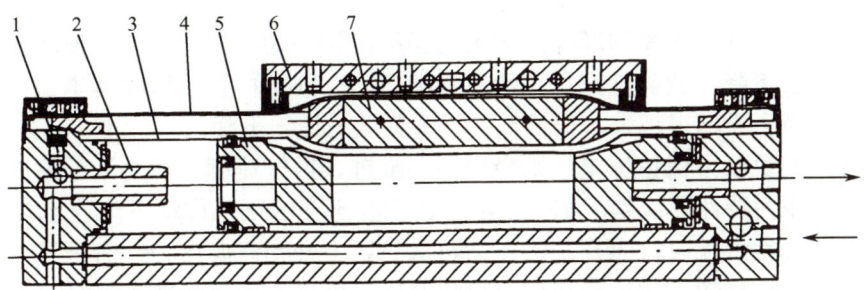

1—节流阀；2—缓冲柱塞；3—密封带；4—防尘不锈钢带；5—无杆活塞；6—滑块；7—管状带。

图 3-17 无杆气缸

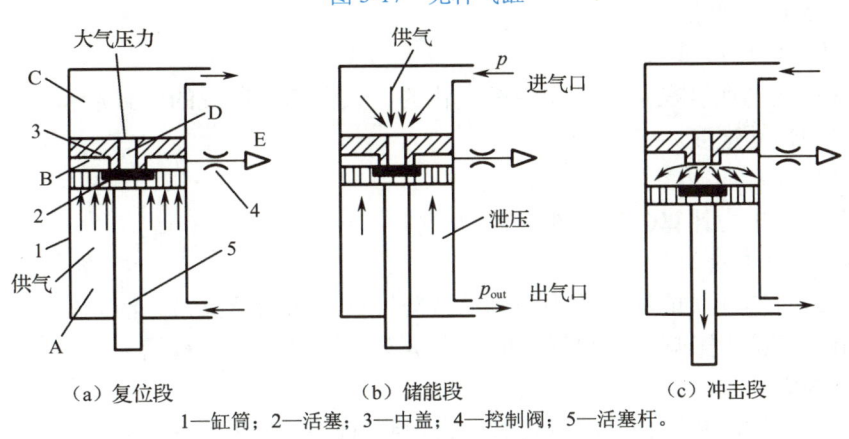

（a）复位段　　　　（b）储能段　　　　（c）冲击段

1—缸筒；2—活塞；3—中盖；4—控制阀；5—活塞杆。

图 3-18 冲击气缸的结构及工作过程示意图

3.2.2.2 气缸的工作特性及计算

1. 气缸的压力特性

气缸的压力特性是指气缸内的压力随时间变化的特性。气缸的压力特性曲线如图 3-19 所示。无杆腔的压力 p_1 为大气压力，有杆腔的压力 p_2 为工作压力。当换向阀换向后，无杆腔与气源接通，因为其容积小，所以气体以高速向无杆腔充气，无杆腔的压力很快上升至气源压力。同时，有杆腔开始向大气环境排气，但因为其容积大，所以有杆腔的压力下降的速度较缓慢。当两腔的压差 $\Delta p = p_1 - p_2$ 超过启动压差时，活塞开始向右运动。由此可见，从换向阀换向到气缸启动需要一段时间。

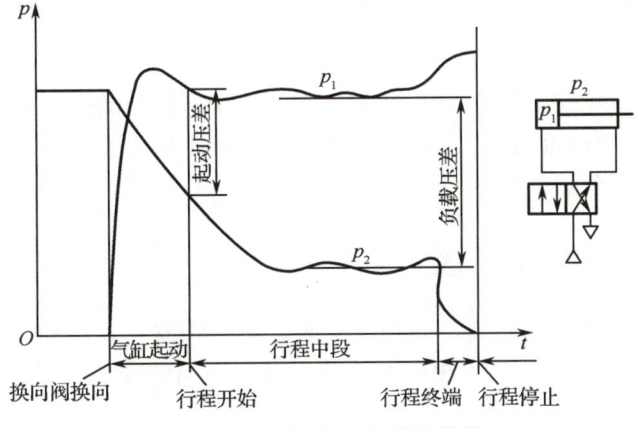

图 3-19 气缸的压力特性曲线

气缸启动以后，活塞所受的摩擦阻力因由静摩擦转为动摩擦而变小，使活塞加速运动，无杆腔的压力有所下降。若供气充足，活塞继续运动，则无杆腔的压力基本保持不变，而有杆腔容积的相对减小量越来越大，在排气过程中其压力继续下降。

若活塞杆上的负载力保持恒定，则会出现气缸进、排气速度与活塞运动速度相平衡的情况，这时气缸的压力特性曲线趋于水平，活塞在两腔不变的压差推动下匀速运动。

当活塞行至行程终端时，无杆腔的压力再次急剧上升到气源压力，有杆腔的压力却快速下降至大气压力。这种较大的压差往往会导致发生"撞缸"现象。如果气缸设有缓冲装置，那么在活塞运动进入缓冲行程时，排气通路受阻，排气腔压力瞬时升高，随后降至大气压力，可避免发生"撞缸"现象。

2. 气缸活塞的运动速度

气缸活塞的运动速度在运动过程中是变化的。人们通常所说的气缸活塞的运动速度是指气缸活塞的平均运动速度。

3. 气缸的理论输出力

气缸的理论输出力计算公式和液压缸的相同。

4. 气缸的效率和负载率

气缸未加载时实际所能输出的力受到活塞与缸筒之间的摩擦力、活塞杆与前缸盖之间的摩擦力的影响。摩擦力影响程度用气缸的效率 η 表示。若气缸缸径增大，工作压力升高，则气缸的效率 η 增大。

在研究气缸的性能和选择气缸缸径时，常用到气缸的负载率 β：

$$\beta = \frac{\text{气缸的实际负载力}F}{\text{气缸的理论输出力}F_0} \times 100\% \tag{3-27}$$

气缸的实际负载力（轴向负载力）是由工况所决定的，若确定了气缸的负载率 β，则由式（3-27）可以确定气缸的理论输出力 F_0，从而可以选择气缸缸径。气缸的负载率可以根据气缸的负载特性选取，如表 3-3 所示。

表 3-3　气缸的负载特性与负载率

负载特性	阻性负载（静负载）	惯性负载（活塞的运动速度为 v）		
		$v<100$mm/s	$v=100\sim500$mm/s	$v>500$mm/s
β	<0.8	≤0.65	≤0.5	≤0.3

课内思考题：

3-3　气缸推动工件在水平导轨上运动，工件质量 m 为 250kg，工件与导轨之间的摩擦因数为 0.25，气缸行程 s 为 400mm，气缸推动工件运动经 1.5s 后到位，气动系统工作压力 p 为 0.4MPa，试选用双作用气缸缸径。

3.2.3　缸的安装和机械连接方式

缸的安装方式包括前法兰安装、前耳轴安装、后耳轴安装、脚架安装、中间耳轴安装、后耳环安装等，如图 3-20 所示，可根据实际情况选择不同的安装方式。

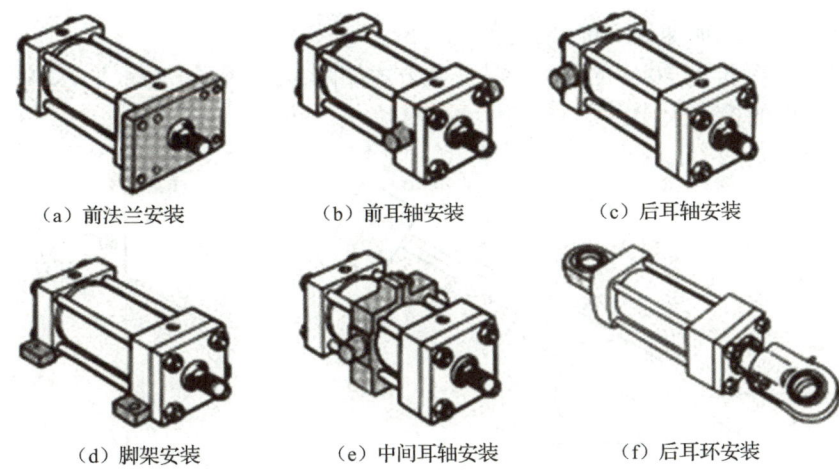

(a) 前法兰安装　　　(b) 前耳轴安装　　　(c) 后耳轴安装

(d) 脚架安装　　　(e) 中间耳轴安装　　　(f) 后耳环安装

图 3-20　缸的安装方式

缸的各种机械连接方式如图 3-21 所示，可实现不同的运动方式。

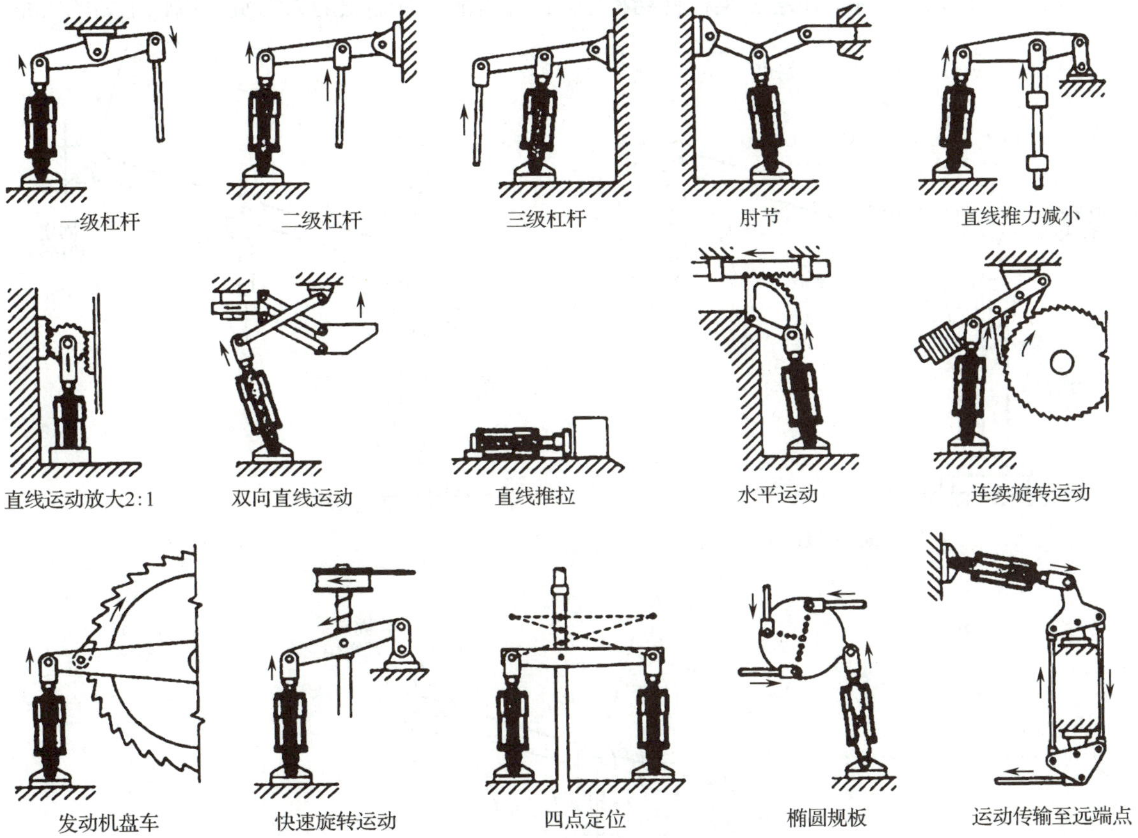

一级杠杆　　二级杠杆　　三级杠杆　　肘节　　直线推力减小

直线运动放大 2:1　　双向直线运动　　直线推拉　　水平运动　　连续旋转运动

发动机盘车　　快速旋转运动　　四点定位　　椭圆规板　　运动传输至远端点

图 3-21　缸的各种机械连接方式

课内思考题：

3-4　液压缸需要提升 20kg 的重物，其安装方式为垂直安装，试分析以下两种情况下液压缸输出的推力大小：

（1）上升速度保持匀速 2m/s；

（2）上升速度从 0 加速到 2m/s 的时间为 0.5s。

3-5 液压缸需要推动 20kg 的重物，其安装方式如图 3-22 所示，与水平方向的夹角为 30°，试分析液压缸输出的推力大小。

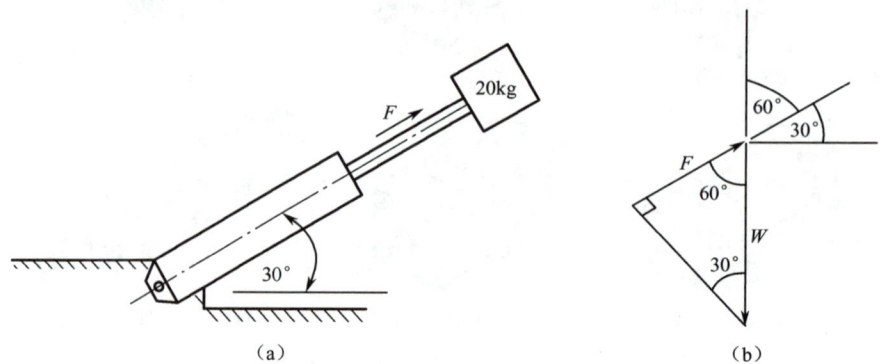

图 3-22 倾斜安装的液压缸推动重物的示意图

3-6 如图 3-23 所示，在这三类杠杆结构中，试分析液压缸输出的力与负载端输出力的关系。

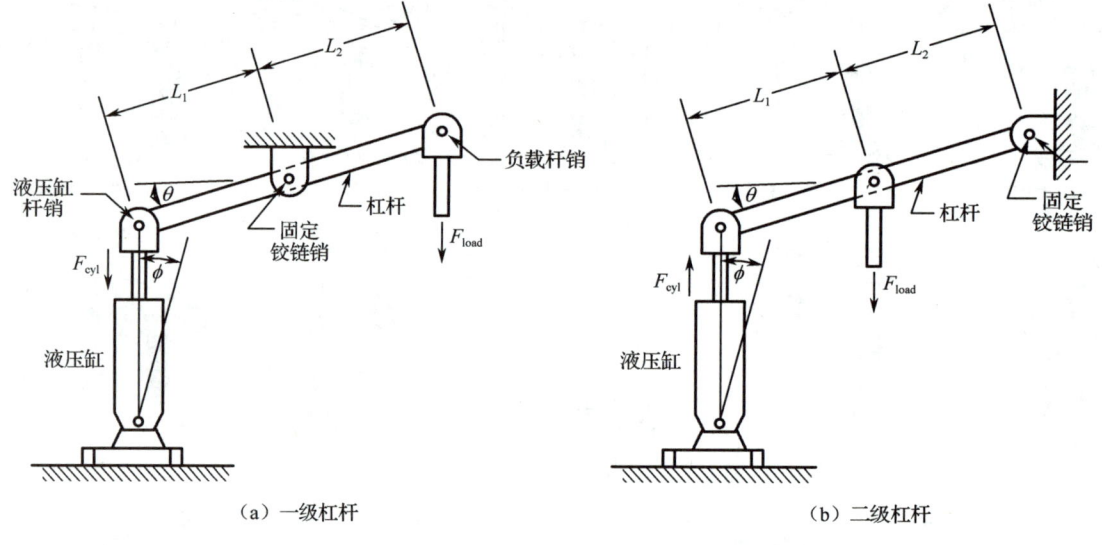

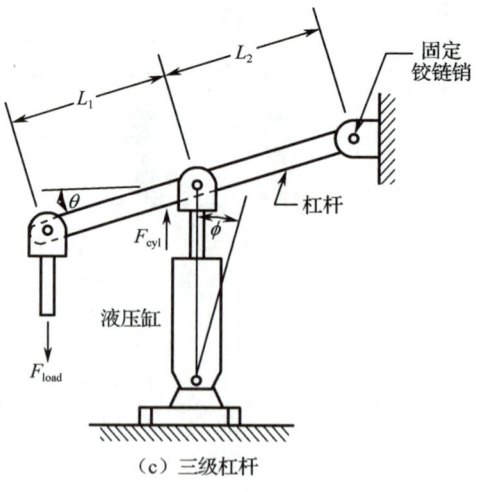

图 3-23 杠杆类型图

3-7 气缸垂直安装,在提升与放下重物时,其工作状态有何不同?试了解负值负载的概念。

3.3 旋转运动执行元件

旋转运动执行元件包括液压马达和气动马达。

3.3.1 液压马达

液压马达(Hydraulic Motor)是将液压能转换为机械能的能量转换装置,可以实现连续的旋转运动。从工作原理上讲,液压马达与液压泵是可逆的,它们都是靠密封工作腔容积的变化工作的。同类型的液压马达和液压泵的结构也基本相似。但由于两者的工作条件与性能要求不同,因此两者在结构上也有一些差异。

(1)液压马达一般需要正、反转,所以在内部结构上应具有对称性。液压泵一般是单方向旋转的。

(2)为了减小吸油阻力,减小径向不平衡力,液压泵的进口一般比出口的尺寸大。液压马达低压腔的压力稍高于大气压力,所以没有上述要求。

(3)液压马达要求能在很宽的转速范围内正常工作,因此应采用液动轴承或静压轴承,以形成润滑油膜。

(4)叶片泵依靠叶片与转子一起高速旋转而产生的离心力使叶片始终贴紧定子内表面,起封油作用,形成工作容积。若将其当作液压马达使用,则必须在液压马达的叶片根部装上弹簧,以保证叶片始终贴紧定子内表面,使液压马达能正常启动。

(5)液压泵在结构上需要保证具有自吸能力。液压马达没有此要求。

(6)液压马达必须具有较大的启动扭矩。启动扭矩是液压马达由静止状态启动时马达轴上所能输出的扭矩,该扭矩通常大于在同一工作压差时处于运行状态下的扭矩。

由于液压马达与液压泵具有上述不同的特点,因此在实际应用中,除轴向柱塞泵外,其他类型的液压泵一般不能与液压马达互逆使用。

3.3.1.1 液压马达的工作原理

轴向柱塞式液压马达的工作原理图如图 3-24 所示。斜盘 1 和配流盘 4 固定不动,柱塞 3 可在缸体 2 的柱塞孔内移动。斜盘中心线和缸体中心线相交成一个倾角 α。高压油经配流盘的窗口进入缸体的柱塞孔时,高压腔的柱塞被顶出,压在斜盘上。斜盘对柱塞的反作用力 F 可分解为轴向分力 F_x(与作用在柱塞上的液压力平衡)和垂直分力 F_y(用于产生使缸体旋转的转矩),以带动马达轴 5 旋转。液压马达产生的转矩应为所有处于高压腔的柱塞产生的转矩之和,即

$$T = \sum F_x R \tan\alpha \sin\theta \tag{3-28}$$

式中,R——柱塞在缸体上的分布圆半径;

θ——第 i 个柱塞和缸体垂直中心线之间的夹角。

由此可见,随着 θ 的变化,每个柱塞产生的转矩是变化的,因此液压马达对外输出的总转矩呈现脉动趋势。

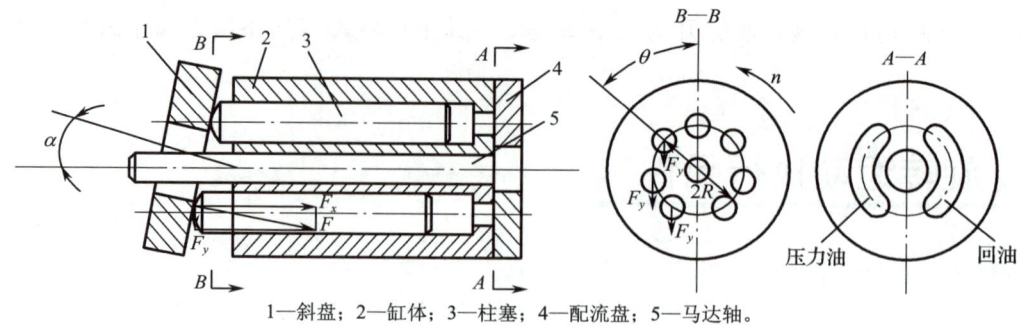

1—斜盘；2—缸体；3—柱塞；4—配流盘；5—马达轴。

图 3-24 轴向柱塞式液压马达的工作原理图

3.3.1.2 液压马达的主要性能参数

1. 工作压力和额定压力

工作压力 p 是指液压马达实际工作时进口处的压力。额定压力 p_n 是指液压马达在正常工作条件下按试验标准规定能连续运转的最高压力。

2. 排量和理论流量

排量 V 是指在没有泄漏的情况下，马达轴旋转一周所需输入液体的体积。理论流量 q_t 是指在没有泄漏的情况下，达到要求的转速所需输入液体的流量。

3. 效率和功率

由于有泄漏损失 Δq，因此为了达到要求的转速，液压马达实际输入液体的流量 q 一定大于理论流量 q_t，有

$$q = q_t + \Delta q \tag{3-29}$$

液压马达的容积效率为

$$\eta_v = \frac{q_t}{q} \tag{3-30}$$

由于有摩擦损失 ΔT，因此液压马达的实际输出转矩 T 一定小于理论转矩 T_t，有

$$T = T_t - \Delta T \tag{3-31}$$

液压马达的机械效率为

$$\eta_m = \frac{T}{T_t} \tag{3-32}$$

液压马达的总效率为

$$\eta = \eta_v \eta_m \tag{3-33}$$

液压马达的输入功率为

$$P_i = \Delta p q \tag{3-34}$$

液压马达的输出功率为

$$P_o = T\omega = 2\pi nT \tag{3-35}$$

式中，Δp——液压马达进、出口的压差；
ω——液压马达的角速度；
n——液压马达的转速。

4. 转矩和转速

转矩和转速是液压马达输出的两个最重要的物理量，是输出机械能的表现形式。液压马

达能产生的理论转矩 T_t 为

$$T_t = \frac{1}{2\pi}\Delta p V \tag{3-36}$$

液压马达输出的实际转矩为

$$T = \frac{1}{2\pi}\Delta p V \eta_m \tag{3-37}$$

液压马达输出的实际转速为

$$n = \frac{q\eta_v}{V} \tag{3-38}$$

3.3.1.3 液压马达的分类

液压马达按结构可以分为齿轮式液压马达、叶片式液压马达和柱塞式液压马达等。液压马达按排量能否改变可以分为定量液压马达和变量液压马达，其图形符号如图 3-25 所示。

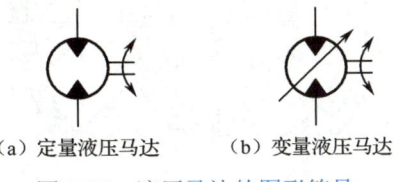

(a) 定量液压马达　　(b) 变量液压马达

图 3-25　液压马达的图形符号

液压马达按额定转速高低可以分为高速液压马达和低速液压马达。

1. 高速液压马达

额定转速高于 500r/min 的液压马达称为高速液压马达。高速液压马达的主要特点是转速较高、转动惯量小、调节（调速及换向）的灵敏度高。通常高速液压马达的输出转矩不大（仅为几十牛·米到几百牛·米），所以又称为高速小转矩液压马达。高速液压马达的基本结构形式有齿轮式、叶片式、螺杆式和轴向柱塞式等。

齿轮式液压马达属于高速液压马达，如图 3-26 所示。为了减小输出转矩的脉动，齿轮式液压马达中齿轮的齿数比齿轮式液压泵中齿轮的齿数多。由于齿轮式液压马达的容积效率比较低，输入油压不能过高，因此其输出转矩较小，通常适用于小转矩、高转速的场合，如工程机械和农业机械中。

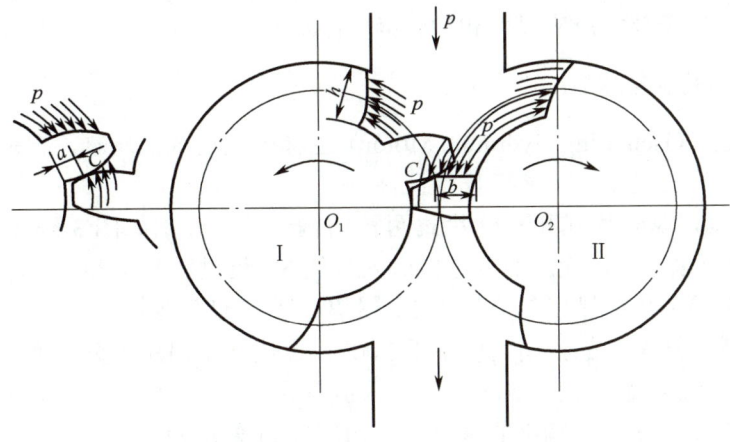

图 3-26　齿轮式液压马达

叶片式液压马达也属于高速液压马达，如图3-27所示。与叶片泵相比，叶片式液压马达在结构上有如下特点。

（1）为了使叶片始终贴紧定子内表面，保证液压马达能够建立初始压力并顺利启动，在叶片根部装有扭力弹簧。

（2）叶片是径向放置的，即倾角为零，因此正、反转时叶片式液压马达的性能不变。

（3）为了使正、反转时叶片根部都有压力油作用，在叶片式液压马达的进、出口与叶片根部之间各装有一个单向阀，使压力油只能进入叶片根部，不能排出。

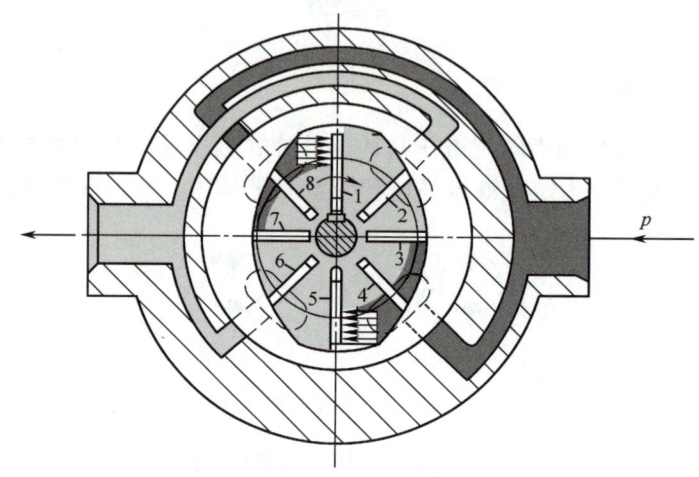

图 3-27　叶片式液压马达

叶片式液压马达转动惯量小、动作灵敏、运转均匀、脉动小。其最大的缺点是泄漏量较大，不能在很低的转速下工作，机械特性较软（当负载增大时转速将迅速降低），因此适用于小转矩、高转速的场合。

2. 低速液压马达

额定转速低于500r/min的液压马达称为低速液压马达。低速液压马达的主要特点是排量大、体积大、转速低、输出转矩很大（可达几百牛·米到几千牛·米），又称为低速大转矩液压马达，它可直接与工作机构连接，不需要减速装置，使传动机构大为简化。低速液压马达通常采用径向柱塞式结构，为了获得低转速和大转矩，要采用高压和大排量，它的体积和转动惯量很大，不能用于要求反应灵敏和频繁换向的场合。

3.3.1.4　摆动液压马达

摆动液压马达（Oscillating Hydraulic Motor）也称为摆动式液压缸，它是一种输出轴做往复摆动（不是连续回转运动）的液压执行元件。

摆动液压马达有单叶片式和双叶片式两种结构形式，分别如图3-28（a）和（b）所示。从图3-28（a）中可以看出，液压油从进口进入缸筒3，推动叶片1和输出轴一起沿逆时针方向转动，回油从缸筒的出口排出。分隔片2用来隔开高、低压油腔。

单叶片式摆动液压马达的摆动角度小于300°，设进、出口压力分别为p_1、p_2，叶片宽度为b，叶片底端、顶端半径分别为R_1、R_2，输入流量为q，单叶片式摆动液压马达的机械效率和容积效率分别为η_m、η_v，则输出的转矩T和角速度ω分别为

$$T = \frac{b}{2}(R_2^2 - R_1^2)(p_1 - p_2)\eta_m \qquad (3\text{-}39)$$

$$\omega = \frac{2q}{b(R_2^2 - R_1^2)}\eta_v \qquad (3\text{-}40)$$

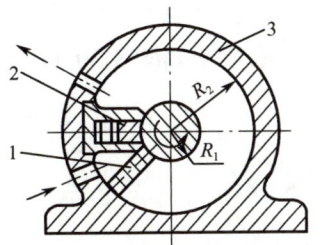 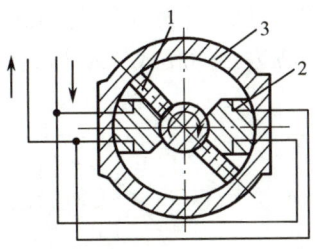

(a) 单叶片式摆动液压马达　　(b) 双叶片式摆动液压马达

1—叶片；2—分隔片；3—缸筒。

图 3-28　摆动液压马达

双叶片式摆动液压马达的摆动角度小于 150°。在相同情况下，它的**输出转矩是单叶片式摆动液压马达的两倍，角速度是单叶片式摆动液压马达的一半**。

摆动液压马达的应用场景如图 3-29 所示。

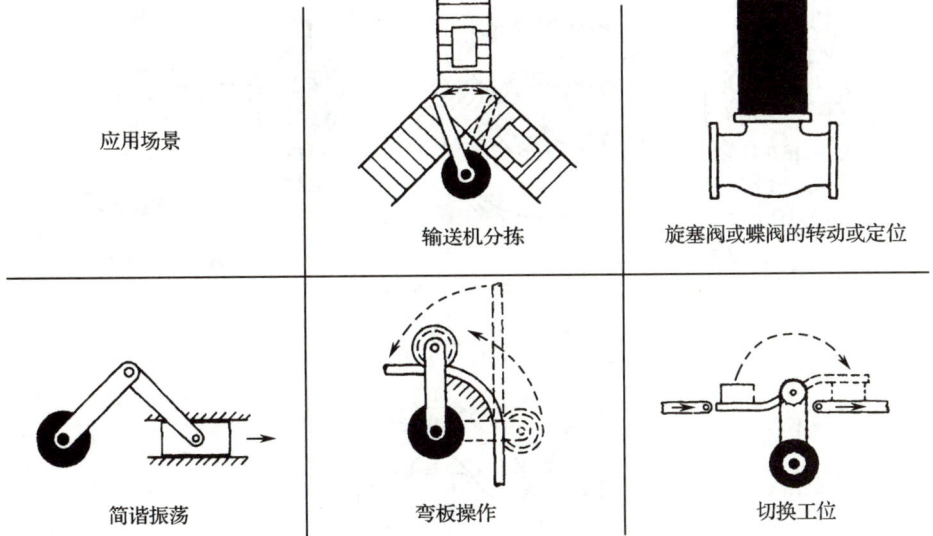

图 3-29　摆动液压马达的应用场景

课内思考题：

3-8　齿轮式液压马达和叶片式液压马达如何将液压能转换成转动形式的机械能输出？请画出受力分析简图。

3.3.2　气动马达

气动马达（Pneumatic Motor）是将压缩空气的压力能转换为力矩和转速输出，以实现旋转运动或摆动的执行元件。

3.3.2.1 气动马达的工作原理及特性

（1）叶片式气动马达。叶片式气动马达的工作原理图及特性曲线分别如图 3-30（a）和图 3-31 所示。

（2）活塞式气动马达。活塞式气动马达的工作原理图如图 3-30（b）所示。

（3）薄膜式气动马达。薄膜式气动马达的工作原理图如图 3-30（c）所示。

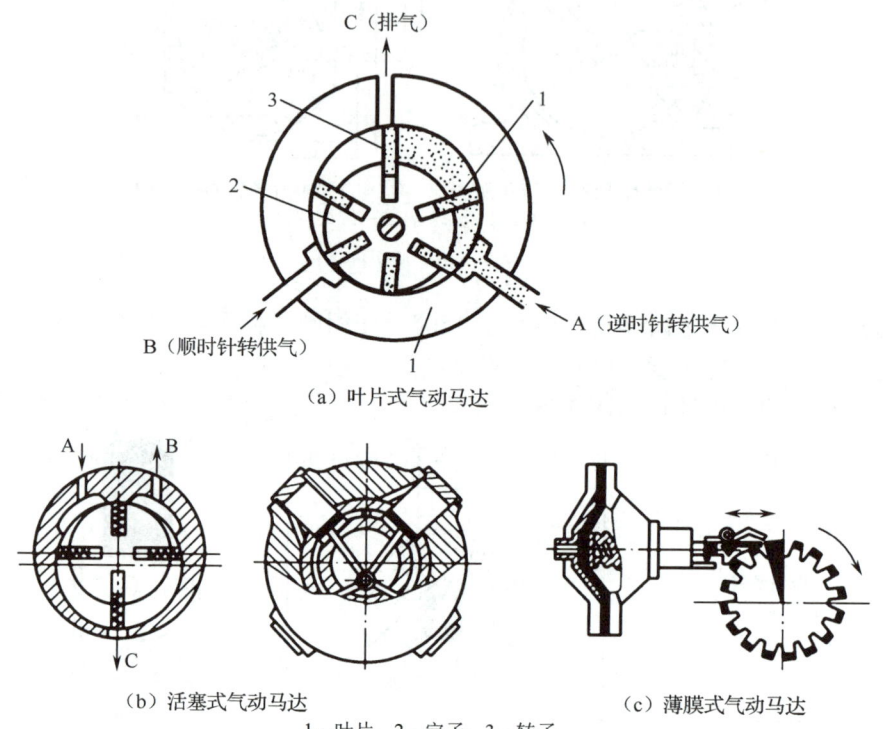

1—叶片；2—定子；3—转子。

图 3-30　气动马达的工作原理图

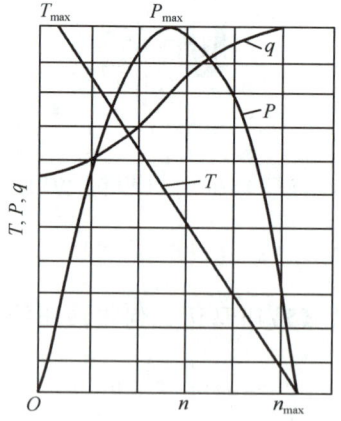

图 3-31　叶片式气动马达的特性曲线

3.3.2.2 气动马达的特点与应用

1. 气动马达的特点

（1）工作安全，具有防爆性能，适用于恶劣的环境，在易燃易爆、高温、振动、潮湿、粉尘等条件下均能正常工作。

（2）有过载保护作用。当过载时，气动马达只是降低转速或停止转动；当过载解除后，气动马达继续运转，并不会发生故障。

（3）可以实现无级调速。通过控制进气流量能调节气动马达的输出功率和转速。

（4）比同功率的电动机质量轻 1/10～1/3。

（5）可长期满载工作，且温升较小。

（6）功率范围及转速范围均较宽，功率从几百瓦到几万瓦不等，转速可从每分钟几转到每分钟上万转。

（7）具有较大的启动转矩，可以直接带负载启动，启动、停止转动迅速。

（8）结构简单、操纵方便，可正、反转，维修容易、成本低。

（9）速度稳定性差、输出功率小、效率低、耗气量大、噪声大、容易产生振动。

2. 气动马达的应用

气动马达的工作适应性较强，可用于无级调速、启动频繁、经常换向、高温潮湿、易燃易爆、不便于人工操纵及有过载可能的场合。目前，气动马达主要应用于矿山机械、机械制造、油田、化工、造纸、炼钢、船舶、航空、工程机械等行业。

课后知识拓展：

伺服油缸：将电液伺服阀/比例阀、反馈传感器等集成在液压缸中，可以组成伺服油缸，接上油源就能使用。伺服油缸具有摩擦力小、动态响应快、位置精度高和便于进行计算机控制等突出优点，被广泛应用在电液位置控制系统、电液速度控制系统、电液力控制系统及电液压力控制系统中。伺服油缸可附带电阻式传感器、感应式传感器、磁致式（数字量或模拟量）传感器等。

课后思考题：

通过去图书馆查找资料，了解新型液压与气动执行元件的组成、工作原理和特点。

第 4 章 流体传动系统控制元件

课前思考题：

翻斗车是一种常见的工程机械，如图 4-1 所示，试分析如下情况。
（1）翻斗车液压系统能源装置的动力源是什么？
（2）如何控制翻斗的速度？
（3）当斗翻到头时，柴油机堵转，液压系统压力超标，如何控制液压系统压力？如何控制斗回到原位？

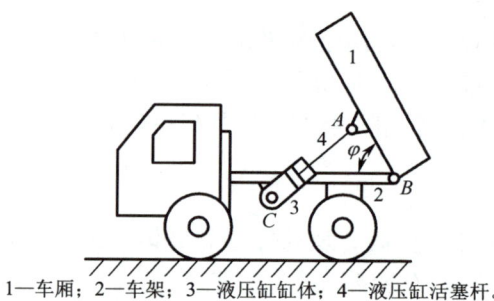

1—车厢；2—车架；3—液压缸缸体；4—液压缸活塞杆。

图 4-1 翻斗车

（A 为车厢 1 与液压缸活塞杆 4 铰接的转动副中心；B 为车厢 1 与车架 2 铰接的转动副中心；
C 为液压缸缸体 3 与车架 2 铰接的转动副中心）

4.1 概述

在流体传动系统中，控制元件是用来控制流体的流动方向、调节流体压力、调节流体流量的元件。借助控制元件，能对执行元件的启动、停止运动、运动方向、运动速度、动作顺序和克服负载的能力进行调节与控制，使各类设备都能按要求协调地进行工作。

4.2 液压阀的阀芯结构和性能

4.2.1 阀芯结构

尽管液压阀的种类繁多，且各种液压阀的功能和结构形式也有较大的差异，但它们之间具有下述基本共同点。

（1）在结构上，所有液压阀均由阀体、阀芯和驱动阀芯动作的元件（如弹簧、电磁铁等）组成。其中，阀芯的结构形式包括滑阀、锥阀和球阀等，如图 4-2 所示。

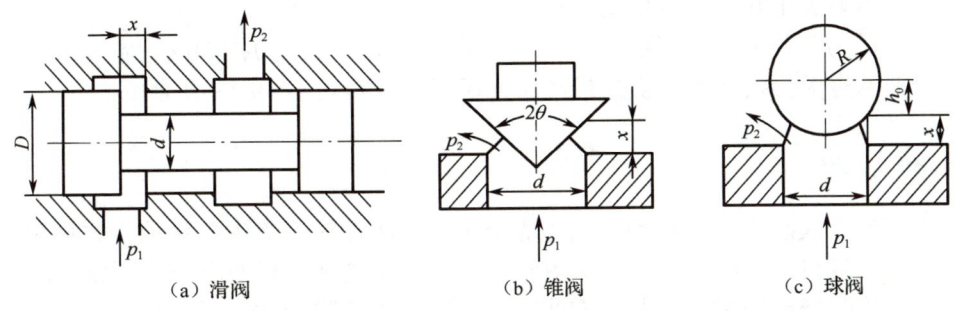

（a）滑阀　　（b）锥阀　　（c）球阀

图 4-2　阀芯的结构形式

（2）在工作原理上，所有液压阀的开口大小，进、出口的压差，以及通过液压阀的流量之间的关系都符合小孔流量公式［见式（1-43）］。为了减小液压油的黏温特性对阀口通流性能的影响，各种液压阀阀口都以接近薄壁小孔为目标。

液压阀均应满足以下基本要求。

① 动作灵敏，使用可靠，工作时冲击和振动小。
② 液压油流过时压力损失小。
③ 密封性能好。
④ 结构紧凑，安装、调整、使用、维护方便，通用性强。

液压阀的分类如表 4-1 所示。

表 4-1　液压阀的分类

分类依据	分类	详细分类
用途	方向控制阀	单向阀、换向阀等
	压力控制阀	溢流阀、减压阀、顺序阀、压力继电器等
	流量控制阀	节流阀、调速阀、溢流节流阀等
结构	滑阀	圆柱滑阀、旋转阀、平板滑阀等
	座阀	锥阀、球阀、喷嘴挡板阀等
	射流管阀	射流阀、偏转板射流阀等
操纵方式	手动阀	手把及手轮、踏板、杠杆
	机动阀	挡块、凸轮
	电动阀	电磁铁控制阀、伺服电动机控制阀、步进电动机控制阀
	液/气动阀	液动阀、气动阀
连接方式	管式连接阀	螺纹式连接阀、法兰式连接阀
	板式/叠加式连接阀	单层板式阀、双层板式阀、整体板式阀、叠加阀、多路阀
	插装式连接阀	插装阀
输出参数可调节性	开关控制阀	方向控制阀、逻辑元件
	输出参数连续可调的阀	溢流阀、减压阀、调速阀、比例阀、伺服阀
控制方式	电液数字阀	电液数字方向阀、电液数字压力阀、电液数字流量阀
	电液比例阀	电液比例方向阀、电液比例压力阀、电液比例流量阀
	电液伺服阀	流量伺服阀、压力伺服阀

液压阀的基本参数包括公称通径和额定压力。

（1）公称通径：代表液压阀的通流能力大小，对应于液压阀的额定流量。与液压阀的进、出口连接的油管的规格应与液压阀的公称通径一致。液压阀工作时的实际流量应小于或等于其额定流量，不得大于其额定流量的1.1倍。

（2）额定压力：代表液压阀在工作时允许的最高压力。压力控制阀的实际最高压力有时还与其调压范围有关，换向阀的实际最高压力还可能受其功率极限的限制。

4.2.2 液动力

驱动阀芯的方式有手动、机动、电磁驱动、液压驱动等。其中，手动方式最简单，电磁驱动方式易于实现自动控制。在高压大流量情况下，手动和电磁驱动方式通常无法克服巨大的阀芯阻力，这时需要采用液压驱动方式。在稳态（阀芯与阀体相对静止）时，阀芯移动的主要阻力为径向不平衡力、稳态液动力、摩擦力（含液压卡紧力）；在动态（阀芯与阀体相对运动）时，阀芯运动的主要阻力还包括瞬态液动力、惯性力等。阀芯的稳态液动力和瞬态液动力在高压大流量情况下可达数百牛至数千牛，会影响阀芯的操纵稳定性。

4.2.2.1 稳态液动力

稳态液动力是阀芯移动完毕，开口固定之后，液流流过阀口时因动量变化而作用在阀芯上的力。液流流过阀口的两种情况分别是液流流出阀口和液流流入阀口，如图4-3所示。

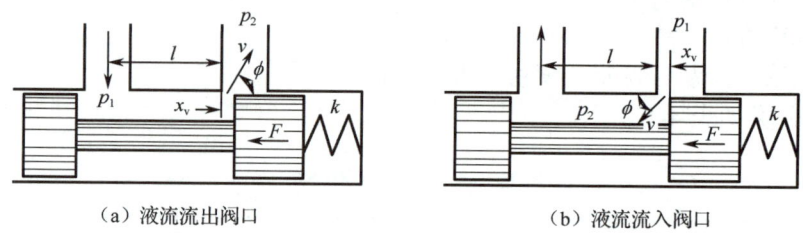

（a）液流流出阀口　　　　　　　　（b）液流流入阀口

图4-3　稳态液动力

根据动量方程，取阀芯两凸肩之间的容腔中的液体作为控制体，可得上述两种情况下的稳态液动力都是 $F_{bs} = \rho q v \cos\phi$，其方向都是促使阀口关闭的方向。

将薄壁小孔的速度公式［见式（1-42）］和流量公式［见式（1-43）］代入，可得

$$F_{bs} = 2C_d C_v A_T \Delta p \cos\phi \tag{4-1}$$

式中，ϕ——液流速度方向角。

在高压大流量情况下，稳态液动力将会很大，使阀芯的操纵成为突出的问题，这时必须采取措施补偿或消除这个力。如图4-4（a）所示，可以采用特种形状的阀腔，以减小稳态液动力；如图4-4（b）所示，可以在阀套上开斜孔，使流出和流入阀口的液体动量互相抵消，从而减小稳态液动力；如图4-4（c）所示，可以改变阀芯的颈部尺寸，使液流流过阀芯时有较大的压降，以便在阀芯两端面上产生不平衡液动力，抵消稳态液动力。

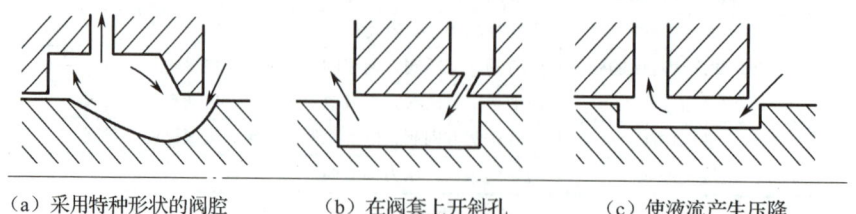

（a）采用特种形状的阀腔　　（b）在阀套上开斜孔　　（c）使液流产生压降

图4-4　稳态液动力的补偿或消除措施

4.2.2.2 瞬态液动力

瞬态液动力是在阀芯移动过程中（阀口开度发生变化），阀腔中的液流因加速或减速而作用在阀芯上的力。这个力只与阀芯的移动速度有关（与阀口开度的变化率有关），与阀口开度本身无关。

图 4-5 给出了阀芯移动时产生瞬态液动力的情况。当阀口开度发生变化时，阀腔中长度为 l 的液流的轴向速度发生变化，也就是出现了加速或减速，于是阀芯受到一个轴向的反作用力 F_{bt}，即瞬态液动力。若流过阀腔的瞬时流量为 q，阀腔的截面积为 A_s，阀腔中加速或减速部分油液的质量为 m_0，阀芯移动的速度为 v，则有

$$F_{bt} = -m_0 \frac{dv}{dt} = -\rho l A_s \frac{dv}{dt} = -\rho l \frac{d(A_s v)}{dt} = -\rho l \frac{dq}{dt} \quad (4-2)$$

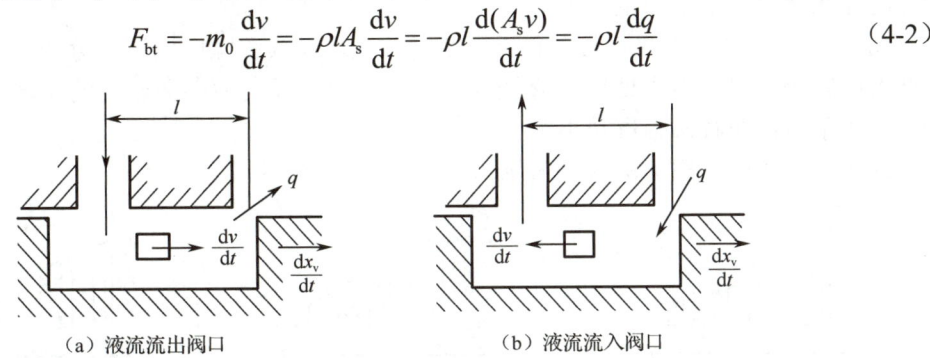

（a）液流流出阀口　　　　　　　　（b）液流流入阀口

图 4-5　瞬态液动力

因为 $A_0 = w x_v$，所以当阀口前、后的压差不变或变化不大时，流量的变化率 dq/dt 为

$$\frac{dq}{dt} = C_d w \sqrt{\frac{2\Delta p}{\rho}} \frac{dx_v}{dt} \quad (4-3)$$

将式（4-3）代入式（4-2），可得

$$F_{bt} = -C_d w l \sqrt{2\rho\Delta p} \frac{dx_v}{dt} \quad (4-4)$$

如图 4-5（a）所示，当液流流出阀口时，若阀口开度增大，则长度为 l 的液流加速；若阀口开度减小，则长度为 l 的液流减速。两种情况下瞬态液动力的作用方向都与阀芯的移动方向相反，起到阻止阀芯移动的作用，相当于一个阻尼力。这时式（4-4）中的 l 取正值，被称为滑阀的正阻尼长度。

如图 4-5（b）所示，当液流流入阀口时，阀口开度增大和减小引起液流流速变化的结果都是使瞬态液动力的作用方向与阀芯的移动方向相同，起到帮助阀芯移动的作用，相当于一个负的阻尼力。这时式（4-4）中的 l 取负值，被称为滑阀的负阻尼长度。滑阀的负阻尼长度是造成滑阀工作不稳定的原因之一。

4.2.3　卡紧力

液压元件的运动副中有很多环形缝隙，如滑阀阀芯与阀体之间的缝隙，这些缝隙中一般都充满油液。在正常情况下，移动阀芯时只需克服黏性摩擦力。电磁换向阀是一种利用电磁铁来推动阀芯以实现换向的液压阀，其电磁推力仅为 30~50N。在中、高压系统中，当阀芯停止移动一段时间（一般约为 5min）后，其阻力可以增大到数百牛，仅依靠电磁推力根本无法推动阀芯，这就是滑阀的液压卡紧现象。

1. 卡紧力产生的原因

产生液压卡紧现象有可能是油温升高导致阀芯膨胀引起的，也有可能是异物进入配合面或配合面被划伤破坏了配合副间隙引起的，但主要原因是滑阀副的几何形状误差和同轴度变化。

滑阀阀芯在制造过程中难免会产生一定的锥度，根据压差方向与锥度方向之间的关系，可以将锥度分为顺锥和倒锥。如果阀芯与阀孔是完全同心的，那么无论是顺锥还是倒锥，其缝隙中的压力分布在圆周方向都将是完全对称的，不会产生径向力。

图 4-6（a）给出了阀芯与阀孔不同心时的倒锥及其缝隙中的压力分布，缝隙最小处压力降低得比较快，缝隙最大处压力降低得慢一些。两处径向力存在一定的差值，这个径向不平衡力的存在将使阀芯偏心量增大。

图 4-6（b）给出了阀芯与阀孔不同心时的顺锥及其缝隙中的压力分布，缝隙最小处压力降低得比较慢，缝隙最大处压力降低得快一些。两处径向力存在一定的差值，这个径向不平衡力的作用将使阀芯偏心量减小。

均压槽的作用如图 4-6（c）所示。

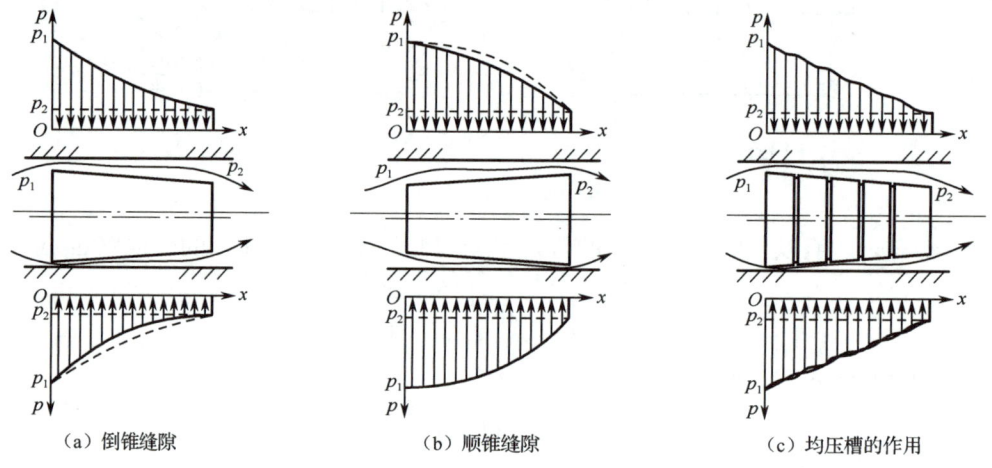

（a）倒锥缝隙　　　　　　（b）顺锥缝隙　　　　　　（c）均压槽的作用

图 4-6　缝隙中的压力分布

2. 减小卡紧力的措施

为了减小卡紧力，可以采取如下措施。
（1）提高液压阀的加工和装配精度，避免出现偏心情况。
（2）在阀芯台肩上开出平衡径向力的均压槽，如图 4-6（c）所示。
（3）使阀芯或阀套在轴向或圆周方向上产生高频小振幅振动或摆动。
（4）精细过滤油液。

课内思考题：

4-1　为了减小卡紧力，试分析阀芯的圆度与圆柱度允许公差、阀芯的表面粗糙度 Ra 和阀孔的表面粗糙度 Ra 的取值范围。

4.3　液压方向控制阀

液压方向控制阀是控制和改变液压系统中各油路之间液流方向的阀，其分类如图 4-7 所示。

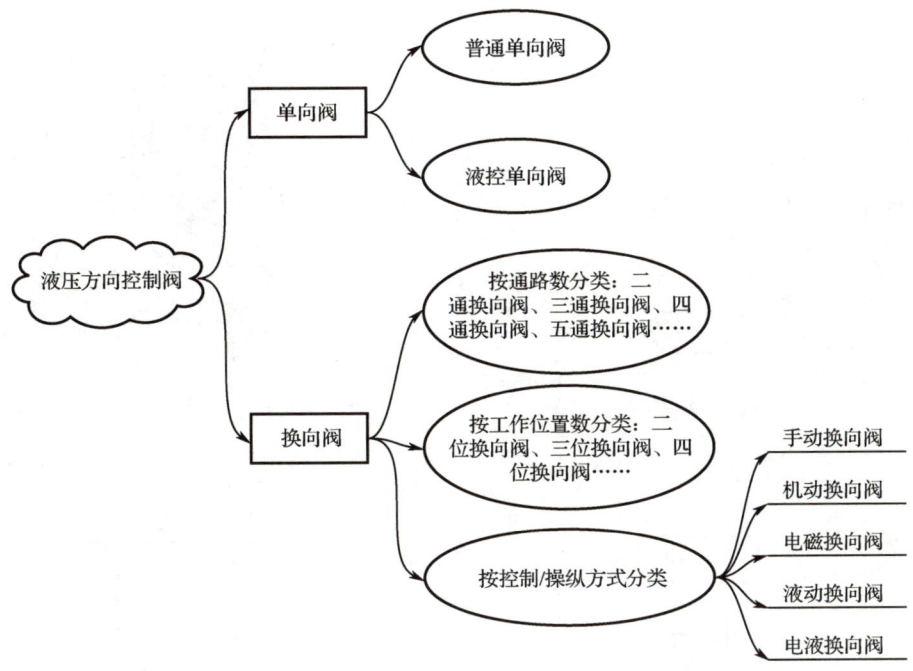

图 4-7 液压方向控制阀的分类

4.3.1 单向阀

单向阀（Check Valve）是用于防止液体倒流的控制元件。按控制方式不同，单向阀可分为普通单向阀（又称止回阀）和液控单向阀。

4.3.1.1 普通单向阀

1. 普通单向阀的工作原理和结构

普通单向阀的作用是使液体只能向一个方向流动，反向截止。普通单向阀按阀芯的结构形式不同，可分为球形阀芯单向阀、柱形阀芯单向阀、锥形阀芯单向阀；按液体的流向与进、出口的位置关系不同，可分为直通式单向阀和直角式单向阀。

图 4-8 所示为锥形阀芯直通式单向阀。其工作原理如下：当液压油从 P_1 口流入时，液压力推动阀芯，压缩弹簧，并从阀芯上的径向孔 a、轴向孔 b 及 P_2 口流出；当液压油从 P_2 口流入时，阀芯锥面紧压在阀体的接合面上，液压油无法通过。当单向阀导通时，使阀芯开启的压力称为开启压力。图 4-8（a）、（b）所示分别为锥形阀芯直通式单向阀的结构图和图形符号。图 4-9 所示为锥形阀芯直角式单向阀，其工作原理与锥形阀芯直通式单向阀相似。

2. 普通单向阀的应用

（1）普通单向阀安装在液压泵的出口处，如图 4-10 所示，可以防止由于系统压力突然升高而损坏液压泵。

（2）如图 4-11 所示，在进行进口调速时，将普通单向阀安装在液压缸工进时的回油管路上用作背压阀，可以使系统运动平稳性提高。

（3）普通单向阀还可以与其他阀组合构成复合阀，如单向节流阀、单向顺序阀等。

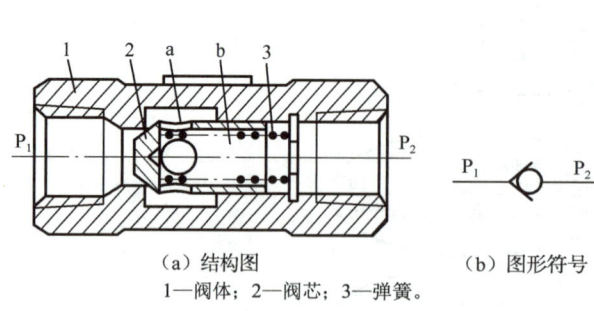

图 4-8　锥形阀芯直通式单向阀
（a）结构图　（b）图形符号
1—阀体；2—阀芯；3—弹簧。

图 4-9　锥形阀芯直角式单向阀 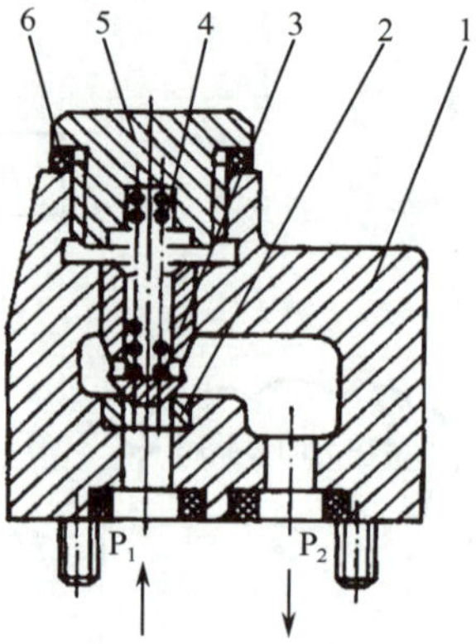
1—阀体；2—阀座；3—阀芯；4—弹簧；5—阀盖；6—密封圈。

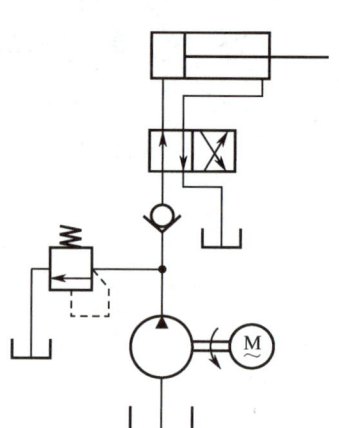

图 4-10　普通单向阀安装在液压泵的出口处

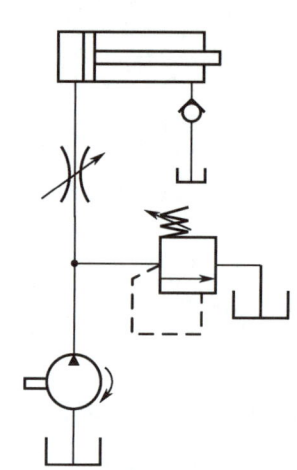

图 4-11　普通单向阀用作背压阀

4.3.1.2　液控单向阀

液控单向阀（Pilot-Operated Check Valve）的作用是使液流有控制地单向流动。液控单向阀有普通型和卸荷型两种类型。

图 4-12 所示为普通型液控单向阀。其工作原理如下：当液控油口 K 有控制油压时，压力油推动控制活塞 1，从而推动推杆 2，使锥阀芯 3 开启，这时从 P_1 口到 P_2 口、从 P_2 口到 P_1 口均能导通；当液控油口 K 油压为零时，其功能与普通单向阀一样，即从 P_1 口到 P_2 口能导通，从 P_2 口到 P_1 口不能导通。其中，L 为泄油口。图 4-12（a）、（b）所示分别为普通型液控单向阀的结构图和图形符号。

图 4-13 所示为卸荷型液控单向阀。其卸荷过程如下：首先由微动活塞 3 顶起卸荷阀芯 2，使高压油通过卸荷阀芯 2 卸荷；然后打开单向阀芯 1，保证油口正向或反向导通。

课内思考题：

4-2　普通型液控单向阀和卸荷型液控单向阀分别在哪些场合下应用？

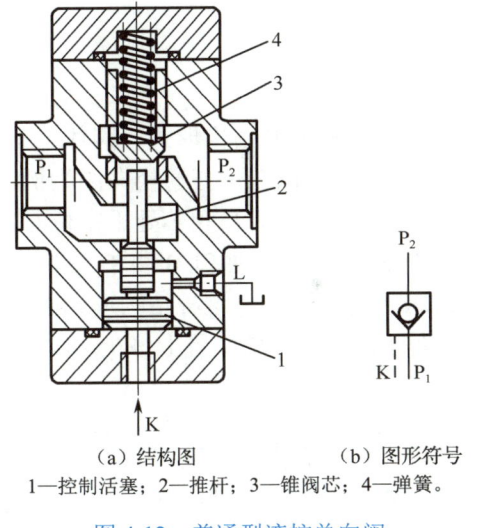

(a) 结构图　　　　(b) 图形符号

1—控制活塞；2—推杆；3—锥阀芯；4—弹簧。

图 4-12　普通型液控单向阀

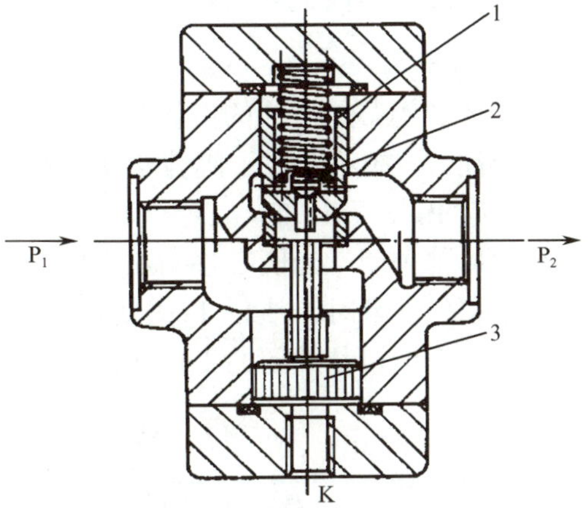

1—单向阀芯；2—卸荷阀芯；3—微动活塞。

图 4-13　卸荷型液控单向阀

4.3.2　换向阀

换向阀是利用阀芯与阀体的相对运动切换油路中液流方向的液压控制元件，可以使液压执行元件启动、停止运动或换向。对换向阀的基本要求是压力损失小，泄漏量小，换向平稳、迅速且可靠。

换向阀按阀芯移动方式可分为滑阀和转阀等；按操纵方式可分为手动换向阀、机动换向阀、电磁换向阀、液动换向阀、电液换向阀等；按阀芯在阀体内占据的工作位置数可分为二位换向阀、三位换向阀、四位换向阀等；按阀体上的通路数可分为二通换向阀、三通换向阀、四通换向阀、五通换向阀等；按阀的安装方式可分为管式换向阀、板式换向阀、法兰式换向阀。

4.3.2.1　滑阀的工作原理

图 4-14 所示为滑阀的工作原理图。阀芯是具有若干个环槽的圆柱体，阀体孔内开有 5 个沉割槽，每个沉割槽都通过相应的孔道与主油路连通。其中，P 为进油口，T 为回油口，A、B 两口分别与液压缸的左、右两腔连通。当阀芯处于图 4-14（a）所示的位置时，P 口与 B 口、A 口与 T 口连通，活塞向左运动；当阀芯处于图 4-14（b）所示的位置时，P 口与 A 口、B 口与 T 口连通，活塞向右运动。通过阀芯移动可以实现执行元件的换向或停止运动。

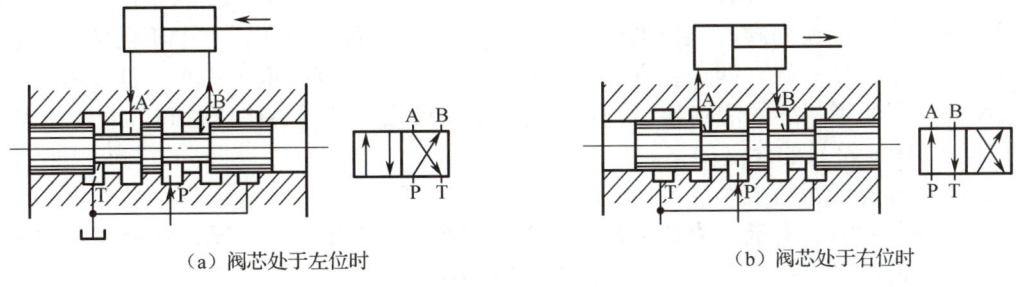

(a) 阀芯处于左位时　　　　(b) 阀芯处于右位时

图 4-14　滑阀的工作原理图

4.3.2.2 滑阀的结构和图形符号

1. 主体结构

阀体和阀芯是滑阀的主体部分。表 4-2 所示为滑阀主体部分常见的结构形式。阀体上开有多个油口，阀芯相对于阀体移动后可以停留在不同的工作位置上。以三位五通换向阀为例，阀体上有 P、A、B、T_1、T_2 五个油口，阀芯有左、中、右三个工作位置。当阀芯处于中位时，五个油口都关闭；当阀芯移向右端时，油口 T_1 关闭，油口 P 和 A 连通，油口 B 和 T_2 连通；当阀芯移向左端时，油口 T_2 关闭，油口 P 和 B 连通，油口 A 和 T_1 连通。这种结构形式由于具有使五个油口都关闭的工作状态，因此可使受它控制的执行元件在任意位置上停止运动。

表 4-2 滑阀主体部分常见的结构形式

名称	结构原理图	图形符号	使用场合	
二位二通换向阀			控制油路的接通和断开（相当于一个开关）	
二位三通换向阀			控制液流方向（从一个方向变换成另一个方向）	
二位四通换向阀			不能使执行元件在任意位置上停止运动	执行元件正、反向运动时回油方式相同
三位四通换向阀			能使执行元件在任意位置上停止运动	
二位五通换向阀			不能使执行元件在任意位置上停止运动	执行元件正、反向运动时可以得到不同的回油方式
三位五通换向阀			能使执行元件在任意位置上停止运动	

注：中间列"控制执行元件换向"为四通、五通阀的使用场合说明。

2. 换向阀的"位"和"通"

"位"和"通"是换向阀的重要概念。不同的"位"和"通"构成了不同类型的换向阀。人们通常所说的二位换向阀、三位换向阀是指换向阀的阀芯有两个、三个不同的工作位置；二通换向阀、三通换向阀、四通换向阀是指换向阀的阀体上有两个、三个、四个各不相通且可与系统中不同油管相连的油路接口，不同油路之间只能通过阀芯移位时阀口的开关来连通。

表 4-2 中图形符号的含义如下。

（1）用方框表示阀的工作位置，几个方框表示几位。

（2）方框内的箭头表示油路处于连通状态，但箭头方向不一定表示液流的实际方向。

（3）方框内符号"⊥"和"⊤"表示该油路不通。

（4）方框外部连接的接口数有几个，表示几通。

（5）在一般情况下，换向阀与系统供油路连接的进油口用字母 P 表示，与系统回油路连接的回油口用字母 T（O 或 E）表示，与执行元件连接的油口用字母 A、B 等表示。在图形符号上用字母 L 表示泄油口。

（6）换向阀都有两个或两个以上工作位置，其中一个为常态位，即阀芯未受到操纵力作用时所处的位置。图形符号中的中位是三位换向阀的常态位。利用弹簧复位的二位换向阀以靠近弹簧的方框内的通路状态为其常态位。在绘制系统图时，油路一般应连接在换向阀的常态位上。

3. 滑阀的机能

1）二位二通换向阀的常态机能

二位二通换向阀（见图 4-15）的两个油口之间的状态只有两种：接通和断开。自动复位（如弹簧复位）式二位二通换向阀的常态机能包括常闭式［见图 4-15（a）］和常开式［见图 4-15（b）］两种。

（a）常闭式　　　（b）常开式

图 4-15　二位二通换向阀的常态机能

2）三位换向阀的中位机能

三位换向阀的滑阀机能（又称为中位机能）有很多种，各油口间不同的连通方式可满足不同的使用要求。三位换向阀常见的中位机能如表 4-3 所示。为了方便进行表示和分析，常将各种不同的中位机能用一个字母来表示。不同的中位机能可通过改变阀芯的形状和尺寸得到。

表 4-3　三位换向阀常见的中位机能

中位机能	滑阀状态	中位符号		特点及应用
		四通	五通	
O		A B P T	A B T_1 P T_2	各油口全关闭，液压缸两腔闭锁，液压泵不卸荷，可用于多个换向阀并联的工作场景
H				各油口互通，液压缸活塞浮动，液压泵卸荷
Y				油口 A、B 通回油口 T，油口 P 关闭，液压缸活塞浮动，液压泵不卸荷
J				系统不卸荷，液压缸一腔关闭，另一腔与回油口 T 连通
C				油口 P 与 A 连通，油口 B、T 关闭
P				油口 P 与 A、B 连通，油口 T 关闭，可组成液压缸差动回路
K				油口 P、A、T 互通，油口 B 关闭，液压泵卸荷

续表

中位机能	滑阀状态	中位符号 四通	中位符号 五通	特点及应用
X				各油口半开启接通，系统保持一定压力
M				油口 P 与 T 连通，油口 A、B 关闭，液压泵卸荷，液压缸两腔闭锁
U				系统不卸荷，液压缸两腔连通，回油口 T 关闭
N				系统不卸荷，液压缸一腔与回油口 T 连通，另一腔闭锁

在分析和选择换向阀的中位机能时，通常考虑以下 5 点。

（1）系统保压。当 P 口关闭时，系统保压，液压泵能用于多缸系统。当 P 口不太通畅地与 T 口连通时（如 X 型中位机能），系统能保持一定的压力供控制油路使用。

（2）系统卸荷。当 P 口与 T 口连通时，系统卸荷。

（3）换向平稳性和精度。当液压缸的 A、B 两口都关闭时，换向过程中易产生液压冲击，换向不平稳，但换向精度高。当 A、B 两口都通 T 口时，换向过程中工作部件不易制动，换向精度低，但液压冲击小。

（4）启动平稳性。当换向阀的阀芯处于中位时，若液压缸某腔通油箱，则启动时该腔内因无油液起缓冲作用，启动不太平稳。

（5）液压缸的浮动和在任意位置上停止运动。当换向阀的阀芯处于中位时，A、B 两口互通，卧式液压缸呈浮动状态，可利用其他机构移动工作台，调整其位置。若 A、B 两口关闭或与 P 口连通（在非差动情况下），则可使液压缸在任意位置上停止运动。

3）换向阀的过渡机能

除中位机能外，有的系统还对阀芯换向过程中各油口的连通方式（过渡机能）提出了要求。根据过渡位置各油口连通状态及阀口节流形式可派生出过渡机能。在图形符号中，过渡机能被画在各工位通路符号之间，并用虚线隔开。过渡过程虽然只有一瞬间，且不能形成稳定的油口连通状态，但其作用不能忽视。例如，在换向过程中，二位四通换向阀的四个油口若能半开启，则可减小换向冲击，同时使 P 口保持一定压力，这就是 X 型过渡机能，如图 4-16（a）所示。图 4-16（b）所示为具有 HMH 型过渡机能的二位四通换向阀符号。换向阀的过渡机能加长了阀芯的行程，这对电磁换向阀尤为不利，因为过长的阀芯行程不仅会影响电磁换向阀动作的可靠性，而且还会延长它的动作时间，所以电磁换向阀一般都为标准的中位机能而不设计成过渡机能，只有液动（或电液）换向阀才设计成不同的过渡机能。具有不同过渡机能的滑阀，其阀体是通用件，区别仅在于阀芯台肩结构、轴向尺寸及阀芯上径向通孔的个数不同。

 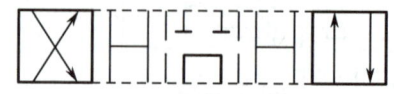

（a）X 型过渡机能　　　　（b）HMH 型过渡机能

图 4-16　具有不同过渡机能的二位四通换向阀符号

4.3.2.3 换向阀的操纵方式

换向阀的操纵方式有多种,目前主要有手动、机动、电磁、液动、电液等。

1. 手动换向阀

手动换向阀利用控制手柄直接操纵阀芯移动,从而实现油路换向。图 4-17(a)所示为弹簧自动复位的三位四通手动换向阀。松开手柄,阀芯在弹簧力的作用下处于中位,油口 P、A、B、T 全部关闭。这种手动换向阀适用于动作频繁、持续工作时间较短的场合,操作比较安全,常用于工程机械。图 4-17(b)所示为钢球定位的三位四通手动换向阀。手柄可在三个位置上任意停止,不推动手柄,阀芯不会自动复位。这种手动换向阀适用于机床、液压机、船舶等需要保持工作状态时间较长的情况。

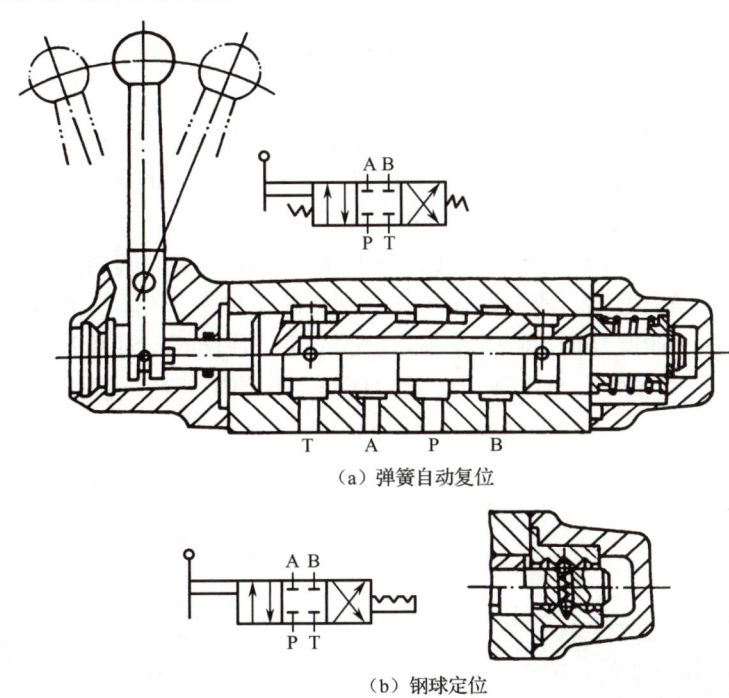

图 4-17 三位四通手动换向阀

2. 机动换向阀

机动换向阀又称为行程阀,它依靠安装在执行元件上的挡块或滚轮推动阀芯移动,机动换向阀通常是二位换向阀。图 4-18(a)所示为二位二通机动换向阀的结构图。当运动部件挡块压下滚轮 1 时,阀芯 2 向下移动,油口 P 与 A 连通。图 4-18(b)所示为二位二通机动换向阀的图形符号。

机动换向阀结构简单,换向平稳、可靠,但必须安装在运动部件附近,油管较长,压力损失较大。

3. 电磁换向阀

电磁换向阀利用电磁铁的吸合力来控制阀芯移动,从而实现油路换向。电磁换向阀控制方便,应用广泛,

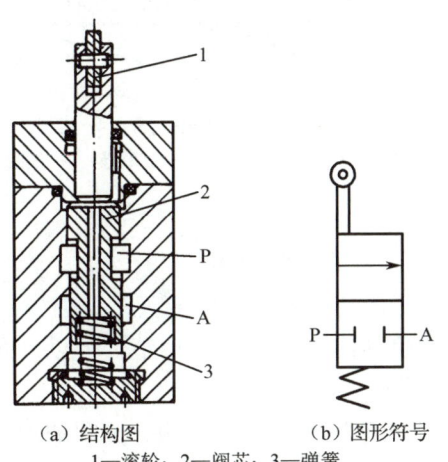

1—滚轮;2—阀芯;3—弹簧。

图 4-18 二位二通机动换向阀

但由于液压油通过阀芯时所产生的液动力会使阀芯移动受到阻碍，同时阀芯的移动还会受到电磁铁吸合力的限制，因此电磁换向阀只能用于控制流量较小的回路。

电磁换向阀中的电磁铁是驱动阀芯移动的动力元件。电磁铁按电源不同可分为直流电磁铁和交流电磁铁；按电磁铁内部是否有液压油可分为干式电磁铁和湿式电磁铁。

交流电磁铁可直接使用 380V、220V、110V 交流电源，其具有电路简单、不需要特殊电源、电磁铁的吸合力较大等优点。由于交流电磁铁的体积大，电涡流造成的热损耗和噪声无法消除，因此其具有发热量大、噪声大、工作可靠性低、使用寿命短等缺点，一般用在对换向精度要求不高的场合。

直流电磁铁需要一套变压与整流设备，可使用 12V、24V、36V、110V 直流电源。由于其铁芯一般采用整体工业纯铁制成，因此其具有电涡流损耗小、无噪声、体积小、工作可靠性高、使用寿命长等优点。但直流电磁铁需要特殊电源，因此造价较高，加工精度也较高，一般用在对换向精度要求较高的场合。

图 4-19 所示为干式电磁铁。干式电磁铁结构简单、造价低、品种多、应用广泛。为了保证干式电磁铁内部不进液压油，在推杆 4 上设置了密封圈 10。此密封圈所产生的摩擦力会消耗部分电磁推力，同时会缩短干式电磁铁的使用寿命。

图 4-20 所示为湿式电磁铁。推杆 1 上的密封圈被取消，换向阀端的压力油直接进入衔铁 4 与导磁导套缸 3 之间的空隙，使衔铁 4 在充分润滑的条件下工作，工作条件得到改善。油槽 a 的作用是使衔铁两端油室互通，同时存在一定的阻尼，使衔铁运动更加平稳。线圈 2 安放在导磁导套缸的外面，不与液压油接触，这大大延长了其使用寿命。湿式电磁铁存在造价高、换向频率受限等缺点。

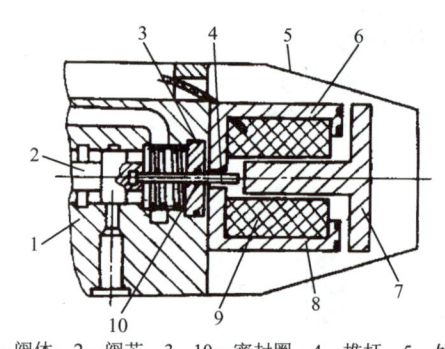

1—阀体；2—阀芯；3、10—密封圈；4—推杆；5—外壳；
6—分磁环；7—衔铁；8—定铁芯；9—线圈。

图 4-19　干式电磁铁

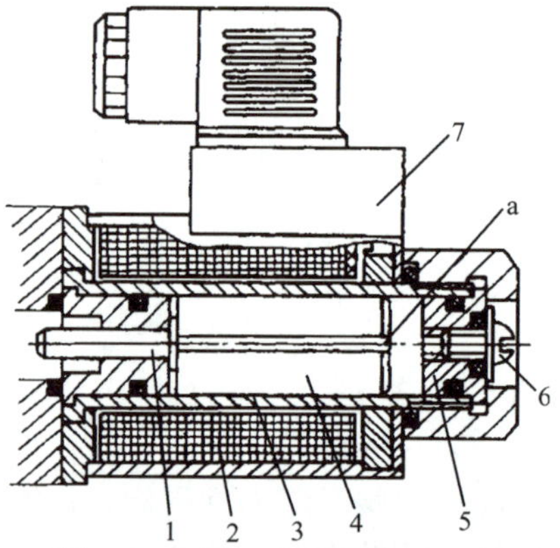

1—推杆；2—线圈；3—导磁导套缸；4—衔铁；
5—挡板；6—调节螺钉；7—插头组件。

图 4-20　湿式电磁铁

4. 液动换向阀

液动换向阀利用液压系统中控制油路的压力油来推动阀芯移动，从而实现油路换向。由于控制油路的压力可调节，可以产生较大的推力，因此液动换向阀可用于控制流量较大的回路。

图 4-21（a）所示为三位四通液动换向阀的结构图。阀芯 2 上开有两个环槽，阀体 1 孔内开有 5 个沉割槽。各个沉割槽分别与油口 P、A、B、T 连通（左、右两沉割槽在阀体内由内部通道连通），阀芯两端有两个控制油口 K_1、K_2，其分别与控制油路连通。当控制油口 K_1 与

K_2 均无压力油时,阀芯 2 处于中位,油口 P、A、B、T 互不连通;当控制油口 K_1 有压力油时,压力油推动阀芯 2 向右移动,使其处于右端位置,油口 P 与 A 连通,油口 B 与 T 连通;当控制油口 K_2 有压力油时,压力油推动阀芯 2 向左移动,使其处于左端位置,油口 P 与 B 连通,油口 A 与 T 连通。图 4-21(b)所示为三位四通液动换向阀的图形符号。

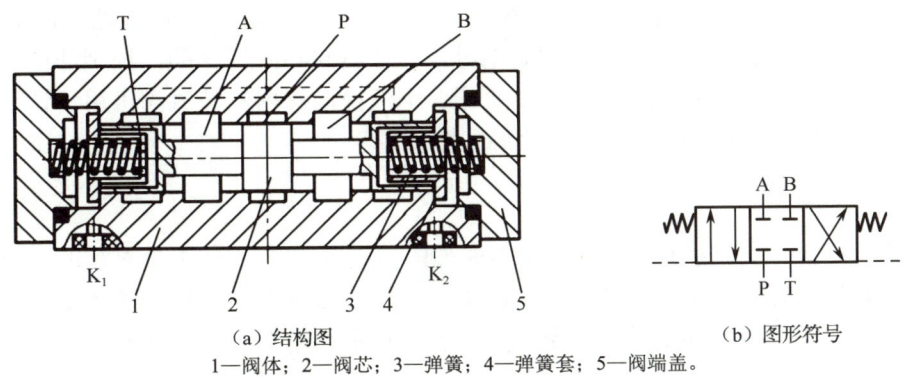

(a)结构图　　　　　　　　(b)图形符号

1—阀体;2—阀芯;3—弹簧;4—弹簧套;5—阀端盖。

图 4-21　三位四通液动换向阀

5. 电液换向阀

电液换向阀由电磁换向阀和液动换向阀组成。电磁换向阀为 Y 型中位机能的先导阀,用于控制液动换向阀换向;液动换向阀为 O 型中位机能的主阀,用于控制主油路换向。

电液换向阀兼具电磁换向阀和液动换向阀的优点:换向性能好,适用于高压大流量系统。图 4-22(a)所示为三位四通电液换向阀的结构图,图 4-22(b)所示为该阀的图形符号,图 4-22(c)所示为该阀的简化图形符号。

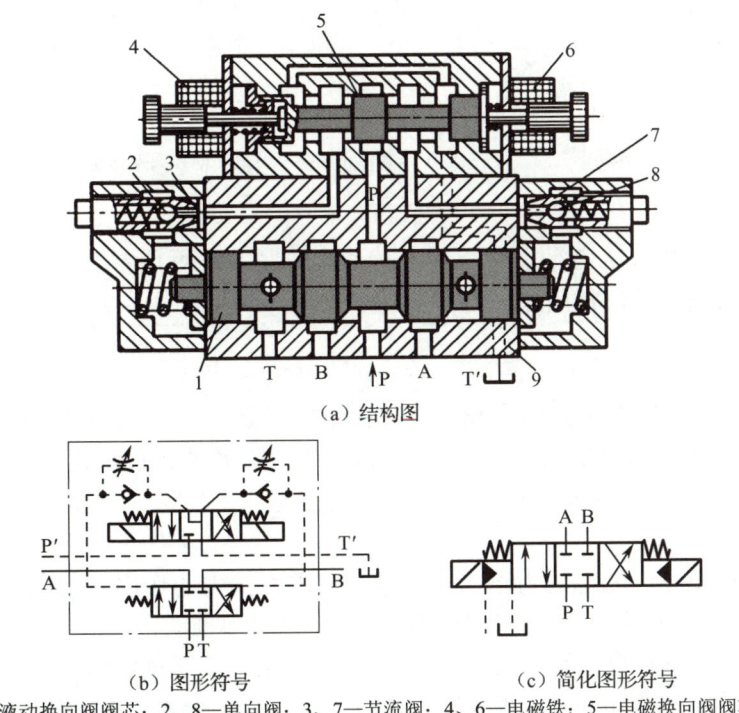

(a)结构图

(b)图形符号　　　　　　　(c)简化图形符号

1—液动换向阀阀芯;2、8—单向阀;3、7—节流阀;4、6—电磁铁;5—电磁换向阀阀芯。

图 4-22　三位四通电液换向阀

由图 4-22（a）可知，电液换向阀的工作原理如下：当电磁铁 4、6 均不通电时，电磁换向阀（先导阀）阀芯 5 处于中位，进油口 P 关闭，液动换向阀（主阀）阀芯 1 两端均不通压力油，主阀阀芯在弹簧力的作用下处于中位，油口 P、A、B、T 互不连通。当电磁铁 4 通电、电磁铁 6 断电时，先导阀阀芯处于右位，控制油通过单向阀 2 到达主阀阀芯左腔；回油经节流阀 7、先导阀阀芯 5 流回油箱，此时主阀阀芯向右移动，油口 P 与 A 连通，油口 B 与 T 连通。同理，当电磁铁 6 通电、电磁铁 4 断电时，先导阀阀芯向左移动，控制油压使主阀阀芯向左移动，油口 P 与 B 连通，油口 A 与 T 连通。电液换向阀内的节流阀可用于调节主阀阀芯的移动速度，从而使主油路的换向平稳性得到控制。

4.3.2.4 转阀

图 4-23（a）～（c）所示为转阀的工作原理图。阀芯 1 上开有 4 个对称的缺口，两两对应连通；阀体 2 上开有四个油口 P、T、A、B，分别与液压泵、油箱、液压缸两腔连通。当阀芯处于图 4-23（a）所示的位置时，油口 P 与 A 连通，油口 B 与 T 连通，活塞向右移动；当阀芯处于图 4-23（b）所示位置时，油口 P、A、B、T 均不连通，活塞停止移动；当阀芯处于图 4-23（c）所示的位置时，油口 P 与 B 连通，油口 A 与 T 连通，活塞向左移动。图 4-23（d）所示为转阀的图形符号。

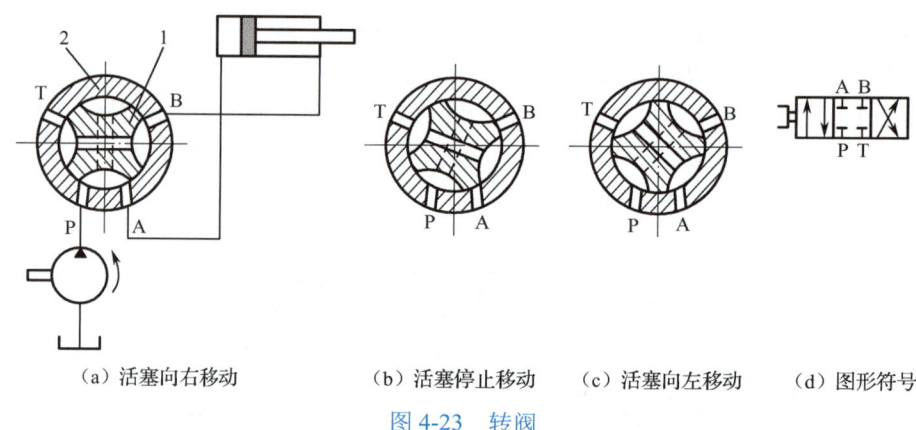

（a）活塞向右移动　　（b）活塞停止移动　　（c）活塞向左移动　　（d）图形符号

图 4-23　转阀

转阀阀芯上的径向液压力是不平衡的，转动比较费力，而且内部密封性也比较差，一般只适用于低压小流量系统，常用作先导阀。

4.3.2.5 电磁球阀

图 4-24（a）所示为电磁球阀的结构图，它主要由操纵杆 2、杠杆 3、左阀座 4、球阀 5、右阀座 6、弹簧 7、电磁铁 8 等组成。其中，P 口压力油除通过右阀座孔作用在球阀的右边外，还经过阀体上的通道 b 进入操纵杆的空腔并作用在球阀的左边，于是球阀所受轴向液压力平衡。

在电磁铁不得电时，无电磁力输出，球阀在右端弹簧力的作用下紧压在左阀座孔上，油口 P 与 A 连通，油口 T 关闭。当电磁铁得电时，电磁吸力推动铁芯向左移动，杠杆绕支点 1 沿逆时针方向转动，电磁吸力经放大（一般放大 3～4 倍）后通过操纵杆给球阀施加一个向右的力。该力克服球阀右端的弹簧力将球阀推向右阀座孔，于是油口 P 关闭，油口 A 与 T 连通。电磁球阀的图形符号如图 4-24（b）所示。

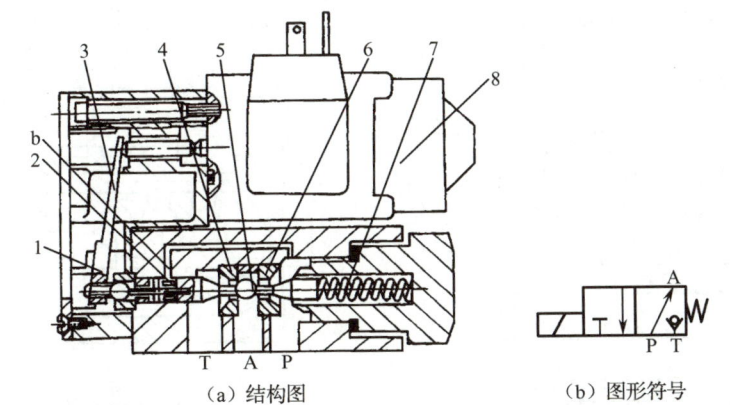

(a) 结构图　　　　　　(b) 图形符号

1—支点；2—操纵杆；3—杠杆；4—左阀座；5—球阀；6—右阀座；7—弹簧；8—电磁铁

图 4-24　电磁球阀

4.3.2.6　多路换向阀

多路换向阀是一种集成化结构的手动控制复合式换向阀，通常由多个换向阀及单向阀、溢流阀、补油阀、过载阀等组成，其中换向阀的个数由多路集成控制的执行机构的数目确定，单向阀、溢流阀、补油阀、过载阀等可根据要求装设。多路换向阀凭借其多样的功能、集成的结构和方便的操作性，在矿山机械、冶金机械、工程机械等行走液压设备中得到了广泛的应用。

1. 多路换向阀的结构形式

多路换向阀的结构形式常分为组合式（分片式）和整体式两种。

组合式多路换向阀由若干片组成，一个换向阀称为一片，用螺栓将叠加的各片连接起来。整体式多路换向阀是把具有固定数目的多个换向阀铸造成一个整体制成的，所有换向阀及各种阀类元件均装在阀体内。

2. 多路换向阀油路的连接方式

根据油路的连接方式不同，多路换向阀可以分为并联油路的多路换向阀、串联油路的多路换向阀、串并联油路的多路换向阀，如图 4-25 所示，其中 A_1、A_2、B_1、B_2 分别为执行元件的工作油口。

图 4-25（a）所示为并联油路的多路换向阀。来自进油口的压力油可直接通到各联换向阀的进油腔，各联换向阀的回油腔又都直接通到多路换向阀的总回油口。当采用这种油路连接方式的多路换向阀同时工作时，压力油总是先进入油压较低的执行元件。因此，只有执行元件进油腔的油压相等时，它们才能同时动作。并联油路的多路换向阀压力损失较小。

图 4-25（b）所示为串联油路的多路换向阀。后一联换向阀的进油腔都与前一联换向阀的回油腔连通，这样可使串联油路内数个执行元件同时动作。此时，液压泵所能提供的油压要大于所有正在工作的执行元件压力之和。串联油路的多路换向阀压力损失较大。

图 4-25（c）所示为串并联油路的多路换向阀。每一联换向阀的进油腔都与前一联换向阀的中位油路连通，每一联换向阀的回油腔都直接与总回油口连通，即各换向阀的进油腔串联、回油腔并联。串并联油路的多路换向阀的特点是，当某一联换向阀换向时，其后各联换向阀的进油路均被切断。因此，各换向阀之间具有互锁功能，可以防止误动作。

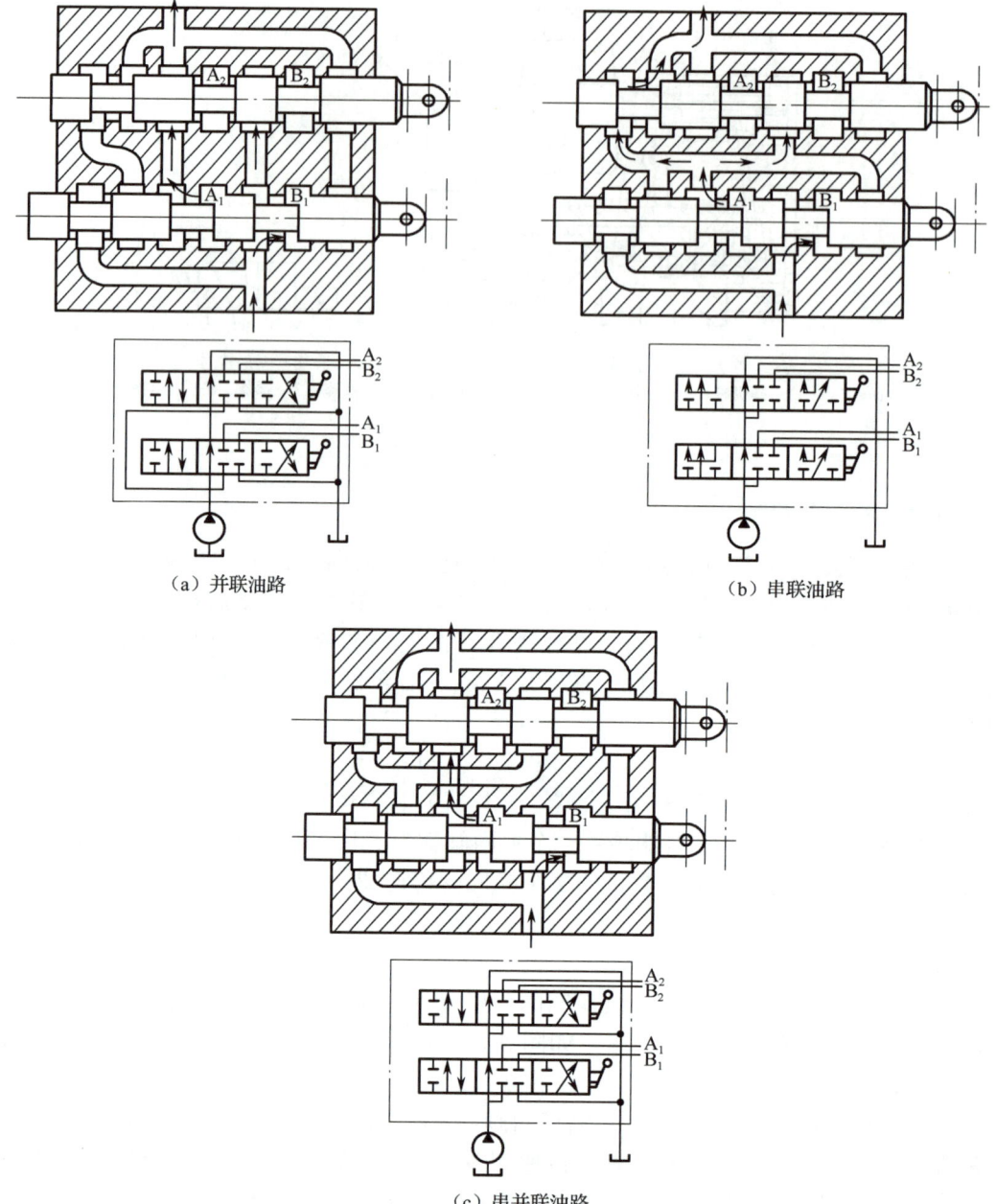

图 4-25　多路换向阀油路的连接方式及图形符号

除上述三种基本油路连接方式外,当多路换向阀的联数较多时,还常常采用上述几种油路连接方式的组合,称为复合油路连接。

4.4　液压压力控制阀

在液压系统中,控制压力高低或利用压力实现某些动作的液压阀统称为压力控制阀(Pressure Control Valve),简称压力阀。

压力控制阀按功能可分为溢流阀、减压阀、顺序阀和压力继电器等。压力控制阀是利用作用在阀芯上的液压力和弹簧力相平衡的原理来工作的。压力控制阀的分类如图 4-26 所示。

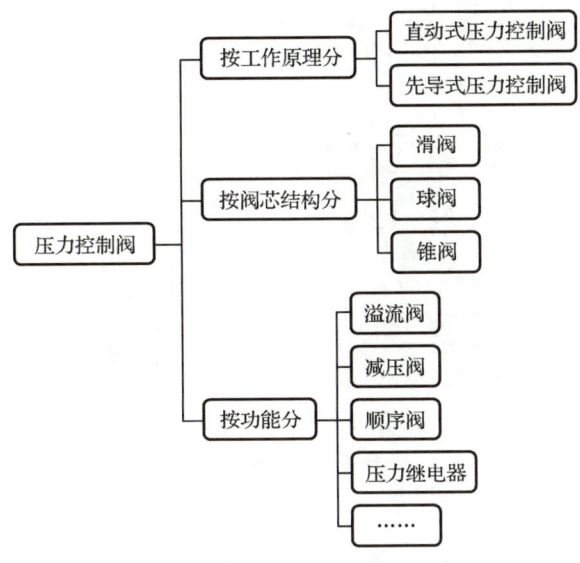

图 4-26　压力控制阀的分类

4.4.1　溢流阀

溢流阀（Pressure Relief Valve）通过阀口的溢流，使被控制系统或回路的压力维持恒定，实现稳压、调压或限压作用。对溢流阀的主要要求：调压范围大、调压偏差小、压力振摆小、动作灵敏、过流能力大、噪声小。

溢流阀按结构原理可分为直动式溢流阀和先导式溢流阀。

4.4.1.1　直动式溢流阀

直动式溢流阀的结构图如图 4-27（a）所示。压力油从进油口 P 进入，经孔 f 和阻尼孔 g 后作用在阀芯 4 的底面 c 上。L 为泄油口，通过通道 e 与回油口 T 连通。当从进油口 P 进入的油液压力不高时，阀芯被弹簧 2 紧压在阀体 5 的孔口上，阀口关闭。当油液压力升高到能克服弹簧力时，便推动阀芯，使阀口打开，油液就会先从进油口 P 流入，再从回油口 T 流回油箱（溢流），保证油液压力不会继续升高。在弹簧压缩量变化甚小的情况下，可以认为阀芯在液压力和弹簧力作用下保持平衡，直动式溢流阀的进口压力基本保持定值。拧动调节螺母 1 改变弹簧预压缩量，便可调整直动式溢流阀的溢流压力。直动式溢流阀的图形符号如图 4-27（b）所示。

这种溢流阀因压力油直接作用于阀芯，故称为直动式溢流阀。直动式溢流阀仅适用于低压小流量系统。这是因为，在控制较高压力或较大流量时需要安装刚度较大的硬弹簧或阀芯移动的距离较大，在这种情况下，不但手动调节困难，而且阀口开度（弹簧压缩量）略有变化便会引起较大的压力波动。当系统压力较高时，宜采用先导式溢流阀。

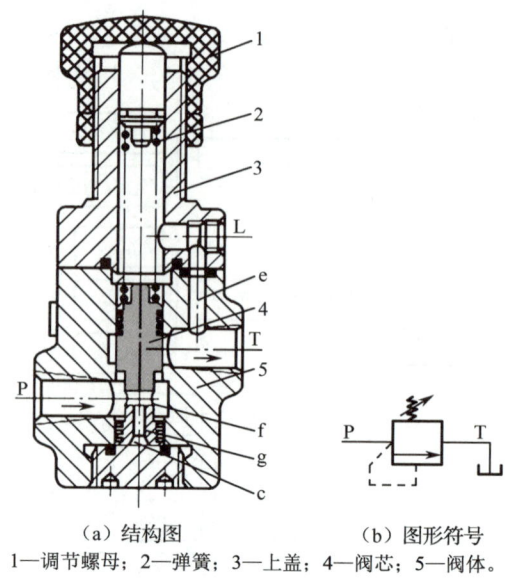

(a) 结构图　　　(b) 图形符号
1—调节螺母；2—弹簧；3—上盖；4—阀芯；5—阀体。

图 4-27　直动式溢流阀

若弹簧刚度为 K，预压缩量为 x_0，阀芯直径为 D，阀口刚开启时的进口压力为 p_k，通过额定流量 q_n 时的进口压力为 p_s，作用在阀芯上的液动力为 F_y，则可得出以下结论。

阀口刚开启时的阀芯受力平衡关系式为

$$p_k \frac{\pi D^2}{4} = K(x_0 + l) \tag{4-5}$$

阀口开启后溢流时的阀芯受力平衡关系式为

$$p \frac{\pi D^2}{4} = K(x_0 + l + x) + F_y \tag{4-6}$$

阀口开启后溢流时的压力流量方程为

$$q = C_d \pi D x \sqrt{\frac{2}{\rho} p} \tag{4-7}$$

调节弹簧的预压缩量 x_0，可以改变阀口的开启压力 p_k，进而调节直动式溢流阀的进口压力 p。此处的弹簧称为调压弹簧。由于阀芯移动量不大（x 变化很小），所以当阀芯处于平衡状态时，可以认为直动式溢流阀的进口压力 p 基本保持不变。

4.4.1.2　先导式溢流阀

先导式溢流阀是由先导阀和主阀组成的。先导阀用于控制主阀阀芯两端的压差，主阀用于控制主油路的溢流。先导式溢流阀（管式连接）的结构图如图 4-28（a）所示，其图形符号如图 4-28（b）所示。

图 4-29 所示为先导式溢流阀（板式连接）。油液从进油口 P 进入，经阻尼孔到达主阀弹簧腔，并作用在先导阀阀芯 9 上。当从进油口 P 进入的油液压力不高时，液压力不能克服先导阀的弹簧力，先导阀阀口关闭，阀内无油液流动。这时，主阀阀芯因上、下腔压力相同，故被主阀弹簧 3 紧压在主阀阀座 2 上，主阀阀口亦关闭。当油液压力升高到调压弹簧 8 的预调压力时，先导阀阀口打开，主阀弹簧腔的油液流过先导阀阀口并经阀体上的通道和回油口 T 流回油箱。这时，油液流过阻尼孔，产生压力损失，使主阀阀芯两端形成压差，主阀阀芯 4

在此压差作用下克服弹簧力向上移动，使进油口 P 与回油口 T 连通，达到溢流稳压的目的。调节调压手柄 7，即可调整溢流压力。更换不同刚度的调压弹簧 8，便能得到不同的调压范围。

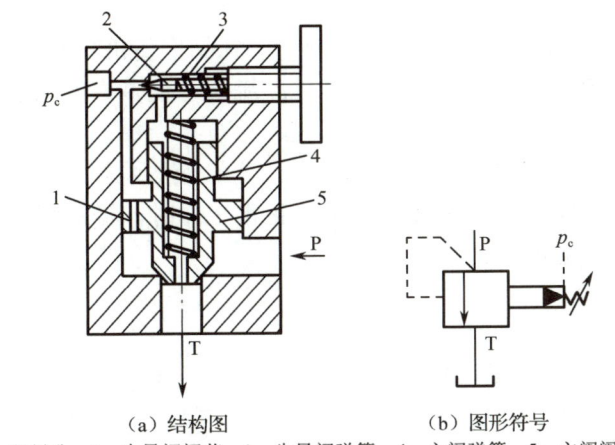

(a) 结构图　　　　　(b) 图形符号

1—阻尼孔；2—先导阀阀芯；3—先导阀弹簧；4—主阀弹簧；5—主阀阀芯。

图 4-28　先导式溢流阀（管式连接）

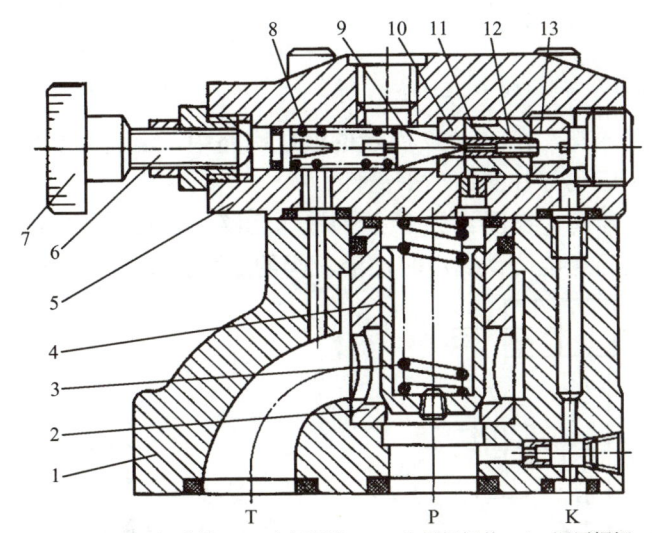

1—阀体；2—主阀阀座；3—主阀弹簧；4—主阀阀芯；5—先导阀阀体；6—调压螺钉；7—调压手柄；
8—调压弹簧；9—先导阀阀芯；10—先导阀阀座；11—柱塞；12—导套；13—消振垫。

图 4-29　先导式溢流阀（板式连接）

先导式溢流阀的阀体上有一个远程控制油口 K。当将此油口通过二位二通换向阀接通油箱时，主阀弹簧腔的压力接近零，主阀阀芯在很小的压力下便可移动到上端，阀口开至最大，这时系统的油液在很低的压力下通过阀口流回油箱，实现卸荷作用。如果将远程控制油口 K 接到另一个远程调压阀（其结构和先导式溢流阀的先导阀一样）上，并使打开远程调压阀的压力小于先导阀的调定压力，则主阀弹簧腔的压力由远程调压阀来决定。

先导式溢流阀的稳压性能优于直动式溢流阀。但先导式溢流阀是二级阀，其灵敏度低于直动式溢流阀。

4.4.1.3 溢流阀的应用

溢流阀的主要应用如下。

（1）溢流阀起溢流稳压的作用。如图 4-30 所示，在用定量液压泵供油的节流调速回路中，当液压泵的流量大于节流阀允许通过的流量时，溢流阀可使多余的油液流回油箱，此时液压泵的出口压力保持恒定。

（2）溢流阀用作安全阀。如图 4-31 所示，在由变量液压泵组成的液压系统中，可用溢流阀限制系统的最高压力，防止系统过载。当系统正常工作时，溢流阀关闭；当系统过载时，溢流阀打开，使压力油经溢流阀流回油箱。

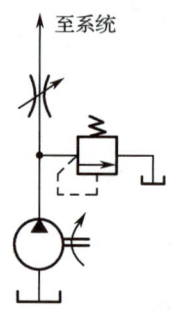
图 4-30　溢流阀起溢流稳压的作用

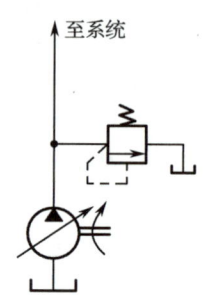
图 4-31　溢流阀用作安全阀

（3）溢流阀用作背压阀。在图 4-32 所示的液压回路中，溢流阀被串联在回油路上，通过溢流产生背压，提高了运动部件的运动平稳性。

（4）溢流阀用作卸荷阀。在图 4-33 所示的液压回路中，在溢流阀的远程控制油口上串接一小流量的电磁换向阀。当电磁铁通电时，溢流阀的远程控制油口通油箱，液压泵卸荷。

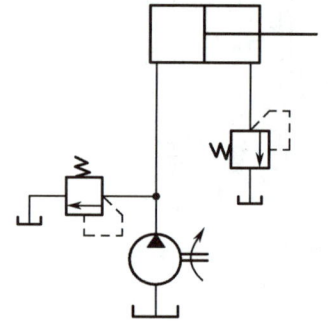
图 4-32　溢流阀用作背压阀

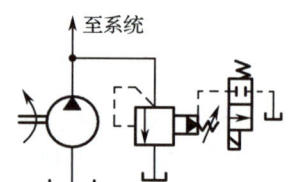
图 4-33　溢流阀用作卸荷阀

课内思考题：

4-3　单向阀、溢流阀的功能分别类似于电路中的哪一类元件？

4.4.2　减压阀

减压阀（Pressure Reducing Valve）是使其出口压力低于进口压力，并使出口压力可以调节的压力控制阀。在液压系统中，减压阀用于降低或调节系统中某条支路的压力，以满足某些执行元件的需要。

减压阀按工作原理可分为直动式减压阀和先导式减压阀；按调节性能可分为定值减压阀（保证出口压力为定值）、定差减压阀（保证进、出口压差不变）、定比减压阀（保证进、出口压力成比例）。其中，定值减压阀应用最广泛，常简称减压阀。

4.4.2.1 直动式减压阀

1. 直动式减压阀的工作原理和结构

图 4-34（a）所示为直动式减压阀的结构图，图 4-34（b）所示为直动式减压阀的图形符号。当阀芯处于初始位置时，直动式减压阀阀口是打开的，其进、出口连通。阀芯由出口压力控制，当出口压力未达到调定压力时，阀口全开，阀芯不工作；当出口压力达到调定压力时，阀芯上移，阀口关小，直动式减压阀处于工作状态。如果忽略其他阻力，仅考虑阀芯上的液压力和弹簧力相平衡的条件，则可以认为出口压力基本维持在某一调定值上。

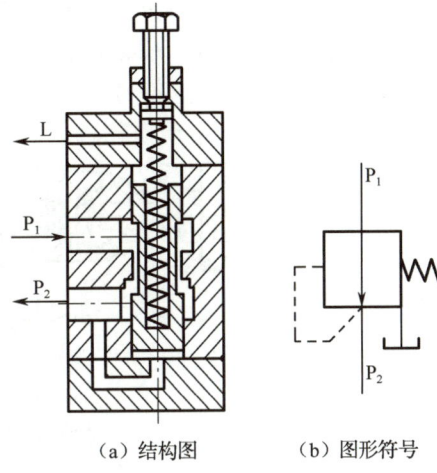

（a）结构图　　（b）图形符号

图 4-34　直动式减压阀

2. 直动式减压阀的性能

理想的直动式减压阀在进口压力 p_1、流量 q_1 发生变化或出口负载压力增大时，其出口压力 p_2 始终保持不变。但实际上 p_2 是随进口压力 p_1、流量 q_1 的变化或出口负载压力的增大而变化的。因此，直动式减压阀的静态特性主要有 p_2-p_1 特性和 p_2-q_1 特性。

若忽略直动式减压阀阀芯的自重、摩擦力和液动力，则阀芯上的力平衡方程为

$$p_2 A = K(x_c - x_r) \tag{4-8}$$

式中，x_c——当阀芯开口 $x_r = 0$ 时弹簧的预压缩量；
A——阀芯的有效工作面积。

由此可得

$$p_2 = K(x_c - x_r)/A \tag{4-9}$$

当 $x_r \ll x_c$ 时，式（4-9）可写为

$$p_2 = K x_c / A = \text{const} \tag{4-10}$$

3. 直动式减压阀和直动式溢流阀的不同之处

（1）直动式减压阀保持出口压力基本不变，而直动式溢流阀保持进口压力基本不变。

（2）在不工作时，直动式减压阀进、出口连通，而直动式溢流阀进、出口不连通。

（3）为了保证直动式减压阀出口压力调定值恒定，它的控制腔需要通过泄油口单独外接油箱；而直动式溢流阀的出油口是通油箱的，所以它的控制腔和泄漏油可通过阀体上的通道和出油口连通，不必单独外接油箱。

4.4.2.2 先导式减压阀

图 4-35（a）所示为先导式减压阀的结构图，它由先导阀和主阀两部分组成。其中，P_1 为进油口，P_2 为出油口，出油口处的压力油通过主阀阀芯 2 下端通油槽、主阀阀芯内阻尼孔 3 进入主阀阀芯上腔，随后进入先导阀前腔。当先导式减压阀出口压力 p_2 小于调定压力时，先导阀阀口在弹簧力的作用下关闭，主阀阀芯上、下腔压力相等，在弹簧力的作用下，主阀

阀芯处于下端位置。此时，主阀阀芯进、出口之间的通道间隙最大，主阀阀口全开，先导式减压阀进、出口压力相等。当先导式减压阀出口压力达到调定值时，先导阀阀口打开，压力油经阻尼孔产生压差，主阀阀芯上、下腔压力不等，下腔压力大于上腔压力，此压差克服弹簧力将主阀阀芯抬起。此时通道间隙减小，节流作用增强，使出口压力 p_2 小于进口压力 p_1，并保持在调定值上。

当调节手轮时，先导阀弹簧的预压缩量发生变化，使先导阀所控制的主阀阀芯上腔的压力发生变化，从而调节了主阀阀芯的开口位置，调整了出口压力。由于先导式减压阀出口油路为系统内的支油路，所以先导式减压阀的先导阀上腔的泄油口必须单独接油箱。图 4-35（b）为先导式减压阀的图形符号。

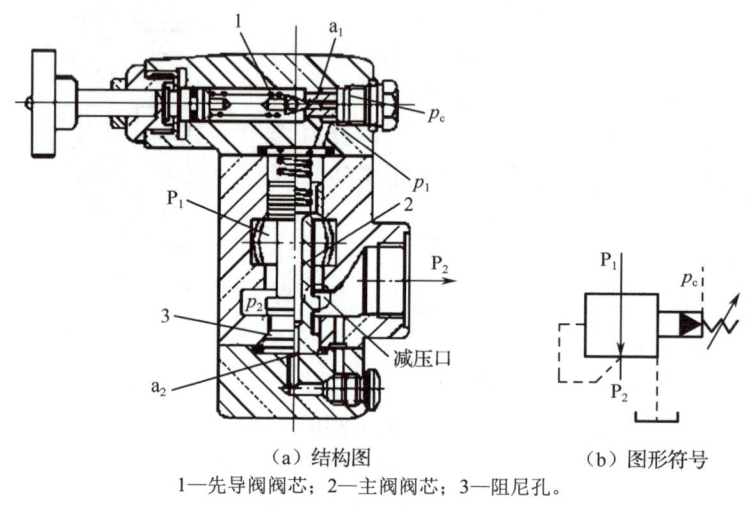

（a）结构图　　　　（b）图形符号

1—先导阀阀芯；2—主阀阀芯；3—阻尼孔。

图 4-35　先导式减压阀（管式连接）

4.4.2.3　减压阀的应用

（1）**减压阀用于减压回路**。图 4-36 所示为减压回路，在系统的支路上串接一个减压阀，用于降低和调节支路液压缸的最大供油压力。

（2）**减压阀用于稳压回路**。如图 4-37 所示，当系统压力波动较大，液压缸 2 需要有较稳定的输入压力时，在液压缸 2 进油路上串接一个减压阀，在减压阀处于工作状态时，可使液压缸 2 的压力不受溢流阀压力波动的影响。

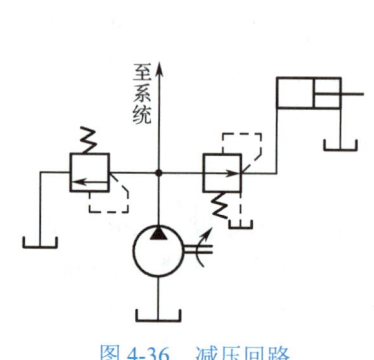

图 4-36　减压回路

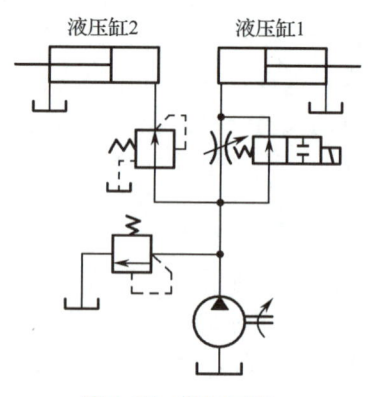

图 4-37　稳压回路

（3）减压阀用于单向减压回路。当需要使执行元件的正、反向压力不同时，可采用图 4-38 所示的单向减压回路。

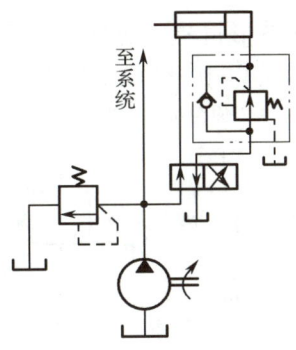

图 4-38 单向减压回路

课内思考题：

4-4 简述先导式溢流阀和先导式减压阀的区别。

4-5 在图 4-39 所示的回路中，溢流阀的调定压力为 5MPa，减压阀的调定压力为 1.5MPa，负载压力为 1MPa，问在下列情况下 A、B 点的压力分别为多少：

（1）活塞运动过程中；

（2）活塞运动到终点时；

（3）减压阀泄油口未接油箱，活塞运动到终点时。

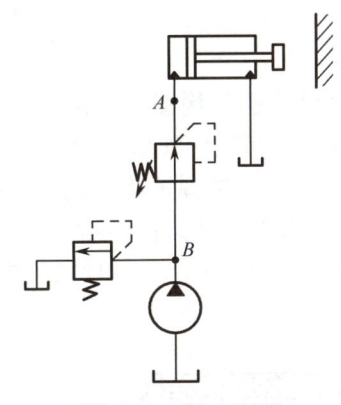

图 4-39 题 4-5 图

4-6 现有两个压力控制阀，由于铭牌脱落，分不清哪个是溢流阀，哪个是减压阀，又不希望把压力控制阀拆开，试给出两种方法，根据其特点对其进行区分。

4.4.3 顺序阀

顺序阀（Sequence Valve）是以压力为控制信号，自动接通或断开某一支路的液压阀。顺序阀因可以实现执行元件的顺序动作而得名。

顺序阀按控制方式不同可分为内控式顺序阀和外控式顺序阀。内控式顺序阀直接利用阀进油口处的压力油控制阀的启闭，常简称为顺序阀；外控式顺序阀利用外来的压力油控制阀的启闭，又称为液控顺序阀。顺序阀按结构不同又可分为直动式顺序阀和先导式顺序阀。

4.4.3.1 直动式顺序阀

1. 直动式顺序阀的图形符号

图 4-40 所示为直动式顺序阀的图形符号，包括内控外泄型、内控内泄型、外控外泄型、外控内泄型。其中，内控内泄型直动式顺序阀可用作平衡阀或背压阀；外控内泄型直动式顺序阀可用作卸荷阀；外控外泄型直动式顺序阀相当于一个液控二位二通阀。

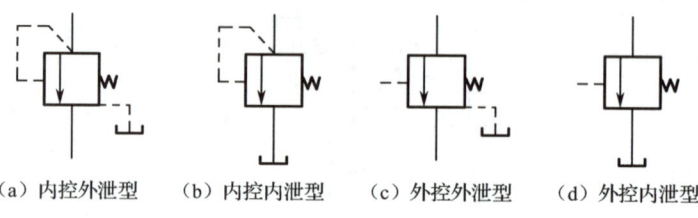

（a）内控外泄型　（b）内控内泄型　（c）外控外泄型　（d）外控内泄型

图 4-40　直动式顺序阀的图形符号

2. 直动式顺序阀与直动式溢流阀的不同之处

直动式顺序阀，特别是内控内泄型直动式顺序阀在结构上与直动式溢流阀十分相似。但两者在性能和功能上有很大区别，主要区别如下。

（1）直动式溢流阀出口接油箱，而直动式顺序阀出口接下一级液压元件。

（2）直动式溢流阀为内泄漏，而直动式顺序阀一般为外泄漏。

（3）直动式溢流阀主阀阀芯遮盖量小，而直动式顺序阀主阀阀芯遮盖量大。

（4）直动式溢流阀打开时阀芯处于半打开状态，主通道节流作用强；而直动式顺序阀打开时阀芯处于全打开状态，主通道节流作用弱。

4.4.3.2 先导式顺序阀

图 4-41（a）所示为先导式顺序阀的结构图，它由主阀与先导阀组成。压力油从进油口 P_1 进入，经通道进入先导阀，经阻尼孔和先导阀后由泄油口 L 流回油箱。当系统压力不高时，先导阀关闭，主阀阀芯两端压力相等，复位弹簧将主阀阀芯推向下端，先导式顺序阀进、出油口关闭；当压力达到调定值时，先导阀打开，压力油流经阻尼孔时形成节流，在主阀阀芯两端形成压差，此压差克服弹簧力将主阀阀芯抬起，先导式顺序阀进、出油口打开。图 4-41（b）所示为先导式顺序阀的图形符号。

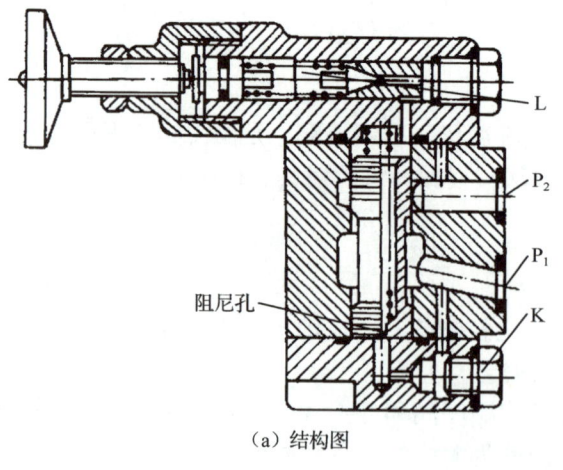

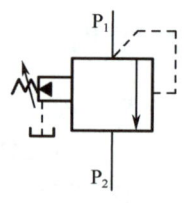

（a）结构图　　　　　　　　　　（b）图形符号

图 4-41　先导式顺序阀

4.4.3.3 顺序阀的应用

(1) **顺序阀实现执行元件的顺序动作**。图 4-42 所示为实现定位夹紧顺序动作的液压回路。其中，液压缸 A 为定位缸，液压缸 B 为夹紧缸。系统要求在进程（活塞向下运动）时，A 缸活塞先动作，B 缸活塞后动作。B 缸进油路上串联一个单向顺序阀，将顺序阀的压力值调定到高于 A 缸活塞动作时的最高压力。当电磁换向阀的电磁铁不通电时，A 缸活塞先动作，定位完成后，油路压力提高，打开顺序阀，B 缸活塞动作。在回程时，当电磁换向阀的电磁铁通电时，A、B 两缸同时供油，A、B 两缸的活塞同时动作，B 缸的回油路经单向阀回到油箱。

(2) **顺序阀与单向阀组合构成平衡阀**。如图 4-43 所示，在平衡回路上，平衡阀用于防止垂直或倾斜放置的执行元件和与之相连的工作部件因自重而自行下落。

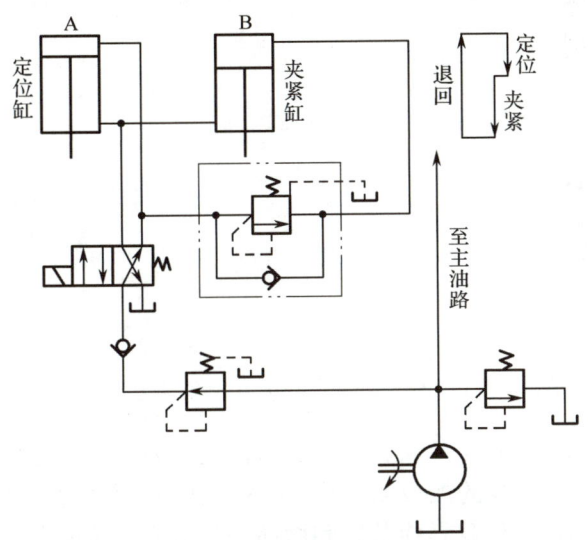

图 4-42　实现定位夹紧顺序动作的液压回路　　　　图 4-43　采用单向顺序阀的平衡回路

(3) **顺序阀用作卸荷阀**。图 4-44 所示为实现双泵供油系统的大流量泵卸荷回路。在大量供油（快进工况）时，高压小流量泵 1 和低压大流量泵 2 同时供油，此时供油压力小于顺序阀 3 的控制压力；在少量供油（工进工况）时，供油压力大于顺序阀 3 的控制压力，顺序阀 3 打开，单向阀 4 关闭，泵 2 卸荷，泵 1 继续供油。溢流阀 5 起到安全阀的作用。

(4) **顺序阀用作背压阀**。顺序阀用在水平放置的液压缸回油路中，可以增大背压，使活塞的运动速度稳定，如图 4-45 所示。

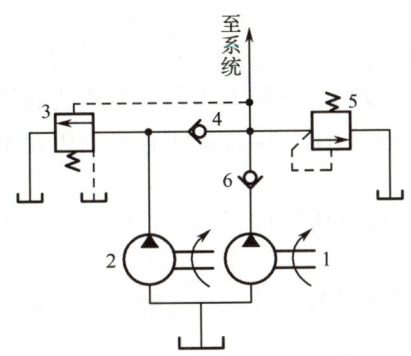
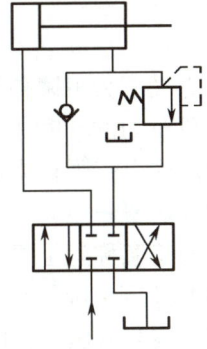

图 4-44　实现双泵供油系统的大流量泵卸荷回路　　　　图 4-45　顺序阀用作背压阀

课内思考题：

4-7 在图 4-46 所示的回路中，溢流阀的调定压力为 5MPa，顺序阀的调定压力为 3MPa，试分析在下列三种情况下 A、B 两点的压力各为多少：

（1）液压缸运动，负载压力 p_L = 4MPa 时；

（2）p_L = 1MPa 时；

（3）活塞运动到终点时。

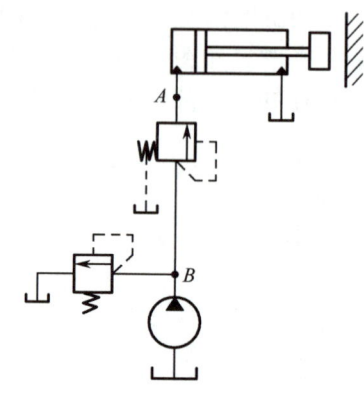

图 4-46　题 4-7 图

4.4.4　压力继电器

压力继电器是利用液压力来启闭电气触点的液压/电气转换元件。它在液压力达到调定压力时，发出电信号，控制电气元件动作，实现液压泵的加载或卸荷、执行元件的顺序动作及系统的安全保护等功能。任何压力继电器都由压力/位移转换装置和微动开关组成。按前者的结构分，压力继电器有柱塞式、弹簧管式、薄膜式和波纹管式等形式，其中以柱塞式压力继电器最常用。

图 4-47（a）所示为柱塞式压力继电器的结构图。压力油从油口 P 通入，作用在柱塞 1 的底部，当其压力达到弹簧的调定值时，便可克服弹簧力和柱塞表面摩擦力推动柱塞上升，通过顶杆 2 触动微动开关 4 发出电信号。图 4-47（b）所示为压力继电器的图形符号。

压力继电器的性能参数主要有以下 4 个。

（1）调压范围。压力继电器能发出电信号的最低工作压力和最高工作压力之间的范围称为调压范围。

（2）灵敏度和通断调节区间。开启压力（压力升高使压力继电器接通电信号的压力）和闭合压力（压力下降使压力继电器复位切断电信号的压力）之差称为压力继电器的灵敏度。为了避免压力波动时压力继电器时通时断，要求开启压力和闭合压力之间有一个可调节的差值范围，这个范围称为通断调节区间。

（3）重复精度。在一定的调定压力下，多次升压（或降压）过程中，开启压力和闭合压力本身的差值称为重复精度。

（4）升压或降压动作时间。压力由卸荷压力升到调定压力，微动开关触点闭合发出电信号的时间称为升压动作时间，反之称为降压动作时间。

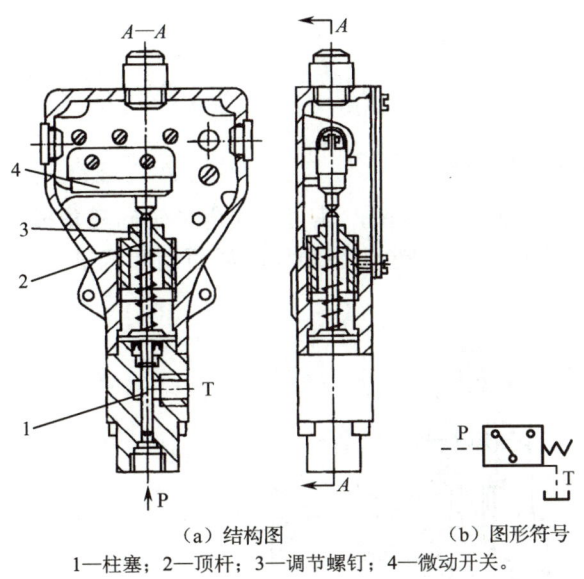

(a) 结构图　　　(b) 图形符号
1—柱塞；2—顶杆；3—调节螺钉；4—微动开关。

图 4-47　柱塞式压力继电器

压力继电器的应用如下。

(1) 压力继电器用于安全控制回路。图 4-48 所示为采用压力继电器的安全控制（保护）回路。当系统压力 $p=p_p$ 达到压力继电器事先调定的压力 p_{kp} 时，压力继电器发出电信号，使由其控制的系统停止工作，对系统起到安全保护作用。

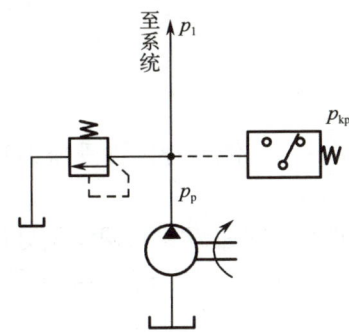

图 4-48　采用压力继电器的安全控制（保护）回路

(2) 压力继电器用于实现执行元件的顺序动作。采用压力继电器可以控制多个执行元件，实现执行元件的顺序动作。

4.5　液压流量控制阀

流量控制阀（Flow Control Valve）通过改变节流口的通流截面积来改变通过阀的流量。在液压系统中，流量控制阀的作用是对执行元件的运动速度进行控制。常见的流量控制阀有节流阀、调速阀、溢流节流阀等。

对流量控制阀的主要要求：具有足够的调节范围，能保证稳定的最小流量，温度和压力变化对流量的影响小，调节方便，泄漏量小等。

4.5.1 节流阀

4.5.1.1 节流阀的工作原理和结构

图 4-49（a）所示为节流阀的结构图，其节流通道呈轴向三角槽式。调节手柄能通过推杆使阀芯 3 沿轴向移动，改变节流口的通流截面积，从而调节流量。图 4-49（b）所示为节流阀的图形符号。

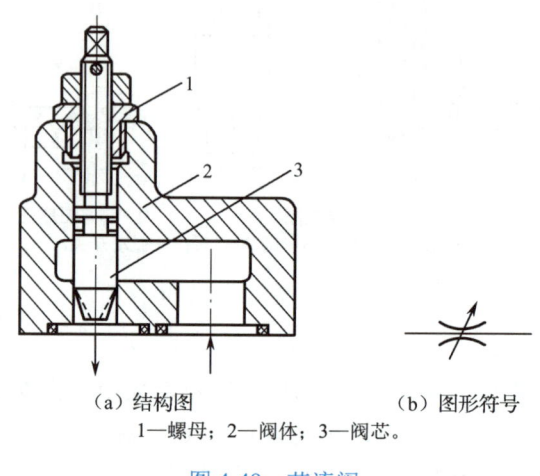

（a）结构图　　　　　　（b）图形符号
1—螺母；2—阀体；3—阀芯。

图 4-49　节流阀

4.5.1.2 节流阀的性能

1. 影响流量稳定性的因素

节流阀的流量仅靠一个节流口调节，流量稳定性受压力和温度的影响较大。

1）压力对流量稳定性的影响

在使用节流阀的过程中，当节流口的通流截面积调整好以后，由于负载的变化，节流阀两端的压差也会变化，这会使流量不稳定。对比式（1-43）和式（1-33）可知，节流口制成薄壁小孔比制成细长孔好。

2）温度对流量稳定性的影响

温度变化会引起油液黏度的变化，从而对流量稳定性产生影响，这在细长孔式节流口上是十分明显的。对薄壁小孔式节流口来说，当雷诺数 Re 大于临界值时，流量系数 C_d 与 Re 无关，流量稳定性不受温度的影响；当压差小、通流截面积小时，C_d 与 Re 有关，流量稳定性会受到温度的影响。总之，薄壁小孔式节流口的流量稳定性受温度的影响小。

2. 节流口的形状

图 4-50 所示为几种常见节流口的结构形式。当节流口的通流截面积小到一定程度时，在保持所有因素都不变的情况下，通过节流口的流量会出现周期性的脉动，甚至会断流，这是节流口的阻塞现象。节流口的阻塞会使液压系统中执行元件的运动速度不均匀。因此，每个节流阀都有一个能正常工作的最小流量限制，称为节流阀的最小稳定流量。

流量调节范围是指通过节流阀的最大流量和最小流量之比。有些节流阀也采用最大流量与最小流量的实际值来表征节流阀的流量调节范围。

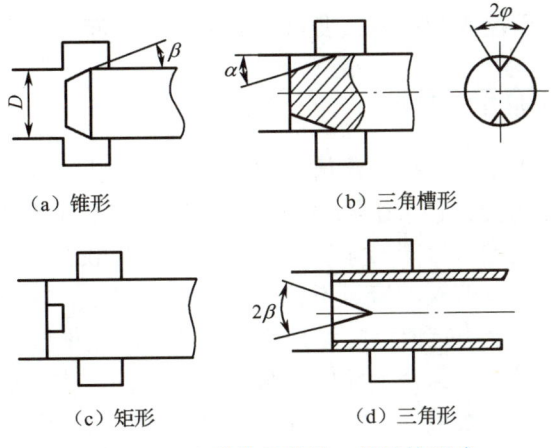

(a) 锥形　　(b) 三角槽形

(c) 矩形　　(d) 三角形

图 4-50　几种常见节流口的结构形式

4.5.1.3　节流阀的应用

节流阀主要应用在速度控制回路中，具体介绍见 6.1.2 节。

（1）进口节流调速。将节流阀安置在液压缸工进时的进油管路上，与定量泵、溢流阀共同构成进口节流调速回路，如图 4-51 所示。

（2）出口节流调速。将节流阀安置在液压缸工进时的回油管路上，与定量泵、溢流阀共同构成出口节流调速回路，如图 4-52 所示。

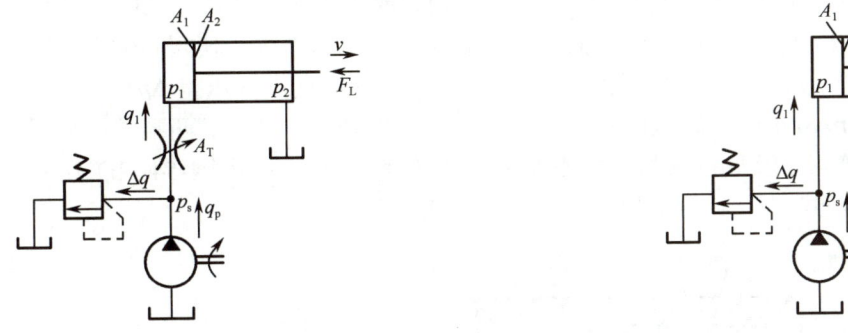

图 4-51　采用节流阀的进口节流调速回路　　图 4-52　采用节流阀的出口节流调速回路

（3）旁路节流调速。将节流阀安置在液压缸工进时呈并联的管路上，与定量泵、溢流阀共同构成旁路节流调速回路，如图 4-53 所示。

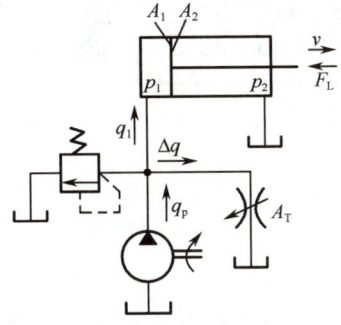

图 4-53　采用节流阀的旁路节流调速回路

（4）容积节流调速。节流阀和压差式变量泵等组合在一起可构成容积节流调速回路。

4.5.2 调速阀和溢流节流阀

由节流阀的流量公式可知，通过节流阀的流量受其进、出口压差变化的影响。在液压系统中，执行元件的负载变化会引起系统压力的变化，进而使节流阀两端的压差也发生变化，而执行元件的运动速度与通过节流阀的流量有关。因此，负载变化，执行元件的运动速度也相应发生变化。为了使通过节流阀的流量不受负载变化的影响，必须对节流阀两端的压差进行压力补偿，使其保持在一个稳定值上，这种带压力补偿的流量控制阀称为调速阀。

目前流量控制阀中所采取的保持节流阀两端压差恒定的压力补偿方式主要有两种：一是减压阀与节流阀串联，构成调速阀；二是溢流阀与节流阀并联，构成溢流节流阀。

4.5.2.1 调速阀

1. 调速阀的工作原理和结构

调速阀由减压阀和节流阀两部分组成。减压阀可以串联在节流阀之前，也可以串联在节流阀之后。图 4-54（a）所示为调速阀的结构图。压力为 p_1 的油液先流经减压阀阀口，压力降为 p_2；然后经节流口流出，压力为 p_3。进入节流阀前压力为 p_2 的油液，经通道 e、f 进入减压阀的 b、c 腔，而流经节流口压力为 p_3 的油液，经通道 g 被引入减压阀的 a 腔。当减压阀阀芯在弹簧力 F_s、液动力 F_y、液压力 $A_a p_3$ 和 $(A_b + A_c) p_2$（其中 A_a、A_b、A_c 分别为 a、b、c 腔对应的活塞有效工作面积）的作用下处于平衡位置时，调速阀处于工作状态。此时，若调速阀出口压力 p_3 因负载增大而增大，则作用在减压阀阀芯左端的压力增大，使阀芯失去平衡向右移动，减压阀阀口开度 x_R 增大，减压作用减小，p_2 增大，节流阀两端的压差 $\Delta p = p_2 - p_3$ 基本保持不变。同理，当 p_3 减小时，减压阀阀芯向左移动，p_2 也减小，节流阀两端的压差同样基本保持不变。这样，通过节流阀的流量基本不会因负载的变化而改变。图 4-54（b）所示为调速阀的图形符号，图 4-54（c）所示为调速阀的简化图形符号。

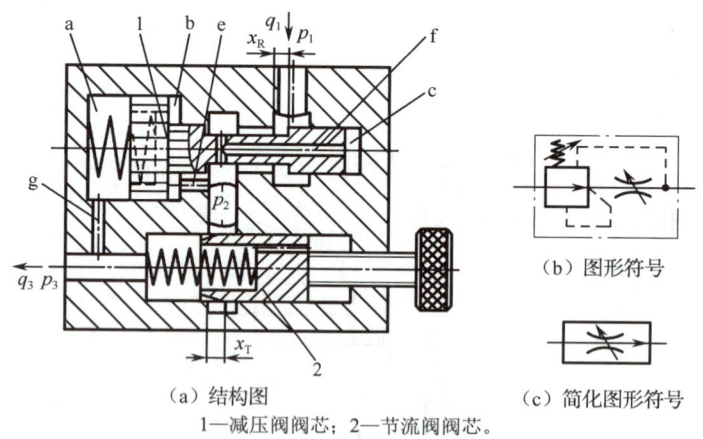

（a）结构图
1—减压阀阀芯；2—节流阀阀芯。

图 4-54 调速阀

2. 调速阀的性能

调速阀能够保持流量稳定，该功能主要由具有压力补偿作用的减压阀实现。减压阀可以使节流阀两端的压差基本保持不变，从而使流量近似恒定。

建立调速阀静态特性方程的主要依据是动力学方程和流量连续性方程，以及相应的流量表达式。

（1）减压阀的流量方程为

$$q_R = C_R \omega(x_R) \sqrt{\frac{2(p_1-p_2)}{\rho}} \tag{4-11}$$

式中，C_R——减压阀阀口的流量系数；
$\omega(x_R)$——减压阀阀口的过流面积；
x_R——减压阀阀芯的位移量；
p_1——调速阀的进口压力，即减压阀的进口压力；
p_2——减压阀的出口压力，即节流阀的进口压力。

（2）节流阀的流量方程为

$$q_T = C_T \beta(x_T) \sqrt{\frac{2(p_2-p_3)}{\rho}} \tag{4-12}$$

式中，C_T——节流口的流量系数；
$\beta(x_T)$——节流口的过流面积；
p_3——调速阀的出口压力，即节流阀的出口压力。

（3）减压阀阀芯的受力平衡方程为

$$p_2 A_b + p_2 A_c + F_y = p_3 A_a + K(x_0 - x_R)$$
$$A_a = A_b + A_c \tag{4-13}$$
$$p_2 - p_3 = [K(x_0 - x_R) - F_y]/A_a$$

式中，A_a——减压阀阀芯的受力面积；
F_y——液动力；
K——弹簧刚度；
x_0——弹簧预压缩量；
x_R——减压阀阀芯的位移量。

（4）根据流量连续性方程，不计内泄漏，有

$$q_R = q_T \tag{4-14}$$

由式（4-13）可知，x_0、x_R、K 和 A_a 的值决定了 $p_2 - p_3$ 的值。

由式（4-12）可知，要保持流量稳定，就要求 $p_2 - p_3$ 稳定。在节流口开度 x_T 调定后，当节流阀的进、出口压力 p_1 或 p_3 变化时，x_R 会发生变化，弹簧力 F_s 和液动力 F_y 也会发生变化。由式（4-13）可知，弹簧力变化量 ΔF_s 与稳态液动力变化量 ΔF_y 的差值越小，A_a 越大，$p_2 - p_3$ 的变化量就越小。合理设计减压阀的弹簧刚度和阀口形状，可以得到较好的等流量特性。

图 4-55 所示为调速阀和节流阀的静态特性曲线，即阀两端的压差 Δp 与通过阀的流量 q_T 的关系曲线。由图 4-55 可知，当阀两端的压差较小时，调速阀的特性与节流阀的特性相同。此时，由于阀两端的压差较小，不能将调速阀中的减压阀阀芯抬起，减压阀失去压力补偿作用，调速阀与节流阀的这部分曲线重合。当阀两端的压差大于某个值时，减压阀阀芯处于工作状态，通过调速阀的流量不受阀两端压差的影响，而通过节流阀的流量仍然随阀两端的压差变化而变化，两者的曲线出现明显的差别。$\Delta p_{\min}$ 是调速阀的最小稳定工作压差。

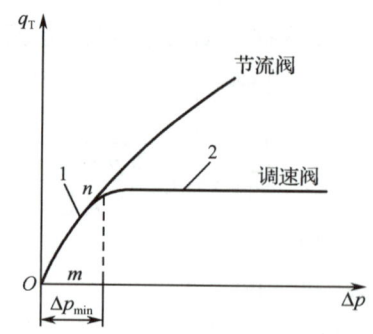

图 4-55　调速阀和节流阀的静态特性曲线

（曲线 1 为无压力补偿部分曲线，曲线 2 为有压力补偿部分曲线）

3. 调速阀的应用

调速阀的应用与节流阀相似，凡是能应用节流阀的场合，均可应用调速阀。与节流阀不同的是，调速阀一般应用于对速度稳定性要求较高的液压系统。

4.5.2.2　溢流节流阀

1. 溢流节流阀的工作原理和结构

溢流节流阀是溢流阀与节流阀并联而成的组合阀，也称旁通型调速阀，是一种压力补偿型节流阀，它能补偿因负载变化而引起的流量变化。图 4-56（a）所示为溢流节流阀的结构图。与调速阀不同，在溢流节流阀中，用于实现压力补偿的溢流阀的进口与节流阀的进口并联，节流阀的出口接执行元件，溢流阀的出口接回油箱。

若负载变化引起节流阀的出口压力 p_2 增大，则溢流阀阀芯弹簧端的液压力将随之增大，阀芯原有的受力平衡状态被破坏，于是阀芯向阀口减小的方向移动，阀口开度减小使其阻尼作用增强，于是进口压力 p_1 增大，阀芯受力重新平衡。因此，节流阀两端的压差 p_1-p_2 基本保持不变。在负载变化引起节流阀的出口压力 p_2 减小时，同样可保证节流阀两端的压差 p_1-p_2 基本保持不变。图 4-56（b）所示为溢流节流阀的图形符号，图 4-56（c）所示为溢流节流阀的简化图形符号。

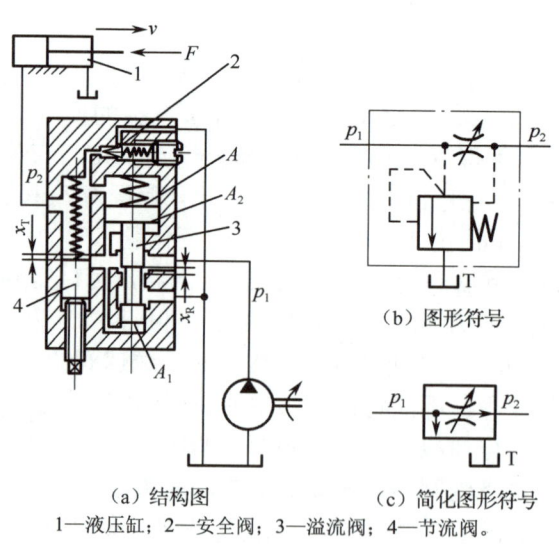

(a) 结构图　　(c) 简化图形符号

1—液压缸；2—安全阀；3—溢流阀；4—节流阀。

图 4-56　溢流节流阀

2. 溢流节流阀的性能

溢流节流阀能够保持流量稳定，该功能主要由具有流量补偿作用的溢流阀实现。溢流阀通过 p_1 随 p_2 的变化使节流阀两端的压差基本保持不变，从而使流量近似恒定。溢流节流阀的静态特性与调速阀相同。

4.6 液压插装阀与叠加阀

4.6.1 插装阀

插装阀（Cartridge Valve）又称为二通插装阀、逻辑阀、锥阀，是一种以二通型单向元件为主体，采用先导控制和插装式连接的新型液压控制元件。插装阀具有一系列优点，如主阀阀芯质量轻、行程短、动作迅速、响应灵敏、结构紧凑、工艺性好、工作可靠、使用寿命长，以及便于实现无管化连接和集成化控制等，特别适用于高压大流量系统。插装阀控制技术在锻压机械、塑料机械、冶金机械、铸造机械、船舶、矿山及其他工程领域得到了广泛的应用。

插装阀主要由插装件、控制盖板、先导控制阀和集成块四部分组成，如图 4-57（a）所示，其图形符号如图 4-57（b）所示。

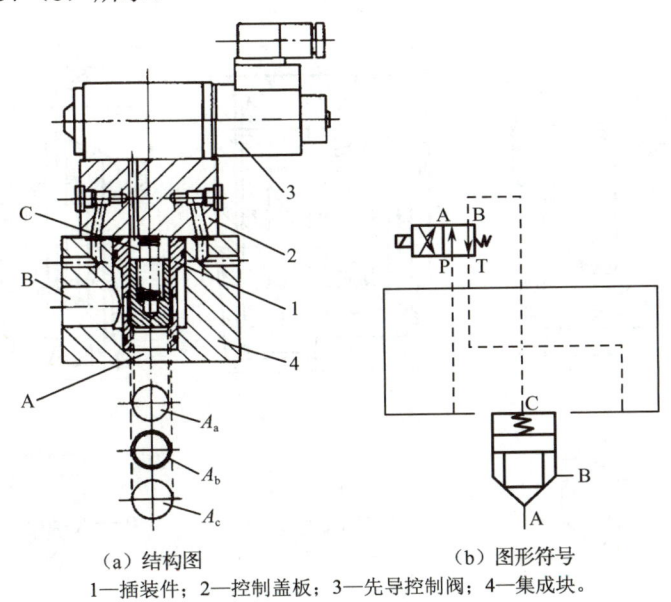

（a）结构图　　　　　　（b）图形符号
1—插装件；2—控制盖板；3—先导控制阀；4—集成块。

图 4-57　插装阀结构原理图和原理符号图

插装阀有三个油口，分别是主通道进、出油口 A 和 B 及控制油口 C。工作时，阀口是开启还是关闭，取决于阀芯的受力状况。通常情况下，阀芯的质量、阀芯与阀体之间的摩擦力和液动力可以忽略不计，有

$$\sum F = p_c A_c - p_b A_b - p_a A_a + F_s + F_y \tag{4-15}$$

式中，p_c——控制腔 C 口的压力；
A_c——控制腔 C 口的控制面积；

p_b——主油路中 B 口的压力；
A_b——主油路中 B 口的控制面积；
p_a——主油路中 A 口的压力；
A_a——主油路中 A 口的控制面积，$A_c = A_a + A_b$；
F_s——弹簧力；
F_y——液动力（一般可忽略不计）。

当 $\sum F > 0$ 时，阀芯处于关闭状态，A 口与 B 口不连通；当 $\sum F < 0$ 时，阀芯开启，A 口与 B 口连通；$\sum F = 0$ 时，阀芯处于平衡位置。由式（4-15）可知，如果采取适当的措施控制 p_c，就可以控制主油路中 A 口与 B 口的液压油流动方向和压力；如果采取适当的措施控制阀芯的开启高度（也就是阀口的开度），就可以控制主油路中的流量。

1. 插装阀的插装件

插装件由阀芯、阀体、弹簧和密封元件等组成，根据用途不同可分为方向阀插装件、压力阀插装件、流量阀插装件。插装阀的结构可以是锥阀式结构，也可以是滑阀式结构。插装件是插装阀的主体。插装件安装在插装块体内，可以自由地沿轴向移动。通过控制插装阀阀口的启闭和开度，可以控制主油路中液压油的流动方向、压力和流量。同一通径的三种插装件的安装尺寸相同，但阀芯的结构形式和阀体孔径不同。图 4-58 所示为三种插装件的结构图及图形符号。

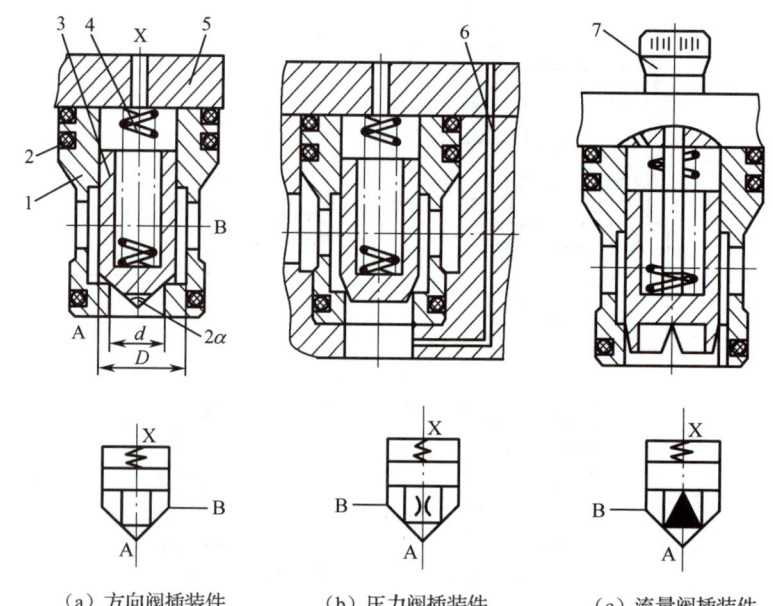

(a) 方向阀插装件　　(b) 压力阀插装件　　(c) 流量阀插装件
1—阀套；2—密封圈；3—阀芯；4—弹簧；5—盖板；6—阻尼孔；7—阀芯行程调节杆。

图 4-58　三种插装件的结构图及图形符号

2. 插装阀的控制盖板

控制盖板由盖板内嵌装各种微型先导控制元件（如梭阀、单向阀、调压阀等）及其他元件组成。盖板内嵌装的各种微型先导控制元件与先导控制阀结合可以控制插装件的工作状态，在控制盖板上还可以安装各种检测插装件工作状态的传感器等。根据控制功能不同，控制盖板可以分为方向控制盖板、压力控制盖板和流量控制盖板。当具有两种及以上控制功能时，称为复合控制盖板。控制盖板的主要功能是固定插装件、沟通控制油路与主阀控制腔等。

3. 插装阀的先导控制阀

先导控制阀是安装在控制盖板（或集成块）上，对插装件阀芯的动作进行控制的小通径控制阀，主要有电磁换向阀、电磁球阀、压力控制阀、比例阀、可调阻尼器、缓冲器及液控先导阀等。当插装件通径较大时，为了改善其动态特性，也可以用较小通径的插装件进行两级控制。先导控制阀用于控制插装件阀芯的动作，以实现插装阀的各种功能。

4. 插装阀的集成块

集成块用于安装插装件、控制盖板和其他控制阀，连通主油路。

4.6.2 叠加阀

叠加阀是叠加式液压阀的简称。叠加阀是在集成块的基础上发展起来的一种新型液压元件，其结构特点是阀体本身既是液压阀的机体，又具有通道体和连接体的功能。使用叠加阀可以实现液压元件间的无管化集成连接，使液压系统的连接方式简化、结构紧凑、功耗降低、设计与安装周期缩短。

目前，叠加阀的生产已形成系列，每个通径系列的叠加阀主油路通道的位置、直径，以及安装螺钉大小、位置、数量都与相应通径的主阀相同。因此，每个通径系列的叠加阀都可叠加起来组成相应的液压系统。

在叠加阀式液压系统中，一个主阀及相关的其他控制阀所组成的子系统可以叠加成一个阀组，阀组与阀组之间可以用底板或油管连接形成总液压回路，如图 4-59 所示。在进行液压系统设计时，一般在完成系统原理图的设计后，还要绘制叠加阀式液压系统图。为了方便进行设计和选用，目前所生产的叠加阀都会给出其型谱符号。

叠加阀根据工作性能，可分为单功能叠加阀和复合功能叠加阀两类。

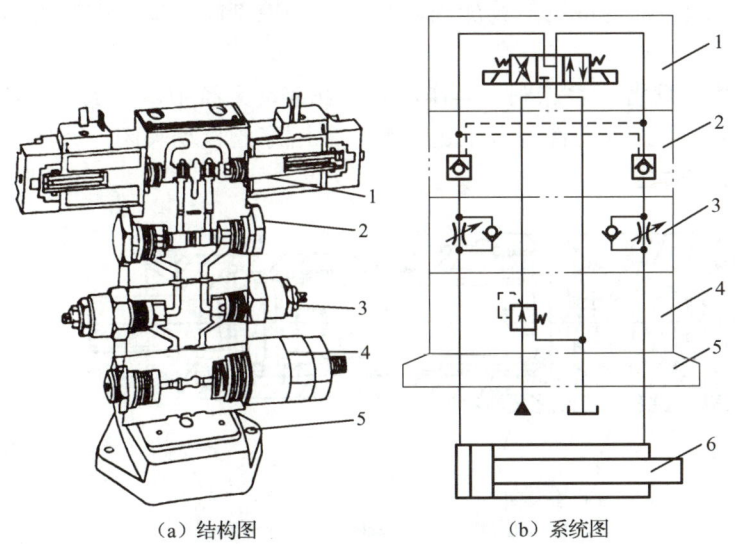

(a) 结构图　　(b) 系统图

1—三位四通电磁换向阀；2—双向液压锁；3—双口进油路单向节流阀；
4—叠加式减压阀；5—底板；6—液压缸。

图 4-59　叠加阀式液压系统

4.6.2.1 单功能叠加阀

单功能叠加阀与普通液压阀一样,也包括压力控制阀(如溢流阀、减压阀、顺序阀等)、流量控制阀(如节流阀、调速阀等)和方向控制阀(如换向阀、单向阀等)。为了便于连接形成系统,每个阀体上都具备四条及以上贯通的通道,阀内油口根据阀的功能分别与自身相应的通道相连。为了便于叠加,在阀体的接合面上,上述各通道的位置相同。

单功能叠加阀的控制原理、内部结构均与普通同类板式液压阀相似。图4-60(a)所示为先导叠加式溢流阀的典型结构图。图4-60(a)中先导阀为锥阀,调节螺钉1可压缩弹簧2,从而调节溢流阀的调定压力。图4-60(b)所示为先导叠加式溢流阀的型谱符号。

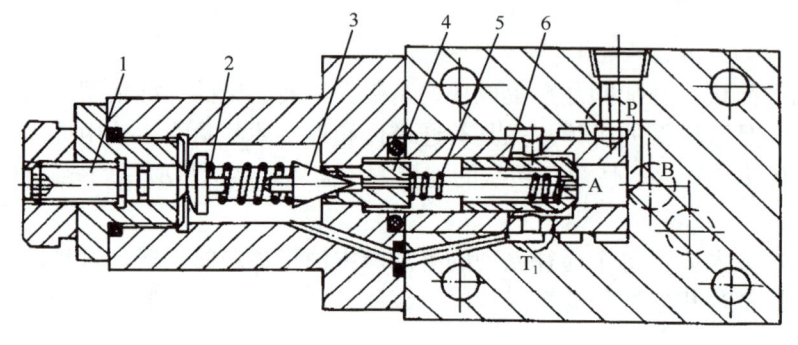
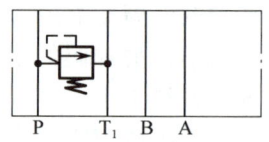

(a)典型结构图　　　　　　　　　　　　(b)型谱符号

1—调节螺钉;2、5—弹簧;3—锥阀芯;4—锥阀座;6—主阀阀芯。

图4-60　先导叠加式溢流阀

4.6.2.2 复合功能叠加阀

复合功能叠加阀又称为多机能叠加阀,是在一个控制阀芯单元中实现两种及以上控制功能的叠加阀。

图4-61所示为顺序背压叠加阀。其作用是,在差动系统中,当执行元件快速运动时,保证液压缸回油畅通;当执行元件进入工进工况后,顺序阀自动关闭,背压阀工作,在液压缸回油腔建立起所需的背压。

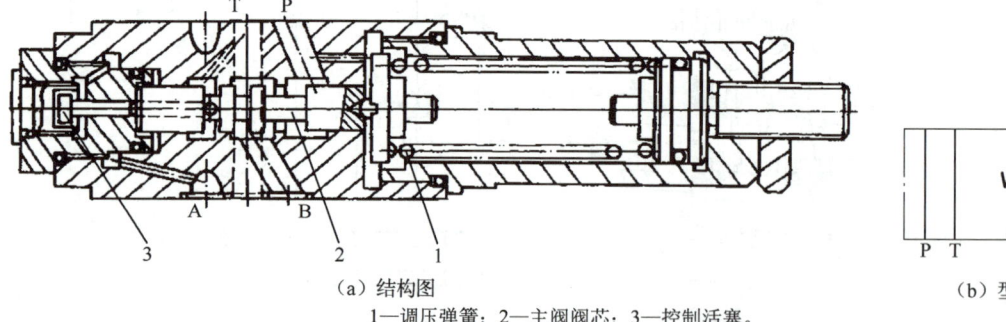

(a)结构图　　　　　　　　　　　　(b)型谱符号

1—调压弹簧;2—主阀阀芯;3—控制活塞。

图4-61　顺序背压叠加阀

4.7 电液数字阀

用数字信息直接控制阀口的开启和关闭,从而实现液流压力、流量、方向控制的液压阀,称为电液数字阀。电液数字阀可直接与计算机接口相连,不需要 D/A 转换器。电液数字阀与电液伺服阀和电液比例阀相比,具有结构简单、工艺性好、价格低廉、抗污染能力强、工作稳定可靠、功耗低的优点。在计算机实时控制的电液系统中,电液数字阀已部分取代电液比例阀和电液伺服阀,为计算机在液压领域的应用开拓了一个新的途径。

对计算机而言,最普通的信号是量化为两个量级的信号,即开和关。用数字量来控制阀的方法有很多,常用的是由脉冲数字调制(Pulse Number Modulation,PNM)法演变而来的增量控制法及脉宽调制(Pulse-Width Modulation,PWM)控制法。

增量式电液数字阀采用了步进电动机、机械转换器,通过步进电动机,在脉冲信号的基础上,使每个采样周期的步数在前一个采样周期步数的基础上增加或减少,以达到需要的幅值;由机械转换器输出位移控制液压阀阀口的开启和关闭。图 4-62 所示为增量式电液数字阀用于液压系统的框图。

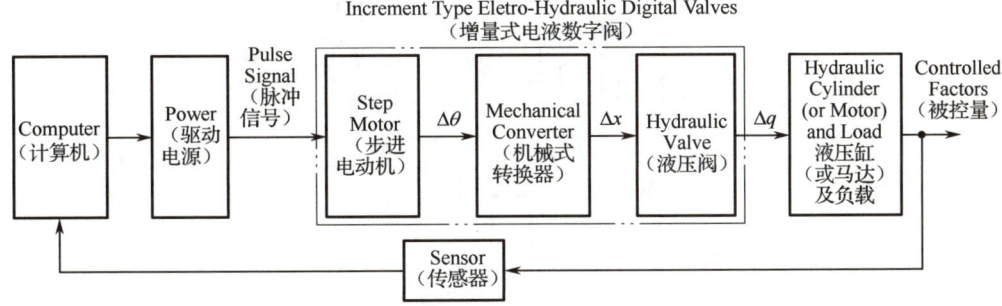

图 4-62 增量式电液数字阀用于液压系统的框图

脉宽调制式电液数字阀通过脉宽调制放大器将连续信号调制为脉冲信号并放大,将其输送给高速开关型数字阀,以开启时间的长短来控制阀的开口大小。

电液数字阀的典型结构包括以下两种。

1. 数字式流量控制阀

图 4-63 所示为由步进电动机直接驱动的数字式流量控制阀。当计算机给出脉冲信号后,步进电动机 1 输出旋转角度 $\Delta\theta$,作为机械转换装置的滚珠丝杠 2 将旋转角度 $\Delta\theta$ 转换为轴向位移 Δx,直接驱动节流阀阀芯 3。步进电动机转过一定步数,可控制阀口的开度,从而实现液压系统的流量控制。

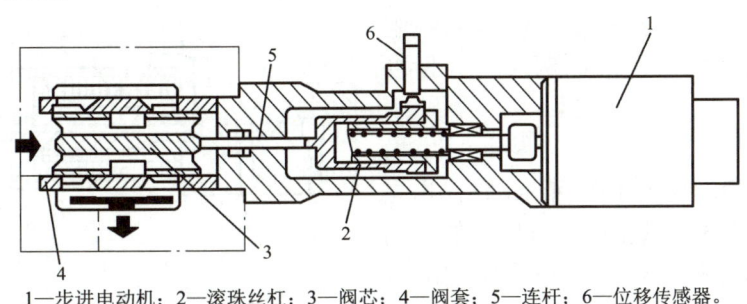

1—步进电动机;2—滚珠丝杠;3—阀芯;4—阀套;5—连杆;6—位移传感器。

图 4-63 由步进电动机直接驱动的数字式流量控制阀

2. 高速开关型数字阀

图 4-64 所示为由力矩马达与球阀组成的高速开关型数字阀。力矩马达得到由计算机输入的脉冲信号后，其衔铁偏转（图 4-64 所示为顺时针方向偏转），推动球阀 2 向下运动，关闭压力油口 P_P，油腔 L_2 与回油口 P_R 连通，球阀 4 在下端压力油（P_P 口的压力油）的作用下向上运动，P_P 口和 P_A 口开启。与此同时，球阀 1 因压力油（P_P 口的压力油）的作用下处于上方，油腔 L_1 与 P_P 口连通，球阀 3 向下关闭，切断 P_P 口与 P_R 口之间的通路。如果力矩马达的衔铁反向偏转，则压力油口 P_P 与回油口 P_R 连通，P_A 口被切断。由此可知，此数字阀为二位三通换向阀。

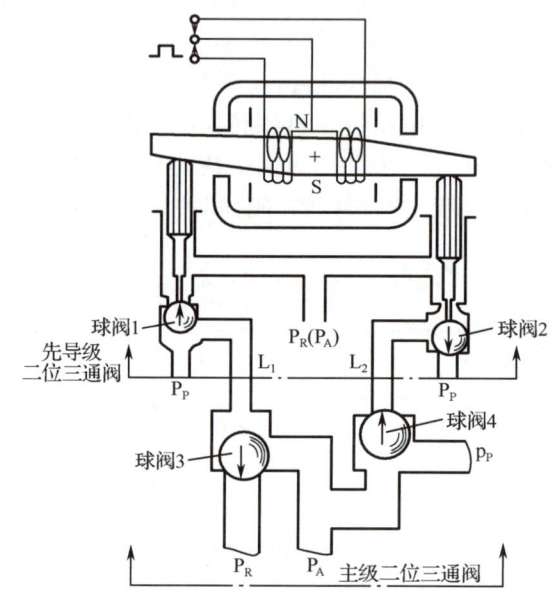

图 4-64 由力矩马达与球阀组成的高速开关型数字阀

4.8 电液比例阀

电液比例阀的性能介于普通液压阀和电液伺服阀之间，它可以根据输入的电信号大小，连续、成比例地对液压系统的参量（压力、流量及方向）进行远距离计算机控制，且在制造成本、抗污染等方面优于电液伺服阀，但其控制性能和精度不如电液伺服阀。

电液比例阀的主要结构与普通液压阀差别不大，只是电液比例阀均由比例电磁铁驱动（电-机械转换器）。电液比例阀可分为以下三种。

1. 电液比例压力阀

电液比例压力阀如图 4-65 所示，它作为先导阀，与普通溢流阀、减压阀、顺序阀的主阀组合可构成电液比例溢流阀、电液比例减压阀、电液比例顺序阀。

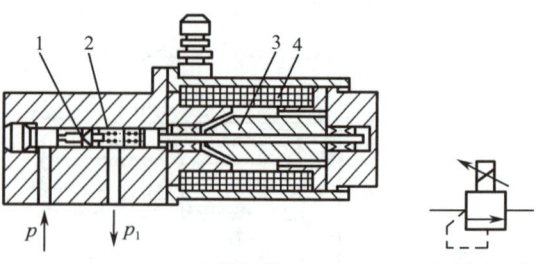

（a）结构图　　（b）图形符号

1—阀芯；2—传力弹簧；3—推杆；4—比例电磁铁。

图 4-65 电液比例压力阀

直接检测式电液比例溢流阀如图 4-66 所示。其中，R_1 和 R_3 表示液阻，I 表示输入电流。

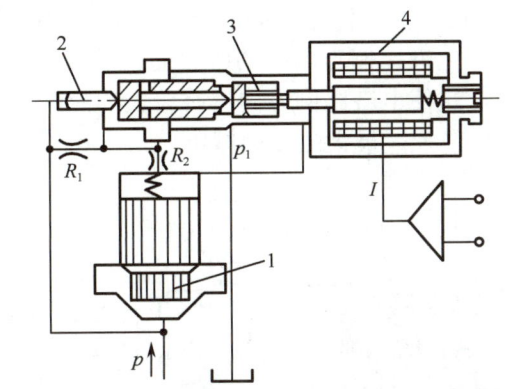

1—主阀阀芯；2—反馈推杆；3—先导阀阀芯；4—比例电磁铁。

图 4-66　直接检测式电液比例溢流阀

2. 电液比例流量阀

电液比例流量阀的流量调节作用通过改变节流口的开度实现，如图 4-67 所示。其中，R_1 和 R_2 表示液阻，p_A 和 p_B 分别表示输入口 A、输出口 B 的压力。电液比例流量阀与普通流量阀的主要区别是，用电-机械转换器取代原来的手调机构，来调节节流口的通流截面积，并使输出流量与输入信号成正比。

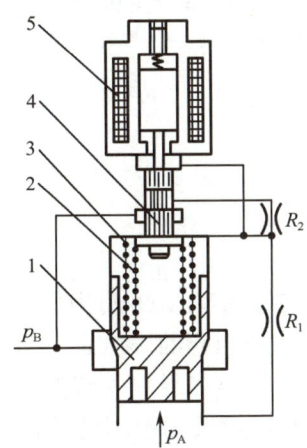

1—主阀阀芯；2—反馈弹簧；3—复位弹簧；4—先导阀阀芯；5—比例电磁铁。

图 4-67　电液比例流量阀

电液比例流量阀分为直动式电液比例流量阀和先导式电液比例流量阀。直动式电液比例流量阀只有一级液压放大功能，它的阀芯形式为转阀、滑阀或插装阀。旋转式电液比例流量阀由伺服电动机经减速后带动；移动式电液比例流量阀由比例电磁铁驱动。

3. 电液比例方向阀

电液比例方向阀具有液流方向和流量控制功能，如图 4-68 所示。在压差恒定的条件下，通过电液比例方向阀的流量与输入电信号成比例，而液流方向取决于比例电磁铁是否受到激励。常见的电液比例方向阀有二位四通电液比例方向阀和三位四通滑阀式电液比例方向阀。

由于电液比例方向阀是在开关型换向阀和电液伺服阀的基础上发展起来的，因此它们之间有很多异同点。

(1) 电液比例方向阀阀芯与阀套的径向间隙为 3~4μm, 与普通换向阀相当, 而电液伺服阀的配合间隙约为 0.5μm, 因此电液比例方向阀的抗污染能力比电液伺服阀强得多。

(2) 为了减少中位泄漏, 电液比例方向阀的阀芯通常具有一定的搭接量。搭接量一般为额定控制电流的 10%~15%, 这使电液比例方向阀有较大的死区。虽然死区达 10%以上, 但可在电子放大器中进行补偿, 使死区最大限度地减小。

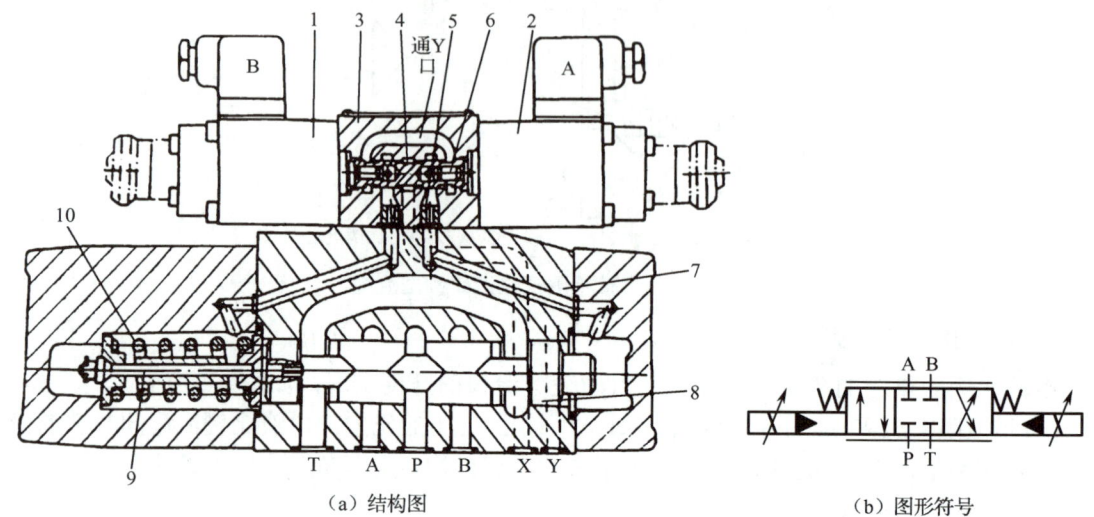

(a) 结构图　　　　　　　　(b) 图形符号

1、2—比例电磁铁; 3—先导阀体; 4—先导阀芯; 5—固定液阻; 6—反馈活塞;
7—主阀阀体; 8—主阀阀芯; 9—弹簧座; 10—主阀对中弹簧。

图 4-68　电液比例方向阀

4.9　电液伺服阀

电液伺服阀（Electro-Hydraulic Servo Valve）将电信号传递、处理的灵活性和大功率液压系统控制相结合, 可以对大功率、快速响应的液压系统实现远距离控制、计算机控制和自动控制。同时电液伺服阀也是将小功率的电信号输入转换为大功率的液压能（压力和流量）输出, 实现执行元件的位移、速度、加速度及力控制的一种装置。

电液伺服阀通常由力矩马达（或力马达）、液压放大器（前置放大器和功率级液压放大器）、反馈机构三部分组成, 如图 4-69 所示。

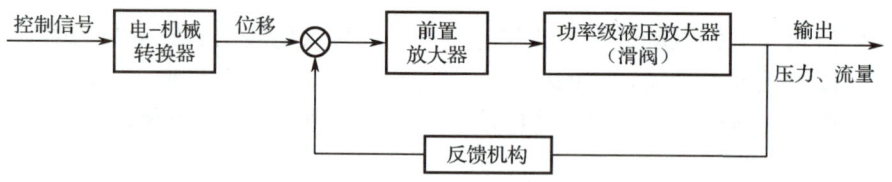

图 4-69　电液伺服阀的基本结构

在电液伺服阀中, 力矩马达（或力马达）的作用是将电信号转换为机械运动, 因此它是一个电-机械转换器。

电液伺服阀的分类如下。

1. 按液压放大级数分类

（1）单级伺服阀。此类阀结构简单、价格低廉，但由于力矩马达（或力马达）输出的力矩（或力）小、定位刚度小，因此阀的输出流量有限，对负载动态变化敏感，阀的稳定性在很大程度上取决于负载变化，容易产生不稳定状态。单级伺服阀只适用于低压、小流量和负载动态变化不大的场合。

（2）两级伺服阀。此类阀克服了单级伺服阀的缺点，是最常用的形式。

（3）三级伺服阀。此类阀通常由一个两级伺服阀作为前置级控制第三级，即功率级滑阀，功率级滑阀阀芯位移通过电气反馈形成闭环控制，从而实现功率级滑阀阀芯的定位。三级伺服阀通常只用于大流量的场合。

2. 按第一级阀的结构形式分类

按第一级阀的结构形式，电液伺服阀可分为滑阀、单喷嘴挡板阀、双喷嘴挡板阀、射流管阀、偏转板射流阀。

3. 按反馈形式分类

按反馈形式，电液伺服阀可分为滑阀位置反馈电液伺服阀、负载流量反馈电液伺服阀和负载压力反馈电液伺服阀三种。

4. 按力矩马达（或力马达）是否浸泡在油中分类

按力矩马达（或力马达）是否浸泡在油中，电液伺服阀可分为湿式电液伺服阀和干式电液伺服阀。湿式电液伺服阀可使力矩马达（或力马达）受到油液的冷却，但油液中存在的铁污物会使力矩马达（或力马达）的特性变坏。干式电液伺服阀可使力矩马达（或力马达）不受油液污染的影响。目前的电液伺服阀都采用干式电液伺服阀。

如图 4-70 所示，以喷嘴挡板阀为例，它由电-机械转换器、前置放大器、反馈机构组成。

（1）电-机械转换器用来将输入的电信号转换为旋转角度或直线位移输出，输出旋转角度的装置称为力矩马达，输出直线位移的装置称为力马达。

（2）前置放大器用于实现液压油控制功率的转换和放大。

（3）反馈机构是使电液伺服阀输出的流量或压力与输入电信号成比例的机构。液压放大器就是一种反馈机构，如图 4-71 所示，它由固定节流口 g、喷嘴 2、挡板 1（兼作放大器的力反馈弹簧）组成。

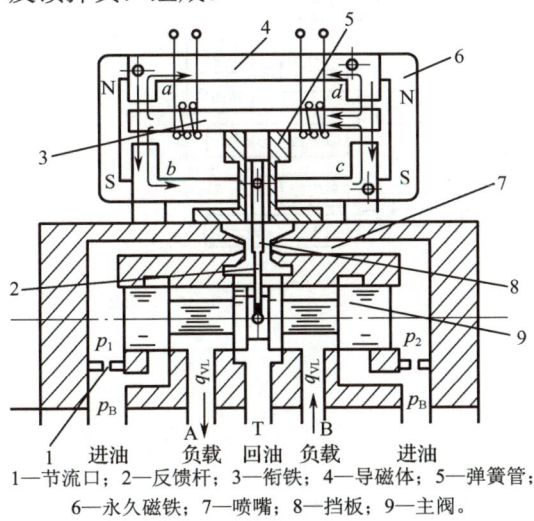

1—节流口；2—反馈杆；3—衔铁；4—导磁体；5—弹簧管；
6—永久磁铁；7—喷嘴；8—挡板；9—主阀。

图 4-70　喷嘴挡板阀

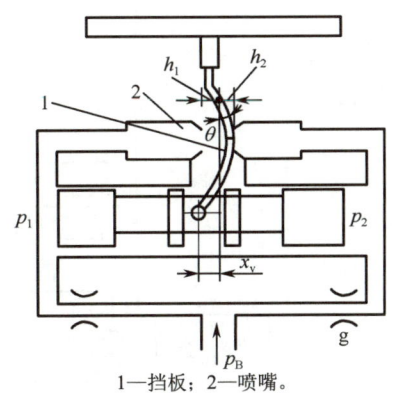

1—挡板；2—喷嘴。

图 4-71　液压放大器

课内思考题：

4-8 电液伺服阀中力矩马达的工作原理与动圈式电流表的工作原理类似，请说明其工作原理。

4.10 气动控制元件

气动控制元件按功能和作用可分为气动方向控制阀、气动压力控制阀和气动流量控制阀。

4.10.1 气动方向控制阀

气动方向控制阀和液压方向控制阀相似，其分类方法也大致相同，如图4-72所示。在气动系统中，改变压缩空气的流动方向和气流的通断，可以控制气动执行元件启动、停止运动及运动方向。按作用特点，气动方向控制阀可分为单向型气动方向控制阀和换向型气动方向控制阀，其阀芯结构主要有截止式和滑阀式两种。

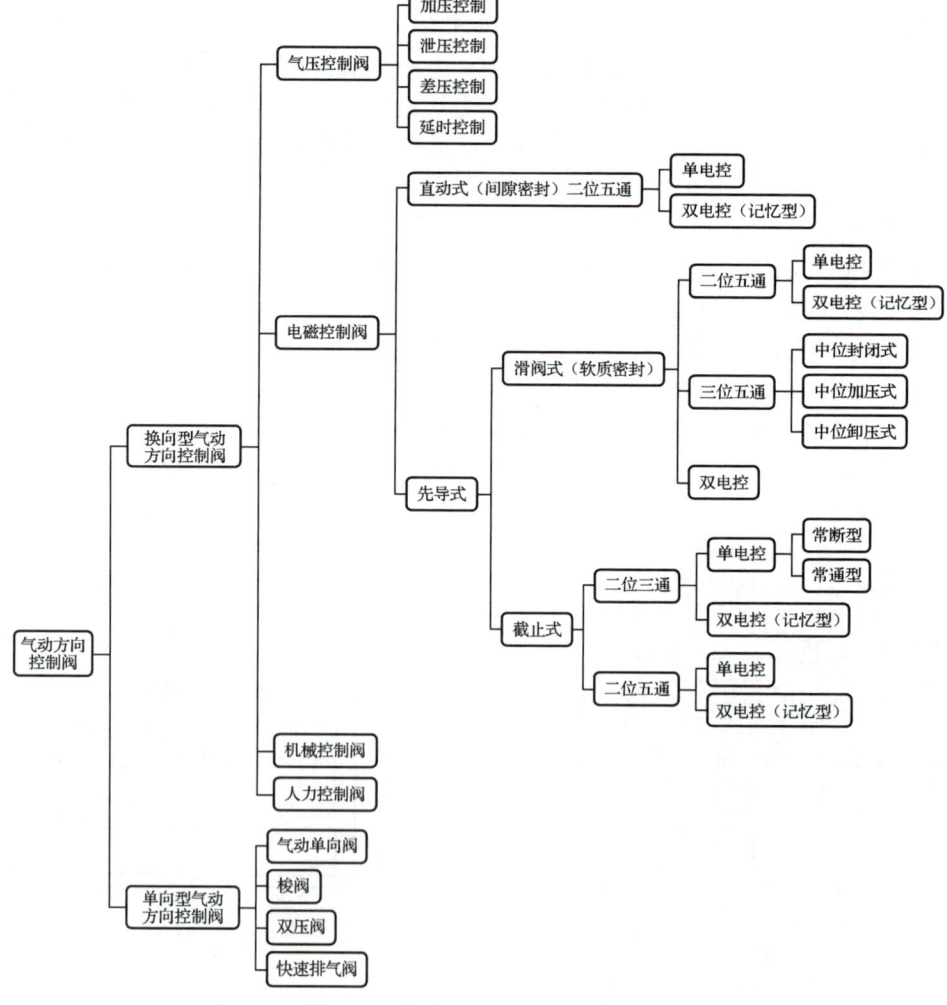

图 4-72 气动方向控制阀的分类

单向型气动方向控制阀包括气动单向阀、梭阀（或门型）、双压阀（与门型）和快速排气阀，其中气动单向阀与液压单向阀类似。

1. 梭阀（或门型）

在气动系统中，当 P_1 口和 P_2 口均可与 A 口相通，而不允许 P_1 口与 P_2 口相通时，采用梭阀。梭阀因阀芯像织布梭子一样来回运动而得名。梭阀相当于两个单向阀的组合。在气动逻辑回路中，梭阀起到或门的作用。

梭阀如图 4-73 所示。在图 4-73（a）中，当 P_1 口进气时，将阀芯推向右边，P_2 口被关闭，于是气流从 P_1 口到达 A 口；反之，气流从 P_2 口到达 A 口，如图 4-73（b）所示。梭阀的图形符号如图 4-73（c）所示。

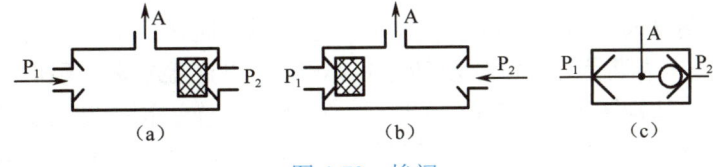

图 4-73　梭阀

2. 双压阀（与门型）

双压阀又称为与门型梭阀，该阀只有当两个输入口 P_1、P_2 同时进气时，A 口才有输出。双压阀如图 4-74 所示。当 P_1 口或 P_2 口单独进气时，如图 4-74（a）、（b）所示，A 口无输出；只有当 P_1 口、P_2 口同时进气时，A 口才有输出，如图 4-74（c）所示；当 P_1 口、P_2 口的气体压力不等时，气压低的一端的气体通过 A 口输出。双压阀的图形符号如图 4-74（d）所示。

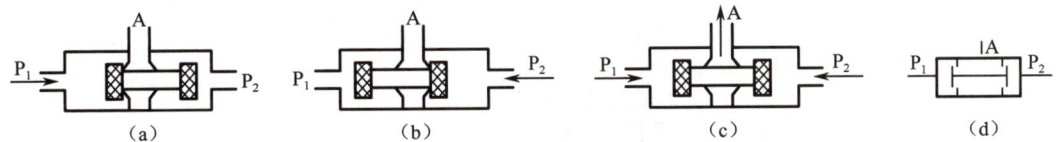

图 4-74　双压阀

3. 快速排气阀

快速排气阀简称快排阀，它通过快速排气来加快气缸运动速度。薄膜式快速排气阀如图 4-75 所示。当 P 口进气时，膜片 1 被压下封住排气口，气流经膜片四周小孔，从 A 口流出，同时关闭 T 口。当气流反向流动时，A 口气压将膜片顶起封住 P 口，A 口气体经 T 口迅速排出。快速排气阀常装在气缸和换向阀之间，用于使气缸的排气不经换向阀而快速排向大气。

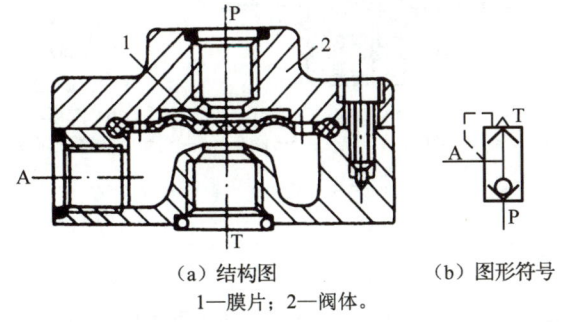

（a）结构图　　　　（b）图形符号
1—膜片；2—阀体。

图 4-75　薄膜式快速排气阀

4.10.2 气动压力控制阀

气动压力控制阀主要有减压阀、顺序阀和溢流阀。它们都是利用作用在阀芯上的流体（空气）压力和弹簧力相平衡的原理工作的。

4.10.2.1 减压阀

在气压传动中，一般先由空压机将空气压缩后储存在储气罐中，然后将压缩空气经管路输送给各传动装置使用。储气罐提供的空气压力高于各传动装置所需的压力，且压力波动也较大，因此必须在各传动装置入口处设置减压阀，以将入口处的空气压力降低到所需的压力，并使该压力保持稳定。

减压阀也称为调压阀，以出口压力为控制信号。减压阀按调节方式可分为直动式减压阀和先导式减压阀，按压力调节方式可分为溢流式减压阀、非溢流式减压阀和恒量排气式减压阀。

直动式减压阀的结构图如图4-76（a）所示。由于在工作过程中常会从溢流孔中排出少量气体，因此它属于溢流式减压阀，其图形符号如图4-76（b）所示。直动式减压阀不能用于工作介质有害的气路。当工作介质有害时，为了防止大气污染，应选用非溢流式减压阀（普通减压阀）。有些气动装置和气动实验设备对气源压力的精度要求较高，在这种情况下需要采用精密减压阀（又叫定值器）。

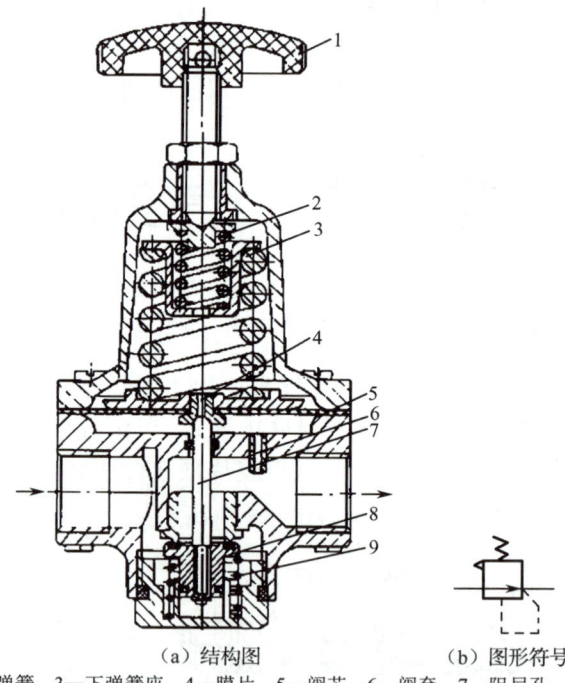

(a) 结构图　　(b) 图形符号

1—调整手柄；2—调压弹簧；3—下弹簧座；4—膜片；5—阀芯；6—阀套；7—阻尼孔；8—阀口；9—复位弹簧。

图4-76　直动式减压阀

4.10.2.2 单向顺序阀

气动顺序阀一般很少单独使用，通常使用由气动顺序阀和单向阀组成的单向顺序阀。单向顺序阀依靠气路中压力的作用控制执行元件的单向顺序动作，反向时单向阀打开，顺序阀不起作用。压缩空气进入气腔后，当作用在活塞3上的空气压力大于弹簧2的弹簧力时，活塞被顶起。压缩空气从 P 口经气腔由 A 口输出，如图 4-77（a）所示，此时单向阀 4 在压差及弹簧力的作用下处于关闭状态。当压缩空气反向流动时，原输入口 P 变成排气口 O，A 口空气压力将顶开单向阀由 O 口排气，如图 4-77（b）所示。通过调节旋钮 1 可以改变单向顺序阀的开启压力，以便在不同的开启压力下控制执行元件的单向顺序动作。单向顺序阀的图形符号如图 4-77（c）所示。

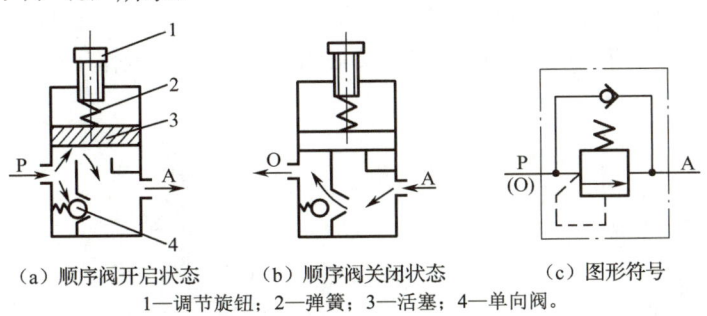

（a）顺序阀开启状态　（b）顺序阀关闭状态　（c）图形符号
1—调节旋钮；2—弹簧；3—活塞；4—单向阀。

图 4-77　单向顺序阀

4.10.2.3　溢流阀（安全阀）

当储气罐或回路中的压力超过设定的调定压力时，气流需经溢流阀排出，以保证气动系统的安全；当回路中仅靠减压阀的溢流孔排气难以保持执行机构的工作压力时，也可并联溢流阀作为安全阀使用。当气体作用在阀芯 3 上的力小于弹簧 2 的弹簧力时，溢流阀处于关闭状态，如图 4-78（a）所示；当气体作用在阀芯上的力大于弹簧力时，溢流阀开启，如图 4-78（b）所示；溢流后当系统压力小于调定压力时，溢流阀重新关闭。气动溢流阀的图形符号如图 4-78（c）所示。

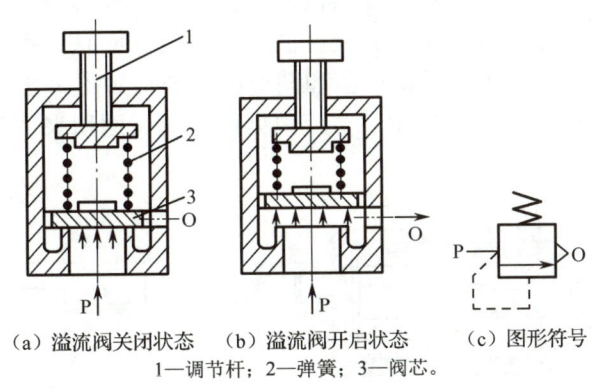

（a）溢流阀关闭状态　（b）溢流阀开启状态　（c）图形符号
1—调节杆；2—弹簧；3—阀芯。

图 4-78　气动溢流阀

4.10.3　气动流量控制阀

气动流量控制阀主要有节流阀、单向节流阀和排气节流阀等，它们都是通过改变节流口的通流截面积来实现流量控制的元件。

4.10.3.1　节流阀

圆柱斜切型气动节流阀如图 4-79 所示。压缩空气由 P 口进入，经节流后由 A 口输出。旋转阀芯螺杆，就可以改变节流口的开度，从而可以调节压缩空气的流量。这种节流阀由于结构简单、体积小，所以应用范围较广。

4.10.3.2 单向节流阀

单向节流阀是由单向阀和气动节流阀组成的单向起调速作用的阀，如图4-80所示。当气流由P口至A口正向流动时，单向阀在弹簧力和气压作用下关闭，气流经节流后由A口输出；当气流由A口至P口反向流动时，单向阀直接被打开，不起节流作用。

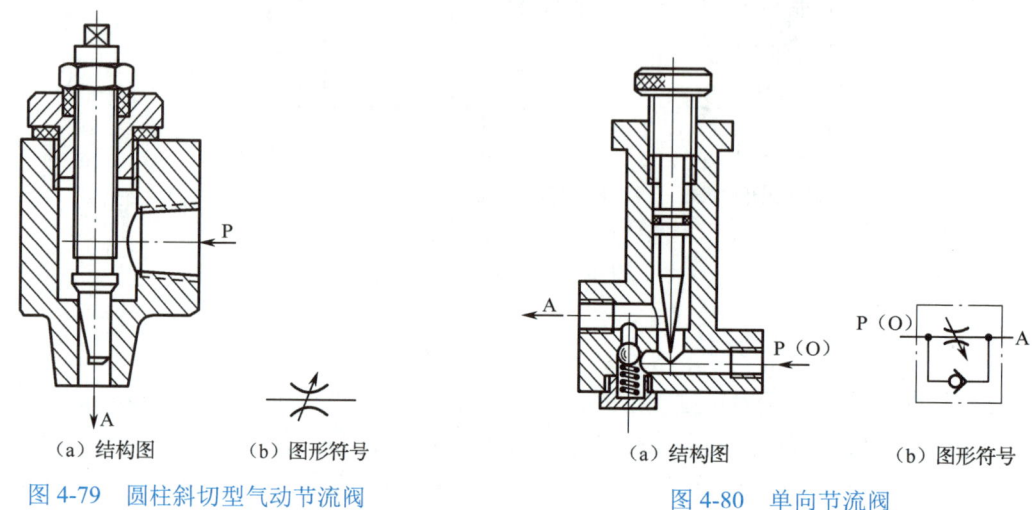

图4-79　圆柱斜切型气动节流阀　　　　　图4-80　单向节流阀

4.10.3.3 排气节流阀

排气节流阀是装在元件的排气口（如换向阀的排气口）处，用于调节排入大气的气体流量的一种气动控制阀。它不仅能调节执行元件的运动速度，而且还常带有消声结构，能起到减小排气噪声的作用。排气节流阀的结构图和图形符号分别如图4-81（a）、(b)所示。其工作原理和节流阀的工作原理类似，靠调节节流口处的通流截面积来调节排气流量，通过消声器来减小排气噪声。

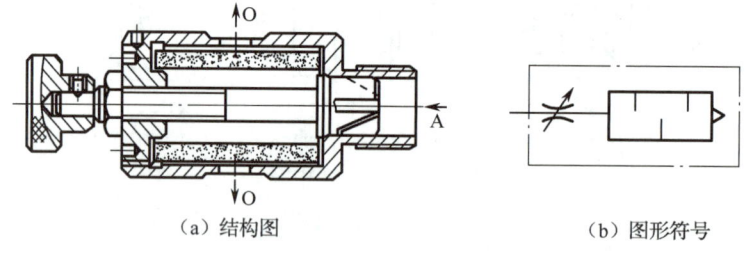

（a）结构图　　　　（b）图形符号

图4-81　排气节流阀

课后知识拓展：

2D 阀控制技术

2D 阀控制技术是应用于液压系统的一种新型阀控制技术，它将阀芯的旋转与轴向运动结合为一体，可以实现高压大流量控制。

课后思考题：

试分析 2D 阀控制技术的结构特点、工作原理及应用场合。

阀岛

阀岛（Valve Terminal）由德国 FESTO 公司最先发明并应用。阀岛是一种集气动电磁阀、控制器（具有多种接口且符合多种总线协议）、电输入输出部件（具有传感器输入接口，电输出、模拟量输入输出接口，ASI 控制网络接口）于一体的整套系统控制单元。

阀岛是新一代气电一体化控制器件，已从最初带多针接口的阀岛发展为带现场总线的阀岛，还发展出了可编程阀岛及模块式阀岛。阀岛技术和现场总线技术相结合，不仅可以确保电控阀的布线容易，而且大大地简化了复杂系统的调试、性能的检测和诊断及维护工作。

第 5 章
流体传动系统辅助元件

课前思考题：

观察小型泵站（见图 5-1）和大型泵站（见图 5-2）的外形，试思考它们的组成、工作原理、特点及应用。

图 5-1　小型泵站

图 5-2　大型泵站

5.1　液压辅助元件

在液压系统中，蓄能器、过滤器、油箱、管件、热交换器等属于辅助元件（Ancillary Component）。这些元件结构简单、功能单一，但对于液压系统的动态性能、工作稳定性、噪声、温升、可靠性等都有直接的影响。在液压辅助元件中，大部分元件都已实现标准化，并且有专业厂家进行生产，设计时可以直接选用。只有油箱等少量非标准件，其品种较少但设计要求却有较大的差异，有时需要根据液压设备的要求自行设计。

5.1.1　蓄能器

蓄能器（Accumulator）是一种能把液压能储存在耐压容器中，待有需要时再将其释放出来的能量储存装置。蓄能器是液压系统中的重要辅助元件，对保证系统正常运行、改善系统的动态性能、保持系统的工作稳定性、延长系统的使用寿命、减小噪声等起着重要的作用。在大型液压系统，特别是具有间歇性工况要求的液压系统中，蓄能器尤为重要。

5.1.1.1 蓄能器的类型和结构

蓄能器的类型多样，不同的液压系统对蓄能器功能的要求不同。针对蓄能器的类型、功能，要根据不同工况正确选择蓄能器。

蓄能器按加载方式可分为充气式蓄能器（Hydro-Pneumatic Accumulator）、弹簧式蓄能器（Spring-Loaded Accumulator）和重锤式蓄能器（Weight-Loaded Accumulator）。

充气式蓄能器的工作原理以玻意耳定律（Boyle's Law）（$pV^n=K=$常数）为基础，通过压缩气体完成能量转换，在使用时要先向蓄能器中充入预定压力的气体。当系统压力高于蓄能器内部压力时，油液压缩气体，将油液的压力能转换为气体内能；当系统压力低于蓄能器内部压力时，蓄能器中的油液在高压气体的作用下流向外部系统，释放能量。充气式蓄能器按结构可分为管路消振器、气液直接接触式蓄能器、活塞式蓄能器［见图 5-3（a）］、隔膜式蓄能器、气囊式蓄能器［见图 5-3（b）］等。

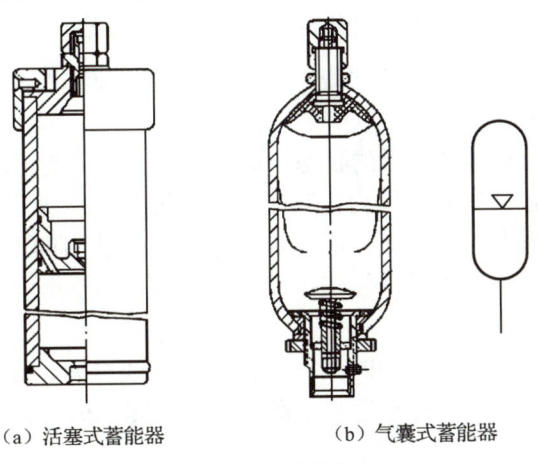

(a) 活塞式蓄能器　　(b) 气囊式蓄能器

图 5-3　充气式蓄能器

弹簧式蓄能器如图 5-4（a）所示，它依靠压缩弹簧把液压系统中的过剩压力能转换为弹簧势能储存起来，待有需要时再将其释放出来，其结构简单、成本较低。因为弹簧伸缩量有限，而且弹簧的伸缩对压力变化不敏感，所以其消振功能差，只适用于小容量、低压系统，或者用作缓冲装置。

重锤式蓄能器如图 5-4（b）所示，它通过提升加在密封活塞上的质量块把液压系统中的压力能转换为重力势能储存起来，其结构简单、压力稳定。其缺点是安装局限性大、只能垂直安装、不易密封、质量块惯性大、不灵敏。重锤式蓄能器仅供暂存能量使用。

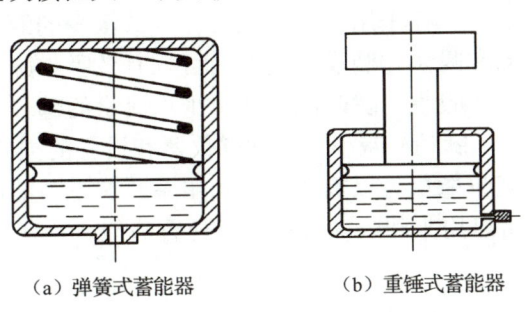

(a) 弹簧式蓄能器　　(b) 重锤式蓄能器

图 5-4　弹簧式蓄能器和重锤式蓄能器

5.1.1.2 蓄能器的工作原理

图 5-5 所示为蓄能器的工作原理示意图。蓄能器基本上由四个部分组成：壳体 1、隔层 3、隔层上的可压缩气体 2（或重锤、弹簧），以及隔层下与系统相连的工作液体 4。

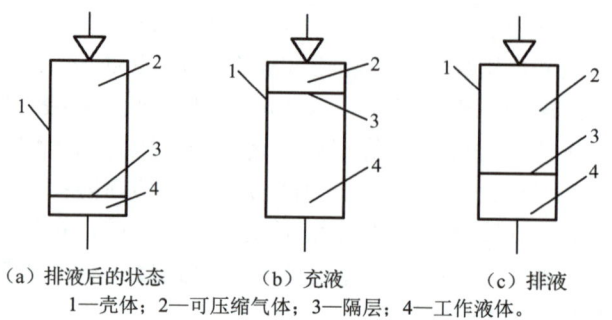

（a）排液后的状态　（b）充液　（c）排液
1—壳体；2—可压缩气体；3—隔层；4—工作液体。

图 5-5　蓄能器的工作原理示意图

蓄能器的工作过程可分为充液（储能）、排液（释放）两个阶段。

（1）充液（储能）阶段。

图 5-5（a）所示为蓄能器排液后的状态，这时隔层上、下的可压缩气体（或重锤、弹簧）和工作液体处于平衡状态。当系统压力升高时，工作液体的压力也随之增高，会破坏原来的平衡状态，在工作液体压力的作用下，隔层向上移动，系统中的工作液体进入蓄能器，直至达到平衡状态，如图 5-5（b）所示。

（2）排液（释放）阶段。

当系统压力低于工作液体的压力时，在气体压力（或重力、弹簧力）的作用下，隔层向下移动，工作液体向系统排放，直至达到平衡状态，如图 5-5（c）所示。

5.1.1.3 蓄能器的功能

蓄能器的功能主要包括储存能量，吸收液压冲击能量，消除脉动、减小噪声和回收能量。

（1）储存能量。这类功能在实际使用中又可细分为以下 5 种：①作为辅助动力源；②补偿泄漏；③补偿热膨胀；④作为紧急动力源；⑤构成恒压油源。

（2）吸收液压冲击能量。换向阀的突然换向、执行元件运动的突然停止都会在液压系统中产生液压冲击，使系统压力在短时间内快速升高，造成仪表、执行元件和密封元件等的损坏，并产生振动和噪声。为了保证液压冲击能量的吸收效果，蓄能器应装设在冲击点附近。一般将蓄能器装设在控制阀或液压缸等冲击源之前，可以很好地吸收液压冲击能量。

（3）消除脉动、减小噪声。在采用柱塞泵且其柱塞数较少的液压系统中，柱塞泵流量周期性变化会使系统产生振动和噪声。装设蓄能器，可以有效吸收脉动的能量。瞬时流量高于平均流量的部分油液被蓄能器吸收，瞬时流量低于平均流量的部分油液由蓄能器补充，这样就吸收了脉动的能量，消除了脉动，减小了对敏感仪器和设备的损坏程度，同时减小了噪声。

（4）回收能量。通过回收能量可以提高能量利用率，这是节能的一个重要途径。蓄能器因为可以暂存能量，所以可以用来回收多种动能、位置势能。

5.1.1.4 蓄能器的参数计算

容量是选用蓄能器的依据，其大小视用途而定，下面以气囊式蓄能器为例加以说明。

1. 蓄能器作为辅助动力源时的容量计算

当蓄能器作为辅助动力源时，蓄能器储存和释放的压力油与气囊中气体体积的变化量相等，而气体状态的变化遵守玻意耳定律，即

$$p_0 V_0^n = p_1 V_1^n = p_2 V_2^n \quad (5\text{-}1)$$

式中，p_0——气囊的充气压力；

V_0——气囊充气的体积，由于此时气囊充满壳体内腔，所以 V_0 也就是蓄能器容量；

p_1——系统最高工作压力，即泵对蓄能器充油结束时的压力；

V_1——气囊被压缩后对应于 p_1 时的气体体积；

p_2——系统最低工作压力，即蓄能器向系统供油结束时的压力；

V_2——气体膨胀后对应于 p_2 时的气体体积；

n——与气体变化过程有关的指数。

体积差 $\Delta V = V_2 - V_1$ 为供给系统油液的有效体积，将其代入式（5-1），即可求得蓄能器容量 V_0，即

$$V_0 = \frac{\Delta V \left(\dfrac{p_2}{p_0}\right)^{1/n}}{1 - \left(\dfrac{p_2}{p_1}\right)^{1/n}} \quad (5\text{-}2)$$

p_0 在理论上可与 p_2 相等，但是为了保证在 p_2 时蓄能器仍有能力补偿系统泄漏，应使 $p_0 < p_2$，一般取 $p_0 = (0.8 \sim 0.85) p_2$。

当蓄能器用于保压和补充泄漏时，气体压缩过程缓慢，与外界的热交换得以充分进行，可视作等温变化过程，这时取 $n=1$；当蓄能器作为辅助或应急动力源时，释放液体的时间短，气体快速膨胀，与外界的热交换不充分，可视为绝热过程，这时取 $n=1.4$。在实际工作中，气体状态的变化在绝热过程和等温过程之间，因此取 $n=1 \sim 1.4$。

2. 蓄能器用于吸收液压冲击能量时的容量计算

当蓄能器用于吸收液压冲击能量时，蓄能器容量的计算与管路布置、液体流动状态、阻尼及泄漏等因素有关。可按经验公式计算吸收最大液压冲击能量时所需要的蓄能器最小容量 V_0，即

$$V_0 = \frac{0.004 q p_2 (0.0164 L - t)}{p_2 - p_1} \quad (5\text{-}3)$$

式中，q——阀口关闭前管内流量；

p_1——阀口关闭前管内压力；

p_2——允许的最大冲击力；

L——发生冲击的管长，即压力油源到阀口的管道长度；

t——阀口关闭的时间（单位为 s），瞬时关闭时取 $t=0$。

5.1.1.5 蓄能器的安装、使用与维护

蓄能器的安装、使用与维护应注意的事项如下。

（1）蓄能器作为一种压力容器，必须选用有完善质量体系保证并取得有关部门认可的产品。

（2）在选择蓄能器时必须考虑其与液压系统工作介质的相容性。

(3) 气囊式蓄能器应垂直安装，油口向下，否则会影响气囊的正常收缩。

(4) 蓄能器用于吸收液压冲击能量和压力脉动能量时，应尽可能安装在振动源附近；蓄能器用于补充泄漏，使执行元件保压时，应尽量靠近该执行元件。

(5) 安装在管路中的蓄能器必须用支架或支承板加以固定。

(6) 蓄能器与管路之间应安装截止阀，以便于进行充气检修；蓄能器与液压泵之间应安装单向阀，以防止液压泵停车或卸荷时蓄能器内的液压油倒流回液压泵。

5.1.2 过滤器

据统计，液压系统中有 70%～80%的故障和液压油的污染有关。液压油被污染，如液压油中混入颗粒状杂质或液压油自身氧化生成氧化物等，会造成液压元件相对运动表面的磨损、滑阀卡滞、节流口堵塞等，使系统工作可靠性大大降低。目前，在液压系统中安装具有一定精度的过滤器（Filter），是保证液压系统正常工作的必要手段。

过滤器的主要功能是滤除液压油中的杂质、维持液压油的清洁、防止液压油被污染，从而保证液压系统正常工作。

5.1.2.1 过滤精度

过滤器的过滤精度是指滤芯能够滤除的最小杂质颗粒的大小，以杂质颗粒直径 d 作为公称尺寸来表示。过滤器按过滤精度可分为粗过滤器（$d<100\mu m$）、普通过滤器（$d<10\mu m$）、精过滤器（$d<5\mu m$）、特精过滤器（$d<1\mu m$）。各种液压系统的过滤精度要求如表 5-1 所示。

表 5-1 各种液压系统的过滤精度要求

系统类别	润滑系统	传动系统			伺服系统
工作压力/MPa	0～2.5	<14	14～32	>32	≤21
过滤精度/μm	≤100	25～50	≤25	≤10	≤5

一般对过滤器的基本要求如下。

(1) 能满足液压系统对过滤精度的要求，即能阻挡一定尺寸的杂质颗粒进入液压系统。

(2) 滤芯应有足够的强度，不会因压力而损坏。

(3) 通流能力大，压力损失小。

(4) 易于清洗或更换滤芯。

5.1.2.2 过滤器的种类和典型结构

过滤器按过滤材料的过滤原理可分为表面型过滤器、深度型过滤器和磁性过滤器三种，按滤芯的材料与结构形式可分为网式过滤器、线隙式过滤器、纸质滤芯式过滤器和烧结式过滤器等，按安放的位置可分为吸滤器、压滤器和回油过滤器。考虑到液压泵的自吸性能，吸滤器多为粗过滤器。

1. 表面型过滤器

表面型过滤器的滤芯表面与液压系统的工作介质接触，就像筛网一样把污物阻留在其外表面上。最常用的表面型过滤器有网式过滤器和线隙式过滤器，分别如图 5-6（a）和（b）所示。

网式过滤器的滤芯以铜网为过滤材料，在周围开有很多孔的塑料或金属筒形骨架上包着一层或两层铜网，其过滤精度取决于铜网层数和网孔的大小。网式过滤器结构简单、通流能力大、清洗方便，但过滤精度低，一般用在液压泵的吸油口。

线隙式过滤器用钢线或铝线密绕在筒形骨架的外部来组成滤芯，依靠铜丝间的微小空隙滤除混到液压油中的杂质。线隙式过滤器结构简单、通流能力大，过滤精度比网式过滤器高，但不易清洗，多为回油过滤器。

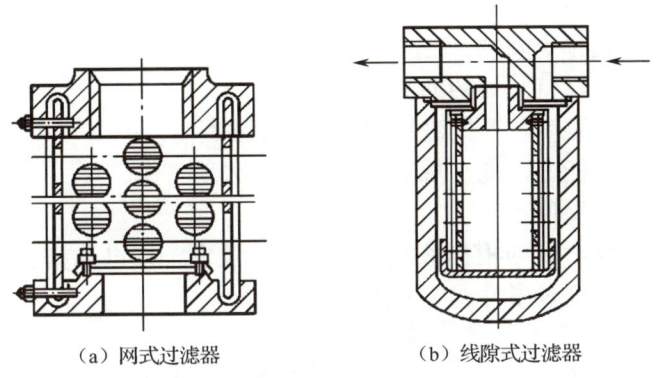

(a) 网式过滤器　　(b) 线隙式过滤器

图 5-6　过滤器

2. 深度型过滤器

深度型过滤器的滤芯由多孔可透性材料制成，材料内部具有曲折迂回的通道，尺寸大于表面孔径的杂质颗粒直接被拦截在靠近液压油上游的外表面上，而较小的杂质颗粒进入过滤材料内部，撞到通道壁上，滤芯的吸附作用及曲折迂回的通道有利于杂质颗粒的沉积和截留。这种滤芯材料有纸芯、烧结金属、毛毡和各种纤维等。

纸芯式过滤器如图 5-7（a）所示，其滤芯是由平纹或波纹的酚醛树脂或木浆微孔滤纸制成的，将纸芯围绕在带孔的、由镀锡铁制成的骨架上，以提高强度。为增大过滤面积，纸芯一般做成折叠形。它的过滤精度较高，一般用于液压油的精过滤，但堵塞后无法清洗，需要经常更换滤芯。

烧结式过滤器如图 5-7（b）所示，其滤芯是由金属粉末烧结而成的，利用颗粒间的微孔来挡住液压油中的杂质通过。其滤芯能承受高压，且抗腐蚀性好、过滤精度高，适用于要求精过滤的高压、高温液压系统。

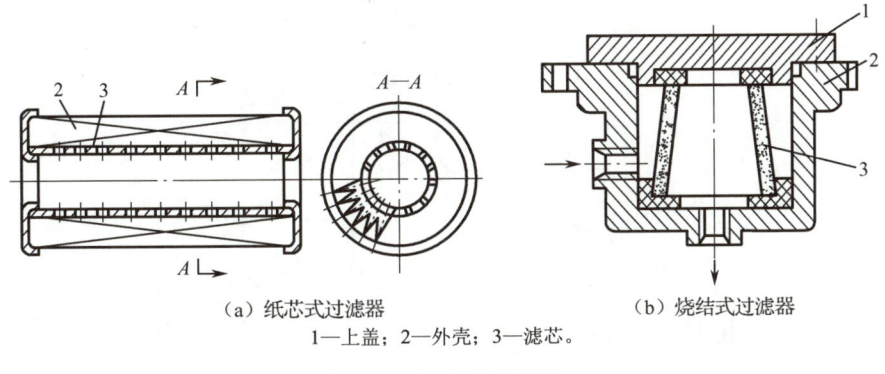

(a) 纸芯式过滤器　　(b) 烧结式过滤器
1—上盖；2—外壳；3—滤芯。

图 5-7　深度型过滤器

3. 磁性过滤器

磁性过滤器的工作原理是利用磁铁吸附液压油中的铁质颗粒，但对其他杂质颗粒不起作用，常与其他形式的滤芯一起制成复合式过滤器，适用于金属切削机床的液压系统。

5.1.2.3 过滤器的选用原则、安装位置及应注意的问题

1. 过滤器的选用原则

在选用过滤器时，要考虑下列5点。

（1）过滤精度应满足预定要求。

（2）能在较长时间内保持足够的通流能力。

（3）滤芯具有足够的强度，不因液压力的作用而损坏。

（4）滤芯的抗腐蚀性能好，能在规定的温度下持久地工作。

（5）滤芯清洗或更换简便。

因此，在选择过滤器时，应根据液压系统的技术要求，按过滤精度、通流能力、工作压力、液压油黏度、工作温度等条件选定其型号。

2. 过滤器的安装位置及应注意的问题

如图5-8所示，过滤器在液压系统中的安装位置通常有以下5种。

（1）安装在液压泵的吸油口处。液压泵的吸油路上一般都会安装表面型过滤器，目的是滤除较大的杂质颗粒以保护液压泵。此外，过滤器的过滤能力应为液压泵流量的两倍以上，压力损失应小于0.02MPa。

（2）安装在系统分支油路上。

（3）安装在液压泵的出口油路上。在出口油路上安装过滤器的目的是滤除可能侵入阀类等元件的污染物，其过滤精度应为10～15μm，且应能承受油路上的工作压力和冲击压力，压力降应小于0.35MPa。同时应安装安全阀，以防过滤器堵塞。

（4）安装在系统的回油路上。在回油路上安装过滤器起间接过滤作用，一般与过滤器并联安装一个背压阀，当过滤器堵塞，达到一定压力值时，背压阀打开。

（5）组成单独的过滤回路。大型液压系统可专设由液压泵和过滤器组成的单独的过滤回路。

液压系统中除整个系统所需的过滤器外，还常常在一些重要元件（如电液伺服阀、精密节流阀等）的前面单独安装一个专用的精过滤器来确保它们的正常工作。

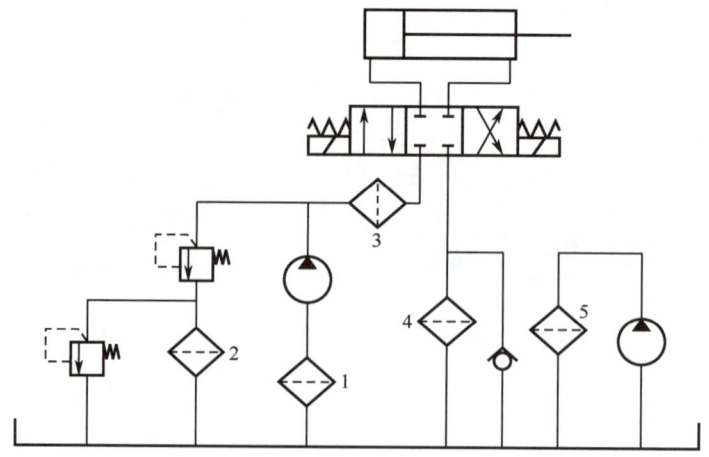

图5-8 过滤器的安装位置

5.1.3 油箱

5.1.3.1 油箱的作用和种类

油箱（Reservoir 或 Tank）的基本功能：储存工作介质，散发系统在工作过程中产生的热量，分离液压油中混入的空气、沉淀污染物及杂质。

按油面是否与大气相通，油箱可分为开式油箱与闭式油箱。开式油箱广泛用于一般的液压系统，闭式油箱用于水下和高空无稳定气压的场合。

油箱有整体式油箱和分离式油箱两种。整体式油箱利用主机的内腔作为油箱，这种油箱结构紧凑，各处的漏油易于回收，但增加了设计和制造的复杂性，维修不便，散热条件不好，且会使主机产生热变形。分离式油箱单独设置，与主机分开，它布置灵活，维护方便，可减少油箱发热和液压振动对主机工作精度的影响，便于设计成通用化、系列化的产品，因此得到了广泛的应用。

5.1.3.2 油箱的基本结构和设计

1. 油箱的基本结构

以小型分离式油箱为例，其典型结构如图 5-9 所示，油箱内部用隔板 7、9 将吸油管 2 与回油管 4 隔开。顶部、侧部和底部分别装有过滤网 1、液位计 6 和排放污油的放油阀 8。用于安装液压泵及其驱动电动机的安装板 5 固定在油箱顶面。

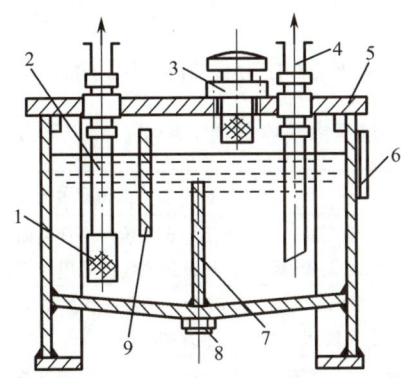

1—过滤网；2—吸油管；3—空气滤清器；4—回油管；5—安装板；6—液位计；7、9—隔板；8—放油阀。

图 5-9 小型分离式油箱的典型结构

2. 油箱的设计

在初步设计油箱时，油箱的有效容量 V 可按下述经验公式确定：

$$V = mq_p \tag{5-4}$$

式中，q_p——液压泵的流量；

m——经验系数，低压系统中 $m=2\sim 4$，中压系统中 $m=5\sim 7$，中高压或高压系统中 $m=6\sim 12$。

下面根据图 5-9 所示的小型分离式油箱的典型结构分述设计要点。

（1）液压泵的吸油管与系统回油管之间的距离应尽可能远一些，管口都应插到最低液面以下，但到油箱底的距离要大于管径的 2~3 倍，以免吸空和飞溅起泡。在吸油管端部安装的过滤器，其到箱壁的距离要为管径的 3 倍，以便四面进油。回油管口应截成 45°斜角，以增大回流截面，并使斜面对着箱壁，以利于散热和沉淀杂质。

（2）在油箱中设置隔板，将吸油管与回油管隔开，迫使液压油循环流动，以利于散热和沉淀杂质。

（3）设置空气滤清器与液位计。空气滤清器的作用是使油箱与大气相通，保证液压泵的自吸能力，滤除空气中的灰尘杂物，有时兼作加油口，它一般布置在顶盖上靠近油箱边缘处。

（4）设置放油口与清洗窗口。将油箱底面做成斜面，在最低处设放油口，平时用螺塞或放油阀堵住，换油时将其打开放走污油。为了便于换油时清洗油箱，大容量的油箱一般均在侧壁设置清洗窗口。

（5）最高油面只允许达到油箱高度的80%；油箱底脚高度应在150mm以上，以便散热、搬移和放油；油箱四周要有吊耳，以便起吊装运。

（6）油箱正常工作温度应在15～66℃范围内，必要时应安装温度控制系统，或者设置加热器和冷却器。

5.1.4 管道

液压系统中的管道、管接头和法兰等统称为管件，其功能是连接液压元件和输送液压油。管件应保证具有足够的强度，且应具有密封性好、无泄漏、压力损失小和拆装方便等特点。根据工作压力、安装位置确定管件的连接结构；与泵、阀等连接的管件应由其接口尺寸决定管径。

5.1.4.1 管道的分类及应用

液压系统中管道的种类、特点和应用场合如表5-2所示。

表5-2 液压系统中管道的种类、特点和应用场合

种类		特点和应用场合
硬管	钢管	耐油、耐高压、强度高、工作可靠，但装配时不便弯曲，常在拆装方便处用于压力管路。中压及以上液压系统中采用无缝钢管，低压液压系统中采用焊接钢管
	纯铜管	价格高、承压能力低（6.5～10MPa），抗冲击和振动能力差，易使液压油氧化，但易弯曲成各种形状，常用在仪表和液压系统装配不方便的场合
软管	塑料管	耐油、价格低、装配方便，长期使用易老化，只适用于压力低于0.5MPa的回油管路或泄油管路
	尼龙管	乳白色、透明，可观察液体流动情况，价格低，加热后可随意弯曲，扩口、冷却后定形，安装方便，承压能力因材料而异（2.5～8MPa）
	橡胶软管	用于相对运动部件的连接，分为高压橡胶软管和低压橡胶软管两种。高压橡胶软管由耐油橡胶夹几层钢丝编织网（层数越多，耐压越高）制成，价格高，常用于压力管路。低压橡胶软管由耐油橡胶夹帆布制成，用于回油管路

5.1.4.2 管道的尺寸计算

管道的内径 d 和壁厚 δ 可采用式（5-5）、式（5-6）计算，并且需要圆整为标准数值：

$$d = 2\sqrt{\frac{q}{\pi[v]}} \qquad (5-5)$$

$$\delta = \frac{pdn}{2[\sigma_b]} \qquad (5-6)$$

式中，[v]——允许流速（推荐值：吸油管为 0.5～1.5m/s，回油管为 1.5～2m/s，压力油管为 2.5～5m/s，控制油管为 2～3m/s，橡胶软管应小于 4m/s）；

　　　n——安全系数（对于钢管，当 $p \leqslant 7MPa$ 时，$n=8$；当 $7MPa<p \leqslant 17.5MPa$ 时，$n=6$；当 $p>17.5MPa$ 时，$n=4$）；

　　　$[\sigma_b]$——管道材料的抗拉强度，可由材料手册查出。

5.1.4.3 管道的安装要求

管道的安装要求如下。

（1）管道应尽量短，最好横平竖直，拐弯要少。为了避免管道产生皱褶，减小压力损失，管道的弯曲半径要足够大，当管道悬伸较长时要适当设置管夹及支架。

（2）管道应尽量避免交叉，平行管距要大于 10mm，以防止产生干扰和振动，以及便于安装管接头。

（3）软管在直线安装时要有一定的余量，以适应油温变化、受拉和振动产生的长度变化的需要。软管的弯曲半径要大于软管外径的 10 倍，弯曲处到管接头的距离至少要等于软管外径的 6 倍。

5.1.5 管接头

管接头是油管与液压元件、油管与油管之间可拆卸的连接件。管接头必须有足够的强度，在压力冲击和振动下要保持管路的密封性，并且要具有连接牢固、外形尺寸小、加工工艺性好、压力损失小等特点。管接头种类繁多，具体规格品种可查阅有关手册。

管接头的接头螺纹分类如下。

（1）NPT（National Pipe Thread）：60°密封锥管螺纹，美国标准，用于北美地区。

（2）PT（Pipe Thread）：55°密封锥管螺纹，欧洲标准，常用于水及煤气管行业，锥度规定为 1：16。

（3）G：55°非螺纹密封管螺纹，我国国家标准螺纹。

（4）Rc：密封型圆锥内管螺纹，牙型角为 55°。

（5）M：米制螺纹，也称公制螺纹，牙型角为 60°。

公制螺纹用螺距来表示，美、英制螺纹用每英寸内的螺纹牙数来表示。

5.1.5.1 硬管接头

目前用于硬管连接的管接头主要有扩口式管接头［见图 5-10（a）］、卡套式管接头［见图 5-10（b）］和焊接式管接头［见图 5-10（c）］，它们的具体特点如下。

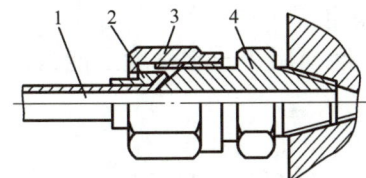
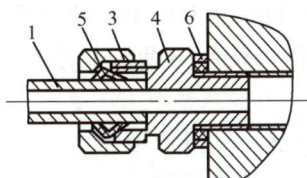
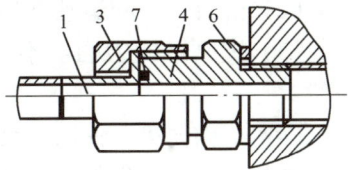

（a）扩口式管接头　　　　　　　　（b）卡套式管接头　　　　　　　　（c）焊接式管接头

1—接管；2—导套；3—接头螺母；4—接头体；5—卡套；6—组合密封圈；7—O 形密封圈。

图 5-10　硬管接头

扩口式管接头适用于紫铜管、薄钢管、尼龙管和塑料管等低压管道的连接，拧紧接头螺母，通过导套使管压紧密封。

对于卡套式管接头，拧紧接头螺母后，卡套发生弹性变形可将管夹紧。卡套式管接头对轴向尺寸要求不严，拆装方便，但对连接用管道的尺寸精度要求较高。

对于焊接式管接头，接管与接头体之间的密封方式有球面、锥面接触密封和平面加 O 形密封圈密封。前者安装要求低，耐高温，但密封可靠性稍差，适用于工作压力不高的液压系统；后者密封性好，可用于高压系统。

5.1.5.2 软管接头

橡胶软管接头根据管径和所用胶管钢丝层数的不同，工作压力在 6～40MPa 范围内。用于连接软管的橡胶软管接头主要为扣压式橡胶软管接头，如图 5-11 所示。

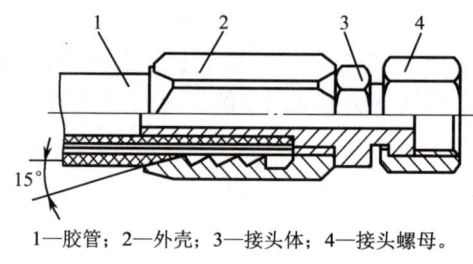

1—胶管；2—外壳；3—接头体；4—接头螺母。

图 5-11　扣压式橡胶软管接头

5.1.6　密封元件

密封元件是用来防止液压系统中油液的内、外泄漏及外界灰尘和异物的侵入，保证系统建立所需工作压力的装置。密封元件的性能直接影响液压系统的工作性能和效率，是衡量液压系统性能的一个重要指标。液压系统如果密封不良，则可能会出现不允许的外泄漏，外漏的油液将会污染环境，还可能会使空气进入吸油腔，影响液压泵的工作性能和液压执行元件运动的平稳性（出现"爬行"现象）。当泄漏严重时，系统容积效率过低，会导致工作压力达不到要求值。若密封过度，则虽可防止泄漏，但会造成密封部分的剧烈磨损，缩短密封元件的使用寿命，增大液压元件内的运动摩擦阻力，降低系统的机械效率。因此，合理选用和设计密封元件在液压系统的设计中十分重要。

液压系统对密封元件的要求如下。

（1）在一定的工作压力和温度范围内，应具有良好的密封性能，并且随着压力的升高能自动提高密封性能。

（2）密封元件和运动部件之间的摩擦力要小，摩擦系数要稳定。

（3）抗腐蚀能力强，不易老化，使用寿命长，耐磨性好，磨损后在一定程度上能自动补偿。

（4）结构简单，使用、维护方便，价格低廉。

密封按密封元件的运动特性可分为静密封和动密封。静密封是密封元件在两个固定连接件间受压的密封，其分类如表 5-3 所示。动密封是密封元件安装在两个相对运动部件之间的密封，其分类如表 5-4 所示。

表 5-3 静密封的分类

分类	主要密封装置
非金属密封	O 形密封圈
	橡胶垫片
	聚四氟乙烯生料带
半金属密封	组合密封圈
金属密封	金属密封圈
	空心金属 O 形密封圈
液态密封	密封胶

表 5-4 动密封分类

分类		主要密封装置
非接触式密封	间隙密封	间隙
接触式密封	自封式压紧型密封	O 形密封圈
		滑环组合 O 形密封圈
		异形密封圈
		其他
	自封式自紧型密封（唇形密封）	Y 形密封圈
		V 形密封圈
		组合 U 形密封圈
		复合唇形密封圈
		双向组合唇形密封圈
		其他
	活塞环密封	金属活塞环
	导向支承件密封	导向支承环
	旋转轴油封	油封
	防尘密封	防尘圈

5.1.6.1 常用密封元件的结构特点

密封按密封元件的工作原理可分为非接触式密封和接触式密封。前者主要是指间隙密封，后者是指密封元件密封。

1. 间隙密封

间隙密封（见图 5-12）是靠相对运动部件配合面之间的微小间隙来进行密封的，常用于柱塞、活塞或阀的圆柱配合副中，一般在阀芯的外表面开有几条等距离的均压槽。同时，均压槽所形成的阻力，对减少泄漏也有一定的作用。

间隙密封的优点是摩擦力小，缺点是磨损后不能自动补偿，主要用于直径较小的圆柱面之间，如柱塞泵内的柱塞与缸体之间、滑阀的阀芯与阀孔之间。

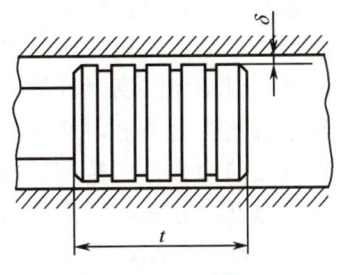

图 5-12 间隙密封

2. O形密封圈

O形密封圈一般用耐油橡胶制成,其横截面呈圆形,它具有良好的密封性能,内、外侧和端面都能起到密封作用,结构紧凑,运动部件的摩擦阻力小,制造容易、拆装方便、成本低,且在高低压场合均可以使用,所以在液压系统中得到了广泛的应用。

图5-13(a)所示为O形密封圈的结构图,图5-13(b)所示为O形密封圈被装入密封沟槽的情况。其中,δ_1、δ_2为O形密封圈装配后的预压缩量,通常用压缩率W表示,即

$$W = (d_0 - h)/d_0 \times 100\% \tag{5-7}$$

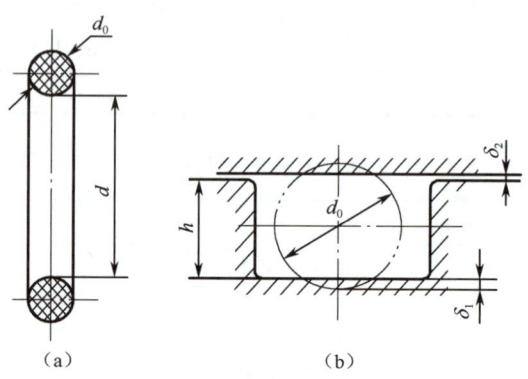

图5-13　O形密封圈

对于固定密封、往复运动密封和回转运动密封,O形密封圈的压缩率W应分别达到15%~20%、10%~20%和5%~10%,才能取得满意的密封效果。当油液工作压力超过10MPa时,O形密封圈在往复运动中容易被液压力挤入间隙而损坏,如图5-14(a)所示。为此要在它的侧面安放1.2~1.5mm厚的聚四氟乙烯挡圈,当单向受力时在受力侧的对面安放一个挡圈,如图5-14(b)所示;当双向受力时在两侧各安放一个挡圈,如图5-14(c)所示。

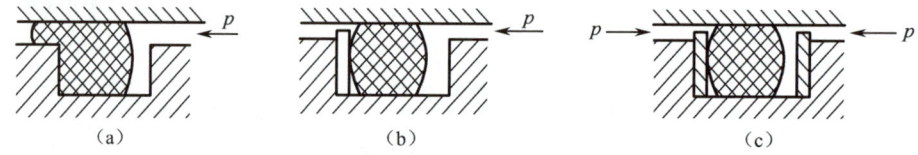

图5-14　O形密封圈的工作情况

O形密封圈的安装沟槽截面形状除矩形外,还有V形、燕尾形、半圆形、三角形等,在实际应用中可查阅有关手册及国家标准。

3. 唇形密封圈

唇形密封圈一般用于往复运动密封。唇形密封圈根据截面形状可分为Y形密封圈、Y_X形密封圈、V形密封圈、U形密封圈、L形密封圈等,其工作原理如图5-15所示。液压力将唇形密封圈的两唇边压向形成间隙的两个零件的表面。唇形密封圈的特点是能随着工作压力的变化自动调整密封性能,压力越高,唇边被压得越紧,密封性越好;当压力降低时,唇边压紧程度随之降低,从而减小了摩擦阻力和降低了功耗。除此之外,唇形密封圈还能自动补偿唇边的磨损,保持密封性能不降低。唇形密封圈在安装时应使其唇边开口面对压力油,使两唇张开,分别贴紧零件的表面。

Y形密封圈如图5-16所示,其安装及支承环结构如图5-17所示。

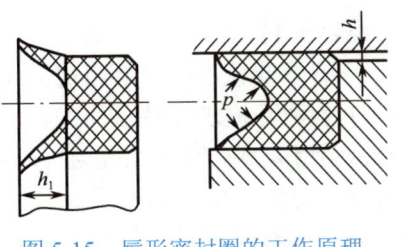
图 5-15　唇形密封圈的工作原理

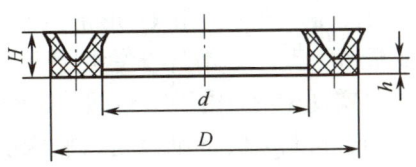
图 5-16　Y 形密封圈

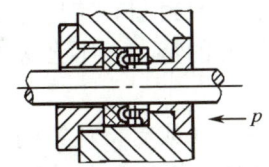
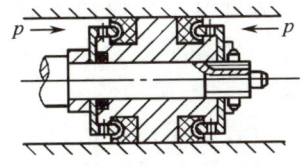

图 5-17　Y 形密封圈的安装及支承环结构

目前，液压缸中普遍使用图 5-18 所示的小 Y 形密封圈作为活塞和活塞杆的密封元件。其中，图 5-18（a）所示为轴用小 Y 形密封圈，图 5-18（b）所示为孔用小 Y 形密封圈。小 Y 形密封圈的特点是断面宽度和高度的比值大，增加了底部支承宽度，可以避免由摩擦力造成的密封圈翻转和扭曲。

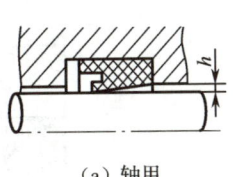
（a）轴用

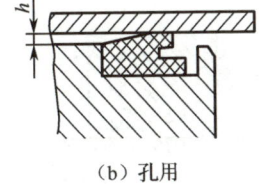
（b）孔用

图 5-18　小 Y 形密封圈

Y_X 形密封圈如图 5-19 所示。

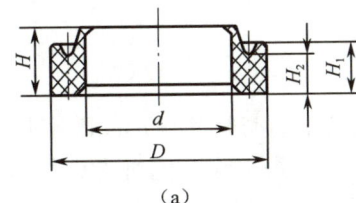
（a）

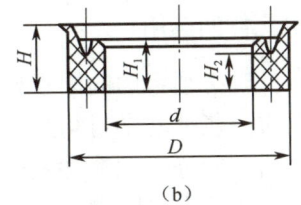
（b）

图 5-19　Y_X 形密封圈

V 形密封圈如图 5-20 所示，它由多层涂胶织物压制而成，通常由压环、密封环和支承环三个圈叠在一起使用，此时已能保证良好的密封性。当压力更高时，可以增加中间密封环的数量。V 形密封圈在安装时要预压紧，所以摩擦阻力较大。

（a）支承环

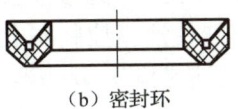
（b）密封环

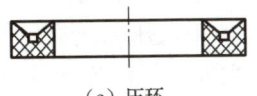
（c）压环

图 5-20　V 形密封圈

4. 组合密封元件

随着液压技术的应用日益广泛，液压系统对密封的要求越来越高，普通的密封圈单独使用已不能很好地满足密封要求，特别是使用寿命和可靠性方面的要求。因此，研究人员研究并开发出了由包括密封圈在内的两个及以上元件组成的组合密封元件。

图 5-21（a）所示为由 O 形密封圈和截面形状为矩形的聚四氟乙烯滑环组成的矩形滑环组合密封元件。其中，滑环 2 紧贴密封面，O 形密封圈 1 为滑环提供弹性预压力。在介质压力等于零时实现密封，由于密封间隙靠滑环而不是 O 形密封圈构成，因此摩擦阻力小且稳定。矩形滑环组合密封元件的缺点是抗侧倾能力稍差，在高低压交变的场合容易漏油。

图 5-21（b）所示为由 O 形密封圈和支持环组成的轴用组合密封元件。由于支持环 3 与被密封件之间为线密封，因此其工作原理类似于唇形密封圈。支持环采用一种经特别处理的化合物制成，具有耐磨性极佳、摩擦力小和保形性好的特点，不会像橡胶密封元件一样在低速时易出现"爬行"现象。

组合密封元件由于充分发挥了橡胶密封圈和滑环（或支持环）的长处，因此不仅工作可靠、摩擦力小，而且使用寿命比普通橡胶密封元件长近百倍，在工程上的应用日益广泛。

5. 回转轴的密封元件

回转轴的密封元件形式有很多，图 5-22 所示为用耐油橡胶制成的回转轴用密封圈。它的内部有直角形圆环铁骨架起支撑作用，密封圈的内边围着一条螺旋弹簧，把内边收紧在轴上进行密封。这种密封圈主要用于液压泵、液压马达和摆动式液压缸伸出轴的密封，以防止油液漏到壳体外部。

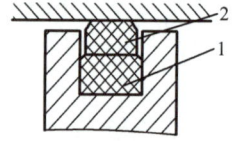
(a) 矩形滑环组合密封元件

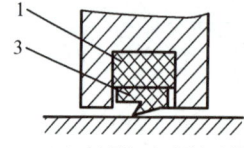
(b) 轴用组合密封元件

1—O 形密封圈；2—滑环；3—支持环。

图 5-21　组合密封元件

图 5-22　用耐油橡胶制成的回转轴用密封圈

5.1.6.2　密封元件的选用

在选用密封元件时必须考虑的因素如下。

（1）密封的性质，包括动密封和静密封，以及平面密封和环形间隙密封。

（2）动密封是否要求静、动摩擦系数小，运动是否平稳，同时考虑相对运动耦合面之间的运动速度、介质工作压力等因素。

（3）工作介质种类和温度对密封元件材质的要求，同时考虑制造和拆装是否方便。

5.1.7　热交换器

一般希望液压系统的工作温度保持在 30～50℃范围内，最高不得超过 65℃，最低得不低于 15℃。如果液压系统靠自然冷却不能使油温控制在上述范围内，就需要安装冷却器；如果环境温度太低，无法使液压泵启动或正常运转，就需要安装加热器。

5.1.7.1　冷却器

液压系统中的强制对流多管式冷却器如图 5-23 所示。油液从进油口 5 流入，从出油口 3 流出；冷却水从进水口 7 流入，通过多根散热管 6 后，从出水口 1 流出。油液在水管外部流动时，它的行进路线因冷却器内设置了隔板 4 而加长，因此增强了散热效果。

第 5 章 流体传动系统辅助元件

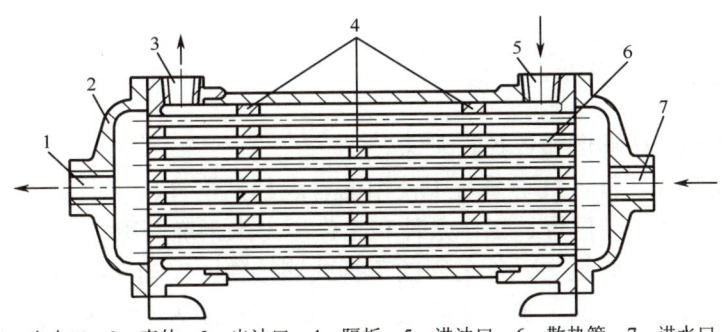

1—出水口；2—壳体；3—出油口；4—隔板；5—进油口；6—散热管；7—进水口。

图 5-23　液压系统中的强制对流多管式冷却器

当液压系统散热量较大时，可使用化工行业中的水冷板式换热器，它可以及时将油液中的热量散发出去。

5.1.7.2　加热器

液压系统的加热一般采用结构简单、可自动调节最高和最低温度的电加热器。加热器的安装方式如图 5-24（a）所示，它用法兰盘水平安装在油箱侧壁上，发热部分全部浸在油液内。加热器应安装在油液流动处，以利于热量的交换。由于油液是热的不良导体，因此单个加热器的功率容量不能太大，以免其周围油液因温度过高而变质。加热器的图形符号如图 5-24（b）所示。

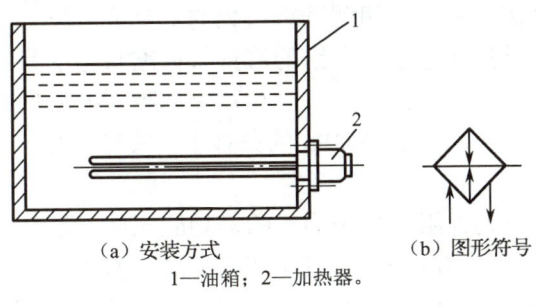

（a）安装方式　　　　　（b）图形符号

1—油箱；2—加热器。

图 5-24　加热器

5.2　气动辅助元件

5.2.1　消声器

气动系统一般不设排气回路，用后的压缩空气通常经换向阀直接排入大气。消声器（Muffler）的作用是消除压缩空气高速通过气动元件排入大气时产生的刺耳噪声污染。气动系统中的消声器主要有吸收型消声器、膨胀干涉型消声器、膨胀干涉吸收型消声器。吸收型消声器如图 5-25 所示。

在气动元件上使用的消声器，可按气动元件排气口的通径选择相应的型号，但应注意消声器的排气阻力不宜过大，以不影响控制阀的切换速度为宜。

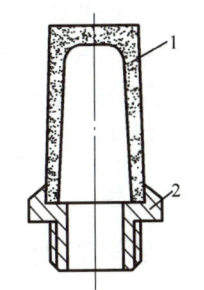

1—消声套；2—连接螺纹。

图 5-25　吸收型消声器

5.2.2　气动管道连接件

气动管道连接件包括管道和各种管接头。

管道可分为硬管及软管。气动系统中使用的管道包括钢管、纯铜管、尼龙管、塑料管和橡胶软管等,应按照其安装位置、工作条件和工作压力来正确选用。

管接头是管道之间、管道与元件之间的可拆式连接件。气动系统中使用的管接头可分为焊接式管接头、卡套式管接头、扩口式管接头、扣压式管接头、快换式管接头、快插式管接头等。

课后知识拓展:

气动真空系统

气动真空系统元件主要包括真空吸盘、真空发生器等。真空吸盘是直接吸吊物体的元件,通常由橡胶材料与金属骨架制成。真空发生器由先收缩后扩张的拉瓦尔喷管、负压腔和接收管等组成,有供气口、排气口和真空口。当供气口的供气压力高于一定值后,拉瓦尔喷管射出超声速射流。由于气体的黏性,高速射流卷吸走负压腔内的气体,使负压腔内形成很小的真空度。在真空口处接上真空吸盘,靠真空压力便可吸吊物体。

真空发生器的主要参数如下。

(1) *最大真空度*:真空口完全封闭时真空口处的真空度。

(2) *空气消耗量*:通过拉瓦尔喷管供给的流量(标准状态下)。

(3) *最大吸入流量*:真空口向大气敞开时从真空口吸入的流量(标准状态下)。

(4) *流量特性*:在供给压力为 0.45MPa 的条件下,真空口处于变化的不封闭状态时吸入流量与真空度之间的关系。

真空组件是将各种真空元件组合起来构成的多功能元件,即将供给阀、破坏阀、切换阀、选择阀、节流阀、单向阀、真空减压阀、真空压力开关、真空过滤器等组合在一起构成的元件。真空减压阀是用于调节设定侧的真空压力并使其保持稳定的阀,真空口接真空泵,设定口接负载用的真空罐。真空压力开关是用于检测真空压力的开关,可以保证真空系统安全、可靠地工作。真空过滤器用于将从大气中吸入的污染物收集起来,防止系统污染,用在真空吸盘和真空发生器(或真空阀)之间。在真空发生器的排气口、真空阀的吸气口(或排气口)和真空泵的排气口处应安装消声器。

气动真空系统的主要应用领域如下。

(1) 真空包装机械,如包装纸的吸附、送标、贴标、包装袋的开启等。

(2) 电视机的显像管和电子枪的加工、运输、装配,以及电视机的组装。

(3) 印刷机械中的双张、折面的检测及印刷纸张的运输。

(4) 玻璃的搬运和装箱。

(5) 机械手抓起重物。

课后思考题:

针对流体管路和蓄能器的功能,思考它们分别类似于电路中的哪类电子元件。

第 6 章

流体传动系统基本回路

流体传动系统基本回路是指能实现某种规定功能的液压或气动元件的组合。熟悉并掌握流体传动系统基本回路的组成、工作原理、性能特点及应用，是分析和使用流体传动系统的重要基础。

6.1 液压基本回路

液压基本回路按在液压系统中的功能可分为以下 4 种。
（1）压力控制回路——控制整个液压系统或局部油路的工作压力。
（2）速度控制回路——控制和调节执行元件的运动速度。
（3）方向控制回路——控制执行元件运动方向的变换和锁停。
（4）多执行元件控制回路——控制几个执行元件相互之间的工作循环。

6.1.1 压力控制回路

压力控制回路是利用压力控制阀来控制整个液压系统或局部油路的工作压力，以满足执行元件对力或力矩的要求，保证液压系统安全的回路。这类回路包括调压、减压、卸荷、保压、释压、增压、平衡等多种回路。

6.1.1.1 调压回路

调压回路的功能是控制液压系统的最高工作压力，使其保持恒定或不超过某个预先调定的数值（压力控制阀的调定压力）。

远程调压回路如图 6-1（a）所示，在先导式溢流阀 1 的远程控制口接一个远程调压阀 3（小流量的直动式溢流阀），即可实现远距离调压。远程调压阀 3 的调定压力 p_{y3} 必须小于先导式溢流阀 1 的调定压力 p_{y1}，否则不能起到调压作用。

三级调压回路如图 6-1（b）所示，它利用三位四通电磁换向阀 4 的换向功能接通不同溢流阀，以调定系统压力。主溢流阀 1 用于调定系统最高工作压力，远程调压阀 2、3 的调定压力（p_{y2} 和 p_{y3}）小于主溢流阀 1 的调定压力 p_{y1}。

无级调压回路如图 6-1（c）所示，调节先导式电液比例溢流阀的输入电流，即可实现系统压力的无级调节。这种回路的优点是结构简单、压力切换平稳、便于实现远距离控制或程控。

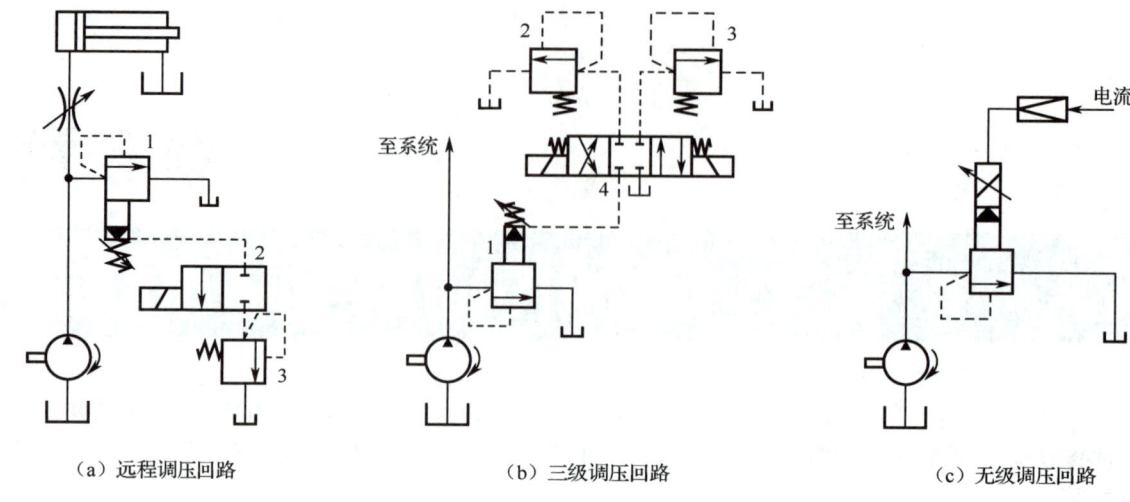

图 6-1　调压回路

6.1.1.2　减压回路

减压回路的功能是使液压系统的某条支路获得较低的稳定压力。液压系统中定位、夹紧、控制、润滑、制动及各种辅助油路一般都采用减压回路。

最常见的减压回路是在所需低压的支路上串联定值减压阀构成的，如图 6-2（a）所示。减压回路中的单向阀用于防止当主油路压力低于减压阀调定压力时油液回流，起短时保压作用。图 6-2（b）所示为二级减压回路。利用先导式减压阀的远程控制油口接溢流阀 2，可实现两级减压，其中溢流阀 2 的调定压力一定小于减压阀的调定压力。

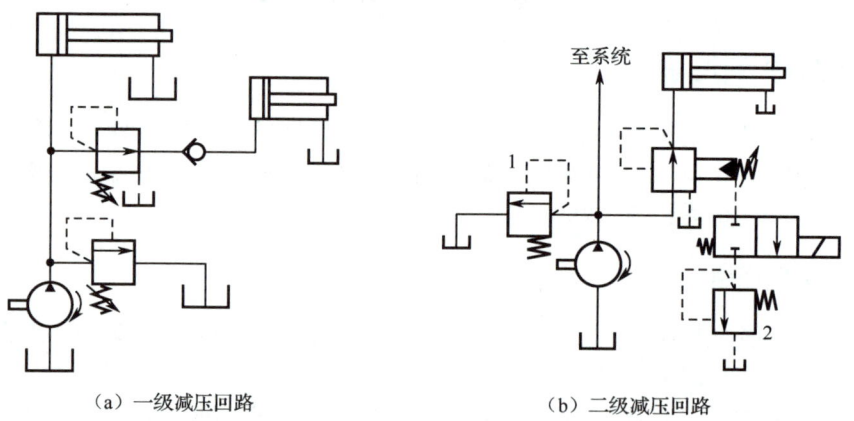

图 6-2　减压回路

课内思考题：

6-1　在图 6-3 所示的回路中，溢流阀的调定压力为 5.0MPa，减压阀的调定压力为 2.5MPa。试分析在下列三种情况下 A、B、C 三点的压力各为多少：

（1）当液压泵的压力等于溢流阀的调定压力时，夹紧缸将工件夹紧后；
（2）当液压泵的压力由于工作缸快进压力下降到 1.5MPa 时；
（3）夹紧缸在夹紧工件前做空载运动时。

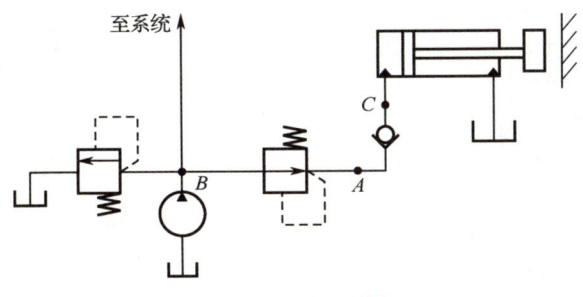

图 6-3　题 6-1 图

6.1.1.3　卸荷、保压和释压回路

卸荷回路的功能是在液压泵驱动电动机不频繁启闭的情况下，使液压泵在功率损耗接近零的情况下运转。所谓卸荷，是指液压泵以很小的输出功率运转，即液压泵输出油液以很低的压力流回油箱。这样既降低了功耗、减小了系统的温升，又延长了液压泵和电动机的使用寿命。

卸荷的方法：①压力卸荷，将液压泵的出口直接接回油箱，使液压泵在零压力或接近零压力下工作；②流量卸荷，使液压泵在零流量或接近零流量下工作，这种方法仅适用于变量泵。

当 H 型（或 M 型、K 型）中位机能的三位换向阀处于中位时，液压泵卸荷。图 6-4（a）所示为采用 H 型中位机能的三位四通电液换向阀的卸荷回路。

图 6-4（b）所示为采用先导式溢流阀的卸荷回路。先导式溢流阀的远程控制油口通过二位二通电磁换向阀接油箱，当二位二通电磁换向阀通电时，液压泵卸荷。

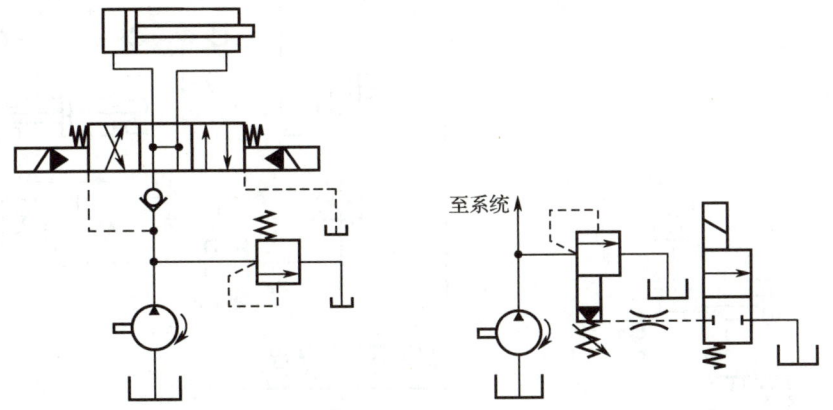

（a）采用H型中位机能的三位四通电磁换向阀　　（b）采用先导式溢流阀

图 6-4　卸荷回路

保压回路的功能是使液压系统中的液压缸在不动的情况下维持稳定的压力。液压泵卸荷时系统仍须保持压力，常通过采用蓄能器的保压回路［见图 6-5（a）］或自动补油的保压回路［见图 6-5（b）］来保持系统压力。

释压回路是使液压缸高压腔中的压力能在改变运动状态前缓慢释放的回路。如果液压缸高压腔中的压力立即改变为低压状态，就会产生液压冲击和噪声，甚至破坏液压系统，所以对于容量大的液压缸和高压系统，在保压与换向之间需要采取释压措施。

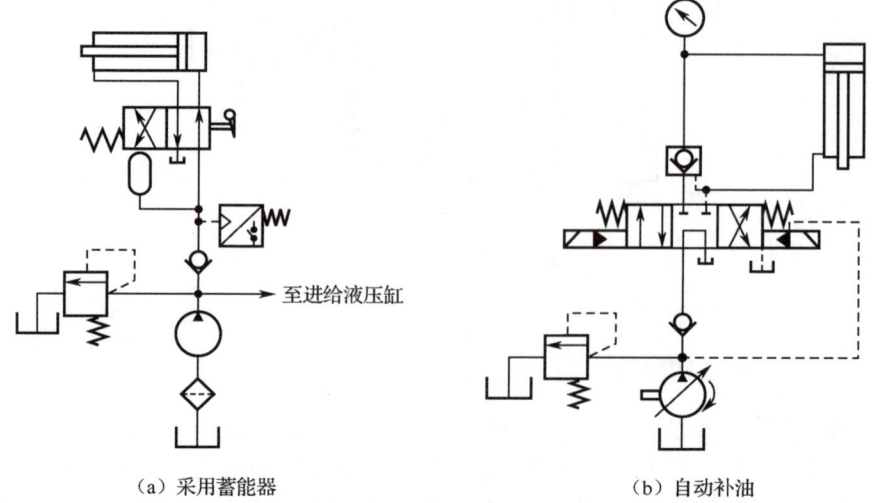

(a) 采用蓄能器　　　　　　(b) 自动补油

图 6-5　保压回路

6.1.1.4　增压回路

增压回路的功能是使液压系统的局部油路或某个执行机构获得压力比液压泵工作压力高若干倍的高压油。当液压系统中某条支路需要压力较高但流量不大的压力油，而采用高压泵不经济，或者根本没有这样高压力的液压泵时，可以采用增压回路来提高压力。在制动器、离合器等具有负载大、行程小和作业时间短等工作特点的执行机构中均可采用增压回路。

最简单的增压方法是采用增压缸，如图 6-6 所示。

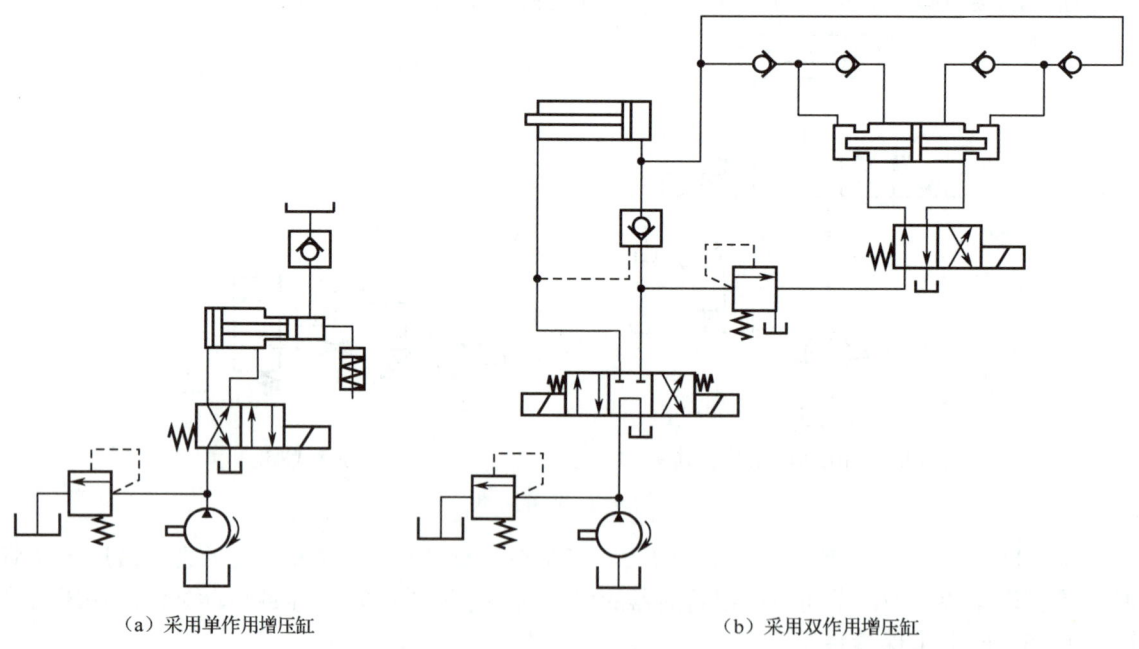

(a) 采用单作用增压缸　　　　　　(b) 采用双作用增压缸

图 6-6　增压回路

6.1.1.5　平衡回路

平衡回路的功能是使液压缸保持一定的背压，以便平衡重力负荷，防止运动部件超速下滑。对平衡回路的要求是结构简单、闭锁性好、工作可靠。平衡回路通常用平衡阀（单向顺序阀）来实现平衡控制，如图 6-7 所示。

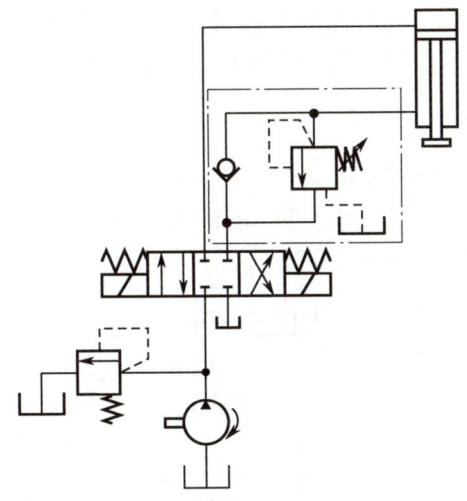

图 6-7　采用平衡阀（单向顺序阀）的平衡回路

课内思考题：

6-2　如图 6-8 所示，已知液压缸两腔的有效工作面积分别为 A_1=100cm^2、A_2=50cm^2，溢流阀的调定压力为 4MPa，液压泵流量 q_p=40L/min，进油路节流阀压力损失 Δp_T=0.6MPa，节流阀阀口为薄壁小孔，其流量系数 C_d=0.65，过流面积 A_T=0.2cm^2，液压油密度 ρ=900kg/m^3，不计管路压力损失和泄漏。试求解：

（1）进入液压缸的流量；
（2）液压泵出口压力 p_p；
（3）液压缸的推力。

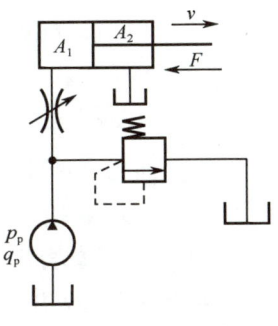

图 6-8　题 6-2 图

6.1.2　速度控制回路

速度控制回路是调节执行元件运动速度的基本回路，包含调速回路、快速运动回路和速度换接回路。

6.1.2.1　调速与速度控制原理

调速是指调节执行元件的运动速度，对液压系统的性能好坏起决定性影响。在不考虑油液压缩性和泄漏的情况下，液压缸活塞的运动速度为

$$v=\frac{q}{A} \tag{6-1}$$

液压马达的转速为

$$n=\frac{q}{V_m} \tag{6-2}$$

由式（6-1）和式（6-2）可知，对于液压缸，要改变其有效工作面积 A，在结构上有困难，所以只能通过改变输入流量来实现调速；对于液压马达，既可以通过改变输入流量来实现调

速，也可以通过改变其排量（采用变量马达）来实现调速。

采用定量泵和节流元件来改变通过流量控制阀的流量，进而改变进入执行元件的流量来实现调速的方法称为节流调速。通过改变液压泵或液压马达的排量来实现调速的方法称为容积调速。采用变量泵与节流元件相配合来实现调速的方法称为容积节流调速。

6.1.2.2 节流调速回路

根据节流元件在回路中的位置不同，节流调速回路有进油节流调速回路［见图6-9（a）］、回油节流调速回路［见图6-9（b）］和旁路节流调速回路［见图6-9（c）］三种基本形式。根据使用要求，节流元件可采用节流阀或调速阀。

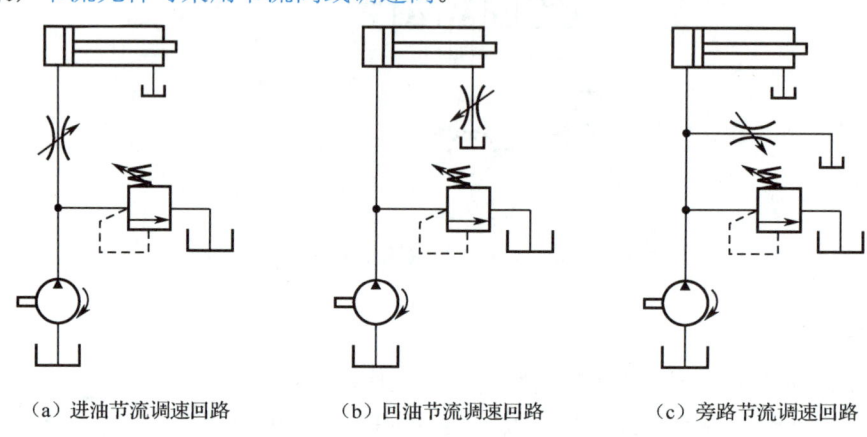

（a）进油节流调速回路　　（b）回油节流调速回路　　（c）旁路节流调速回路

图6-9　采用节流阀的节流调速回路

1. 定压式节流调速回路

在进油节流调速回路和回油节流调速回路中，回路的供油压力不随负载变化而变化，因此称这两种回路为定压式节流调速回路。

1）速度负载特性

如图6-9（a）所示，设液压缸无杆腔活塞的有效工作面积为 A_1，活塞的运动速度为

$$v = q_1/A_1 \tag{6-3}$$

根据薄壁小孔的流量公式［见式（1-43）］可知，流经节流阀的流量为

$$q_1 = KA_T\sqrt{\Delta p} = KA_T\sqrt{p_p - p_1} \tag{6-4}$$

式中，K——常数

活塞的受力平衡方程为

$$p_1 A_1 = p_2 A_2 + F_L \tag{6-5}$$

当回油腔接油箱时，$p_2=0$，有 $p_1=F_L/A_1=p_L$。将其代入式（6-4）可得

$$q_1 = KA_T\left(p_p - \frac{F_L}{A_1}\right)^{1/2} = \frac{KA_T}{A_1^{1/2}}(p_p A_1 - F_L)^{1/2} \tag{6-6}$$

$$v = \frac{q_1}{A_1} = \frac{KA_T}{A_1^{3/2}}(p_p A_1 - F_L)^{1/2} \tag{6-7}$$

式（6-7）是进油节流调速回路的速度负载特性，其曲线如图6-10所示。

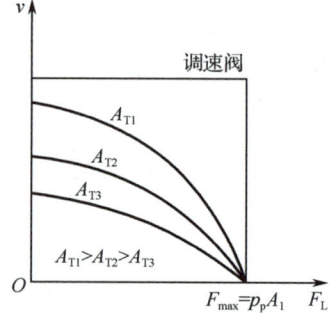

图6-10　进油节流调速回路的速度负载特性曲线

速度刚度定义为速度随负载变化而变化的程度，即

$$k_v = -\frac{\partial F_L}{\partial v} = -\frac{1}{\tan\theta} \quad (6\text{-}8)$$

由式（6-7）和式（6-8）可得

$$k_v = -\frac{\partial F_L}{\partial v} = \frac{2A_1^{3/2}}{KA_T}(p_p A_1 - F_L)^{1/2} = \frac{2(p_p A_1 - F_L)}{v} \quad (6\text{-}9)$$

由此可知，速度刚度越大，表明速度随负载变化而变化的程度越小。

2）功率特性

液压泵的输出功率为

$$P_p = p_p q_p = \text{常量} \quad (6\text{-}10)$$

液压缸输出的有效功率为

$$P_1 = F_L v = F_L \frac{q_L}{A_1} = p_L q_L \quad (6\text{-}11)$$

回路的功率损失为

$$\begin{aligned}\Delta P &= P_p - P_1 = p_p q_p - p_L q_L = p_p(q_L + \Delta q) - (p_p - \Delta p_1) q_L \\ &= p_p \Delta q + \Delta p_1 q_L\end{aligned} \quad (6\text{-}12)$$

因此，进油节流调速回路的功率损失由两部分组成，即溢流损失 $\Delta P_1 = p_p \Delta q$ 和节流损失 $\Delta P_2 = \Delta p_1 q_L$。

进油节流调速回路的效率为

$$\eta = \frac{P_p - \Delta P}{P_p} = \frac{p_L q_L}{p_p q_p} \quad (6\text{-}13)$$

进油节流调速回路适用于轻载、负载变化不大和对速度稳定性要求不高的小功率液压系统。采用同样的分析方法可得到回油节流调速回路的速度负载特性和速度刚度，即

$$v = \frac{KA_T}{A_2^{3/2}}(p_p A_1 - F_L)^{1/2} \quad (6\text{-}14)$$

$$k_v = -\frac{\partial F_L}{\partial v} = \frac{2A_2^{3/2}}{KA_T}(p_p A_1 - F_L)^{1/2} = \frac{2(p_p A_1 - F_L)}{v} \quad (6\text{-}15)$$

2. 变压式节流调速回路

在旁路节流调速回路中，回路的供油压力随负载变化而变化，因此称该回路为变压式节流调速回路。

1）速度负载特性

由于液压泵的供油压力随负载变化而变化，因此液压泵的输出流量 q_p 应计入液压泵的泄漏量随压力的变化 Δq_p，则有

$$v = \frac{q_1}{A_1} = \frac{q_{pt} - \Delta q_p - \Delta q}{A_1} = \frac{q_{pt} - k_1 \dfrac{F_L}{A_1} - KA_T \left(\dfrac{F_L}{A_1}\right)^{1/2}}{A_1} \quad (6\text{-}16)$$

根据式（6-16）可得旁路节流调速回路的速度负载特性曲线，如图 6-11 所示。

旁路节流调速回路的速度刚度为

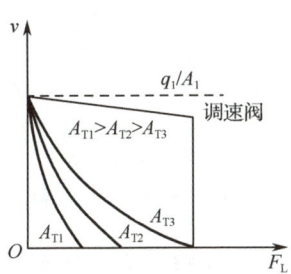

图 6-11 旁路节流调速回路的速度负载特性曲线

$$k_v = -\frac{\partial F_L}{\partial v} = \frac{A_1^2}{\lambda_p + \frac{1}{2}KA_T\left(\frac{F_L}{A_1}\right)^{-1/2}} = \frac{2A_1 F_L}{\lambda_p \frac{F_L}{A_1} + q_{pt} - A_1 v} \qquad (6\text{-}17)$$

2）功率特性

液压泵的输出功率为

$$P_p = p_L q_p \qquad (6\text{-}18)$$

液压缸的输出功率为

$$P_1 = F_L v = p_L A_1 v = p_L q_1 \qquad (6\text{-}19)$$

回路的功率损失为

$$\Delta P = P_p - P_1 = p_L q_p - p_L q_1 = p_L \Delta q \qquad (6\text{-}20)$$

回路的效率为

$$\eta = \frac{P_p - \Delta P}{P_p} = \frac{p_L q_1}{p_L q_p} = \frac{q_1}{q_p} \qquad (6\text{-}21)$$

进油、回油和旁路三种节流调速回路性能的比较如下。

（1）比较式（6-14）与式（6-7）、式（6-15）与式（6-9）可以看出，回油节流调速回路与进油节流调速回路的速度负载特性及速度刚度完全相同。

（2）进油节流调速回路与回油节流调速回路在使用中存在的主要差异：回油节流调速回路能够承受一定的负值负载，液压缸的平稳性高；进油节流调速回路容易实现压力控制。

（3）旁路节流调速回路只有节流损失，而无溢流损失，因此功率损失比前两种调速回路小，且效率高。

采用调速阀的节流调速回路如图6-12所示，其回路构成、工作原理与对应的采用节流阀的节流调速回路基本一样。

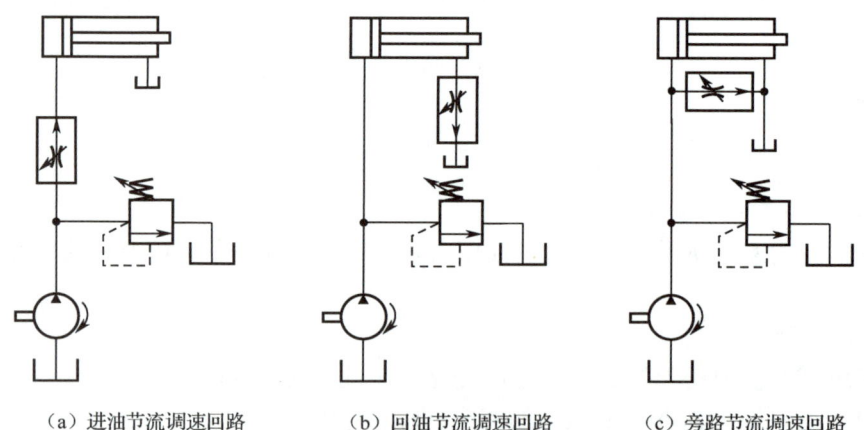

(a) 进油节流调速回路　　(b) 回油节流调速回路　　(c) 旁路节流调速回路

图 6-12　采用调速阀的节流调速回路

6.1.2.3　容积调速回路

容积调速回路通过改变液压泵和液压马达的排量来实现调速，大多采用闭式回路，没有节流损失和溢流损失，因此效率高、发热量小，适用于高速、大功率调速系统。但容积调速回路中变量泵或变量马达结构复杂，需要采用辅助泵来补油和散热，成本较高。

根据液压泵和液压马达（或液压缸）的不同组合，容积调速回路有三种形式：变量泵-定量马达容积调速回路、定量泵-变量马达容积调速回路和变量泵-变量马达容积调速回路。

1. 变量泵-定量马达容积调速回路

变量泵-定量马达容积调速回路如图 6-13（a）所示，该回路是闭式回路。溢流阀 2 起安全作用。为了补充泵和马达的泄漏，增加了补油泵 4。溢流阀 5 用来调节补油泵的压力。在这种容积调速回路中，当负载转矩恒定时，马达输出转矩 T_M 和回路工作压力都恒定不变，马达输出功率（$P_M = \Delta p_M V_M n_M$）与马达转速 n_M 成正比。这种回路称为恒转矩调速回路，其特性曲线如图 6-13（b）所示。

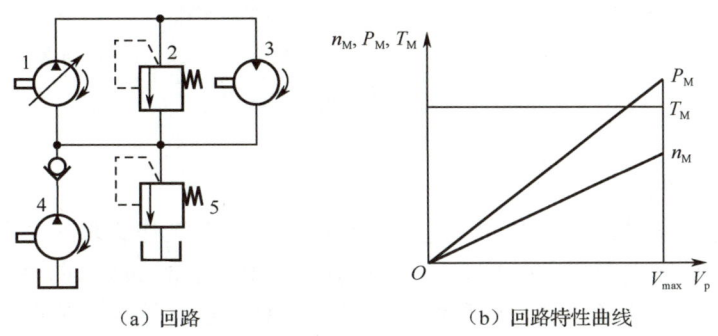

（a）回路　　　　　　（b）回路特性曲线

图 6-13　变量泵-定量马达容积调速回路及其特性曲线

2. 定量泵-变量马达容积调速回路

定量泵-变量马达容积调速回路如图 6-14（a）所示。定量泵输出流量不变，改变马达排量就可以改变马达转速。阀 2 是安全阀，泵 4 是补油泵，阀 5 是调节补油压力的溢流阀。在这种容积调速回路中，由于定量泵的转速和排量均为常值，因此当负载功率恒定时，马达输出功率 P_M 和回路工作压力都恒定不变，而马达输出转矩 T_M 与马达排量成正比，马达输出转速与马达排量成反比。这种回路称为恒功率调速回路，其特性曲线如图 6-14（b）所示。

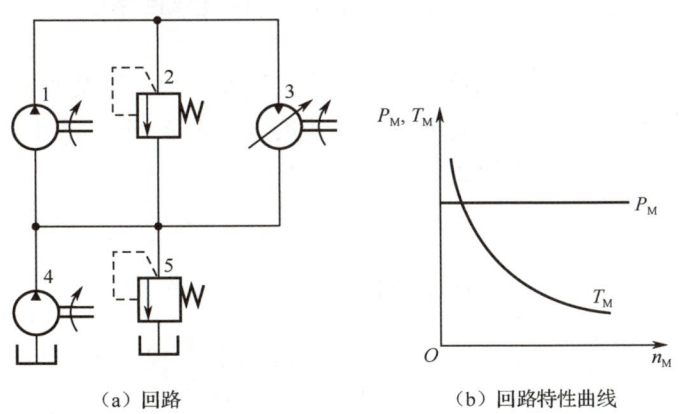

（a）回路　　　　　　（b）回路特性曲线

图 6-14　定量泵-变量马达调速回路及其特性曲线

3. 变量泵-变量马达容积调速回路

变量泵-变量马达容积调速回路如图 6-15（a）所示。单向阀 6 和 8 用于使补油泵 4 实现双向补油，单向阀 7 和 9 使安全阀 3 在两个方向都能起到过载保护作用。这种容积调速回路是上述两种容积调速回路的组合。由于泵和马达的排量均可改变，因此增大了调速范围，并且扩大了马达输出转矩 T_M 和功率 P_M 的选择范围，其特性曲线如图 6-15（b）所示。

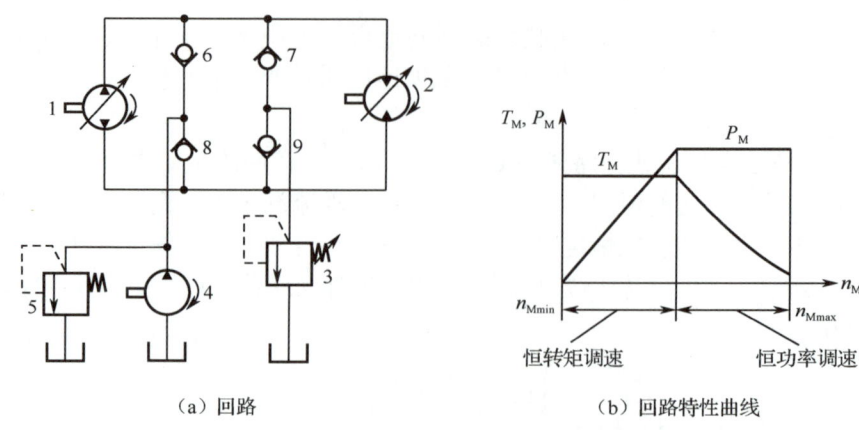

（a）回路　　　　　　　　（b）回路特性曲线

图 6-15　变量泵-变量马达容积调速回路及其特性曲线

6.1.2.4　容积节流调速回路

容积节流调速回路是由变量泵和调速阀组合而成的，其工作原理是由压力补偿型变量泵供油，利用流量控制阀调节进入液压缸或由液压缸流出的流量，从而调节液压缸活塞的运动速度，并使变量泵的输油量自动与液压缸所需的流量相适应。这种调速回路既保留了容积调速回路无溢流损失、效率高的优点，又具有采用调速阀的节流调速回路速度刚度大的特点，适用于要求速度稳定、效率较高的液压系统。

1. 限压式变量泵和调速阀组成的容积节流调速回路

限压式变量泵和调速阀组成的容积节流调速回路如图 6-16 所示。该回路由限压式变量泵供油，压力油经调速阀进入液压缸无杆腔，回油经背压阀（溢流阀）流回油箱。液压缸活塞的运动速度由调速阀中的节流阀来控制。调速阀不仅能保证进入液压缸的流量稳定，而且可以使液压泵的流量自动与液压缸所需的流量相适应，可以使液压泵的供油压力基本恒定，因此该回路也称为定压式容积节流调速回路。

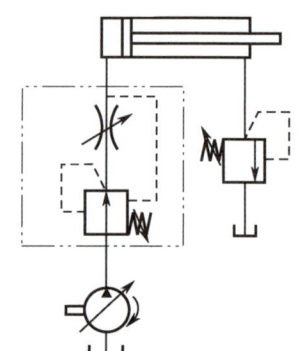

图 6-16　限压式变量泵和调速阀组成的容积节流调速回路

当进入液压缸的流量为 q_1，液压泵的供油流量为 $q_p=q_1$，供油压力为 p_p，调速阀的压降为 Δp 时，液压缸工作腔压力的正常工作范围为

$$p_2\frac{A_2}{A_1} \leqslant p_1 \leqslant p_p - \Delta p \qquad (6\text{-}22)$$

该回路的效率为

$$\eta_c = \frac{\left(p_1 - p_2\dfrac{A_2}{A_1}\right)q_1}{p_p q_p} = \frac{p_1 - p_2\dfrac{A_2}{A_1}}{p_p} \qquad (6\text{-}23)$$

2. 差压式变量泵和节流阀组成的容积节流调速回路

差压式变量泵和节流阀组成的容积节流调速回路如图 6-17 所示。该回路不但没有溢流损失，而且液压泵的供油压力随负载变化而变化，回路中的功率损失也只有节流阀处压降 Δp_T 所造成的节流损失，因此该回路的效率高。该回路的效率为

$$\eta_c = \frac{p_1 q_1}{p_p q_p} = \frac{p_1}{p_1 + \Delta p_T} \qquad (6\text{-}24)$$

第 6 章 流体传动系统基本回路

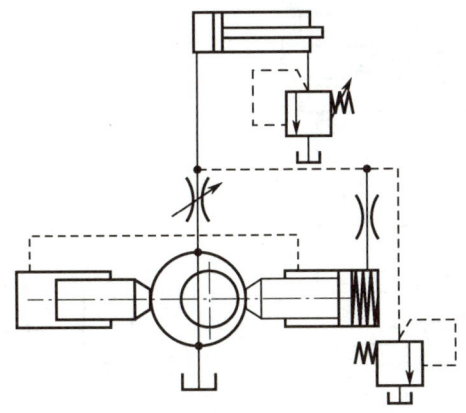

图 6-17 差压式变量泵和节流阀组成的容积节流调速回路

6.1.2.5 快速运动回路

快速运动回路又称为增速回路，是指在不增加液压泵输出流量的前提下，提高执行元件运动速度的回路。

1. 液压缸差动连接快速运动回路

如图 6-18 所示，差动连接（见 3.2.1.1 节）可在不增加液压泵输出流量的情况下提高执行元件的运动速度，是实现液压缸快速运动的一种简单、经济、有效的办法。

2. 双泵供油快速运动回路

双泵供油快速运动回路（见图 6-19）的优点是功率利用合理、系统效率高，缺点是回路较复杂、成本高。该回路常用在快、慢速差值较大的组合机床、注塑机等设备的液压系统中。

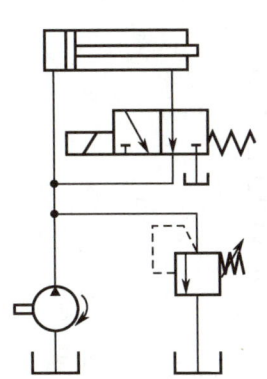

图 6-18 液压缸差动连接快速运动回路

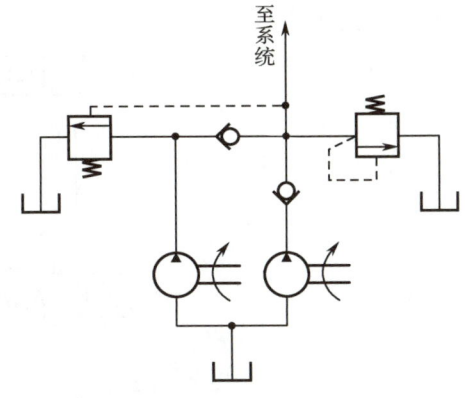

图 6-19 双泵供油快速运动回路

3. 采用增速缸的快速运动回路

采用增速缸的快速运动回路如图 6-20 所示。

4. 采用蓄能器的快速运动回路

采用蓄能器的快速运动回路（见图 6-21）可用于短时间内需要大流量的液压系统，其特点是可用较小流量的液压泵获得较高的运动速度。

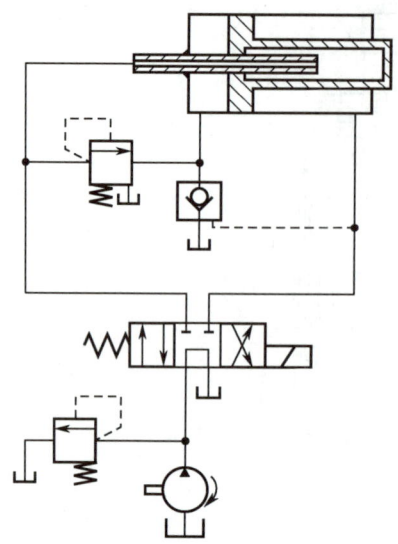
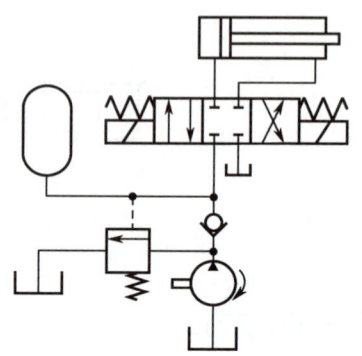

图 6-20　采用增速缸的快速运动回路　　图 6-21　采用蓄能器的快速运动回路

6.1.2.6　速度换接回路

速度换接回路的功能是使执行元件在一个工作循环中从一种运动速度转换到另一种运动速度。速度换接不仅包括执行元件由快速到慢速的换接，而且包括两个慢速之间的换接。速度换接回路应该具有较高的速度换接平稳性。

1. 采用行程阀的快速转慢速换接回路

在采用行程阀的快速转慢速换接回路中，行程阀的阀口是逐渐关闭的，速度换接比较平稳，比采用电气元件控制可靠，如图 6-22 所示。其缺点是行程阀必须安装在运动部件附近，会导致管路很长，压力损失较大。

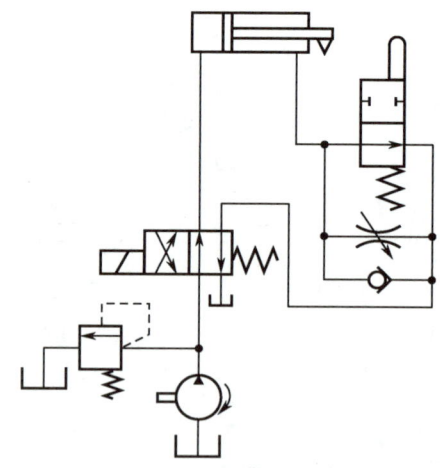

图 6-22　采用行程阀的快速转慢速换接回路

2. 采用调速阀的两种慢速换接回路

调速阀串联的两种慢速换接回路适用于组合机床中实现二次进给的油路，如图 6-23（a）所示。在调速阀并联的两种慢速换接回路中，当一个调速阀工作时，另一个调速阀油路被封死（其减压阀阀口全开），如图 6-23（b）所示。

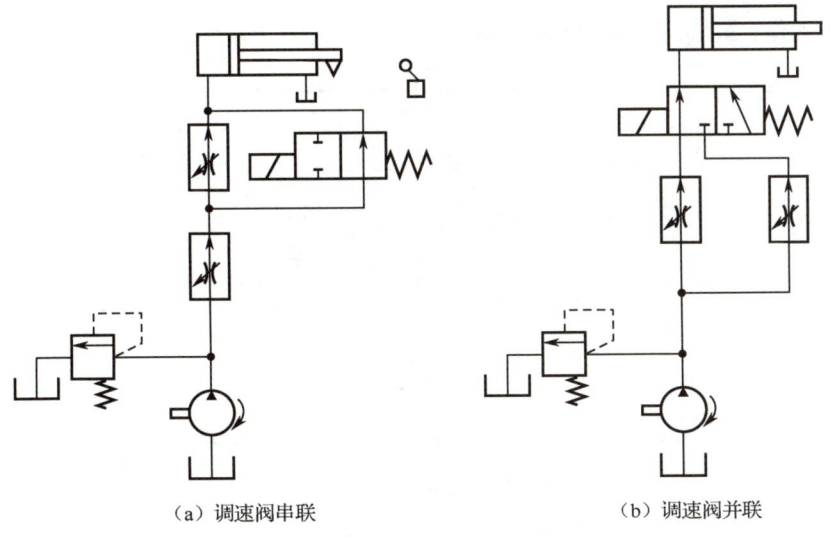

（a）调速阀串联　　　　　　　　　（b）调速阀并联

图 6-23　采用调速阀的两种慢速换接回路

课内思考题：

6-3　在图 6-24 所示的回路中，已知液压缸两腔的有效工作面积分别为 $A_1=100\text{cm}^2$、$A_2=50\text{cm}^2$，调速阀最小压差 $\Delta p=5\times10^5\text{Pa}$，当负载 F_L 从 0 变化到 $3\times10^4\text{N}$ 时，活塞向右运动的速度稳定不变。试求：

（1）溢流阀的最小调定压力 p_y 由哪些因素确定？其值为多少？

（2）当负载 $F_L=0$ 时，溢流阀是否工作？液压泵的工作压力 p_p 是多少？液压缸回油腔的压力 p_2 为多少？

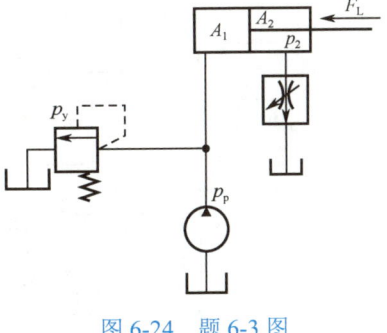

图 6-24　题 6-3 图

6.1.3　方向控制回路

通过控制进入执行元件的液流通、断或变向来实现液压系统执行元件的启动、停止运动或改变运动方向的回路称为方向控制回路。

6.1.3.1　换向回路

对换向回路的基本要求是换向可靠、动作灵敏、运动平稳、换向精度合适。换向过程一般可分为三个阶段：执行元件减速制动、短暂停留和反向启动。换向是通过换向阀的阀芯与阀体之间的位置变换实现的，因此选用由不同换向阀组成的换向回路，其换向性能也不同。

1. 时间控制换向回路

时间控制换向回路如图 6-25 所示，其中 A 为先导阀，B 为换向阀，L 为节流阀，a、b、c、d 为制动锥。这种回路主要用于对换向精度要求不高，但换向频率高且要求换向平稳的场合，如平面磨床、牛头刨床、插床等液压系统。

2. 行程制动换向回路

如图 6-26 所示，在行程制动换向回路中，从发出换向信号到工作部件制动、停止的过程中，工作部件所走过的行程基本是一定的。这种回路具有较高的换向精度和良好的换向平稳性，主要用在工作台运动速度较低的外圆磨床和内圆磨床等液压系统中。

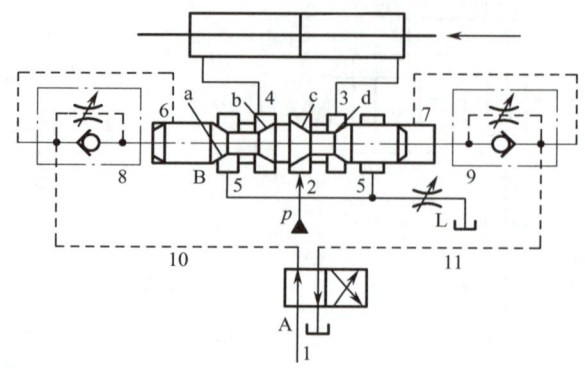

1、2、3、4、5、8、9、10、11—油路；6、7—快跳孔。

图 6-25 时间控制换向回路

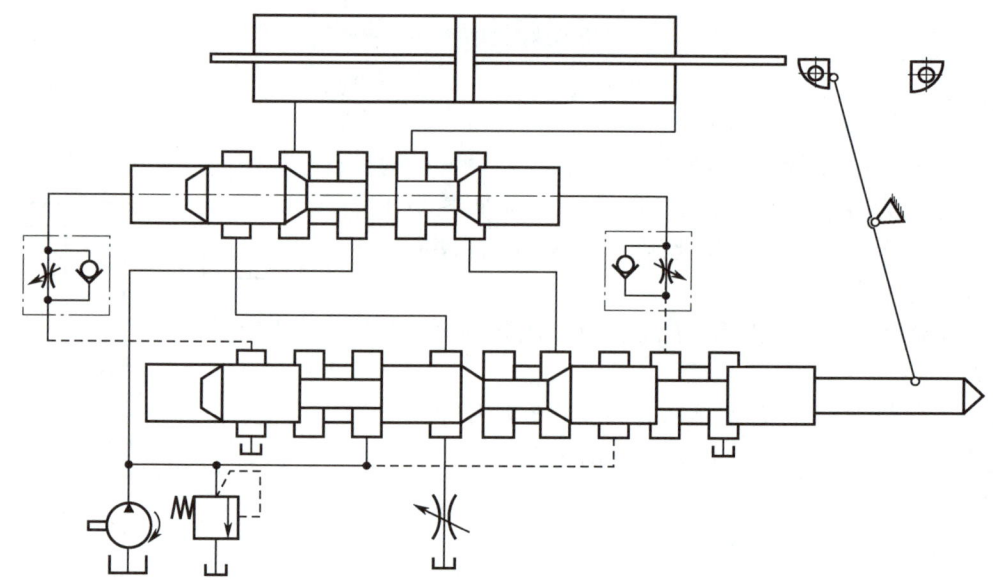

图 6-26 行程制动换向回路

6.1.3.2 锁紧回路

锁紧回路的功能是使执行元件能在任意位置上停止运动，且停止运动后即使有外力作用也不会改变其原来的位置。

利用三位四通换向阀的中位机能（O 型或 M 型）可以使活塞在行程范围内的任意位置上停止运动，但由于换向阀（滑阀结构）的泄漏，锁紧效果较差。要想获得很好的锁紧效果，可以采用液压锁（因为单向阀采用锥面密封，所以其泄漏量极小）。如图 6-27 所示，三位四通换向阀可采用 Y 型（或 H 型）中位机能，当三位四通换向阀处于中位时，两个液控单向阀迅速关闭，双向锁紧液压缸。

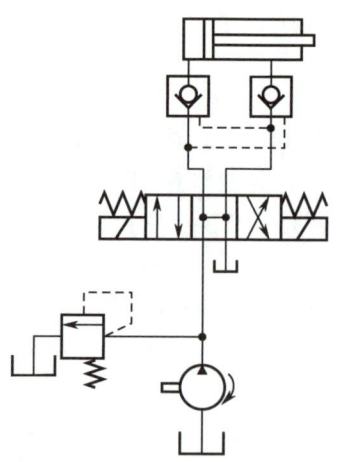

图 6-27 采用液压锁的锁紧回路

6.1.4 多执行元件控制回路

用一个液压泵驱动两个或两个以上液压缸（或液压马达）的回路称为多执行元件控制回路。多执行元件控制回路可分为多缸顺序动作回路、同步回路、多缸互不干扰回路等。

6.1.4.1 多缸顺序动作回路

多缸顺序动作回路的功能是使多个执行元件严格按照预定顺序依次动作。按控制方式不同，多缸顺序动作回路可分为压力控制多缸顺序动作回路和行程控制多缸顺序动作回路。

1. 压力控制多缸顺序动作回路

图 6-28（a）所示为采用顺序阀的压力控制多缸顺序动作回路。当二位四通电磁换向阀 2 左位接入回路时，压力油进入液压缸 8 的左腔，使其活塞向右运动，完成动作①；当液压缸 8 的活塞行至终点后，液压系统中的压力升高到顺序阀 4 的调定压力，顺序阀 4 开启，压力油进入液压缸 5 的左腔，使其活塞向右运动，完成动作②。当二位四通电磁换向阀 2 右位接入回路时，压力油进入液压缸 5 的右腔，完成动作③；动作完成后，液压系统中的压力升高，压力油打开顺序阀 7 进入液压缸 8 的右腔，完成动作④。

图 6-28（b）所示为采用压力继电器的压力控制多缸顺序动作回路。当三位四通电磁换向阀 1 左位通电时，液压缸 3 的活塞实现动作①；动作完成后，液压系统中的压力升高，压力继电器 2 动作，使三位四通电磁换向阀 6 左位通电，液压缸 4 的活塞实现动作②；按返回按钮，三位四通电磁换向阀 1、6 左位断电。当三位四通电磁换向阀 6 右位通电时，液压缸 4 的活塞实现动作③；当液压缸 4 的活塞行至终点后，液压系统中的压力升高，压力继电器 5 动作，使三位四通电磁换向阀 1 右位通电，液压缸 3 的活塞实现动作④。

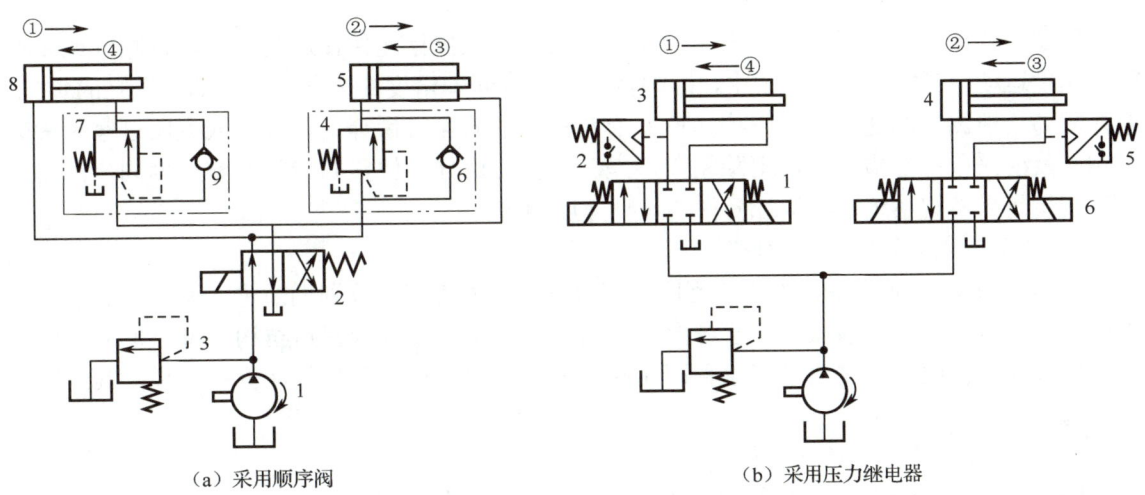

(a) 采用顺序阀　　　　　　　　　　(b) 采用压力继电器

图 6-28　压力控制多缸顺序动作回路

在压力控制多缸顺序动作回路中，顺序阀或压力继电器的调定压力必须比前一个动作的压力高出 0.8~1.0MPa，否则在液压系统压力波动时会造成误动作，引起事故。因此，这种回路只适用于液压系统中的液压缸数目不多、负载变化不大的场合。

2. 行程控制多缸顺序动作回路

图 6-29（a）所示为行程阀控制的多缸顺序动作回路。这种回路工作可靠，动作顺序的换接平稳，但改变工作顺序困难，且管路长、压力损失大、不易安装。这种回路主要用于专用机械的液压系统。

图 6-29（b）所示为行程开关控制的多缸顺序动作回路。这种回路的优点是控制灵活、方便，其动作顺序容易改变，液压系统简单，易于实现自动控制；缺点是动作顺序改变时有冲击，位置精度不高。

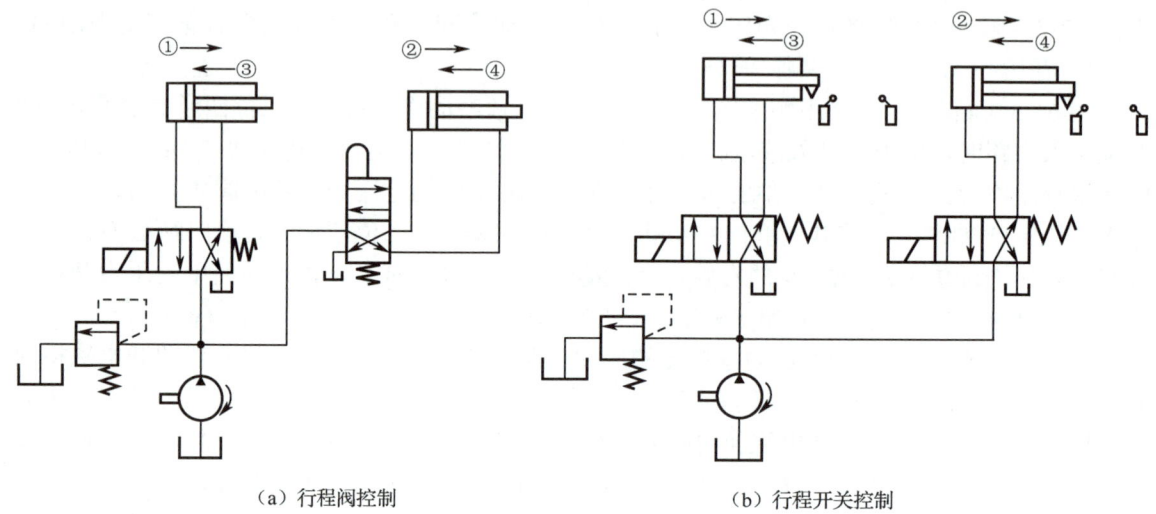

（a）行程阀控制　　　　　　　　　　　（b）行程开关控制

图 6-29　行程控制多缸顺序动作回路

6.1.4.2　同步回路

同步回路的功能是保证液压系统中两个或两个以上执行元件在运动中位移量相同或以相同的速度运动。在多缸液压系统中，影响多个液压缸同步精度的因素较多，如液压缸的负载、摩擦阻力、泄漏、制造精度、结构弹性变形及油液中的含气量等。要减少或克服这些因素的影响，就要采取补偿措施，以消除累积误差。同步回路分为位置同步回路和速度同步回路。速度同步是指液压系统中各执行元件的运动速度相等。

1. 采用调速阀的速度同步回路

图 6-30 所示为采用调速阀的速度同步回路。两个调速阀可分别调节进入两个并联液压缸无杆腔的流量，使两个液压缸活塞杆向下伸出的速度相等。这种回路结构简单、使用方便，且可以调速。其缺点是受油温变化和调速阀性能差异的影响，不易保证位置同步，其速度同步的精度也较低。

2. 带补偿装置的串联液压缸同步回路

图 6-31 所示为带补偿装置的串联液压缸同步回路。在该回路中，由于液压缸 1 有杆腔的有效工作面积与液压缸 2 无杆腔的有效工作面积相等，因此从液压缸 1 有杆腔排出的油液进入液压缸 2 无杆腔后，两个液压缸活塞杆的下降可以同步。该回路中有补偿装置，可以使同步误差在每一次的活塞杆下行运动中都得到消除，以避免误差累积。这种回路只适用于负载较小的液压系统。

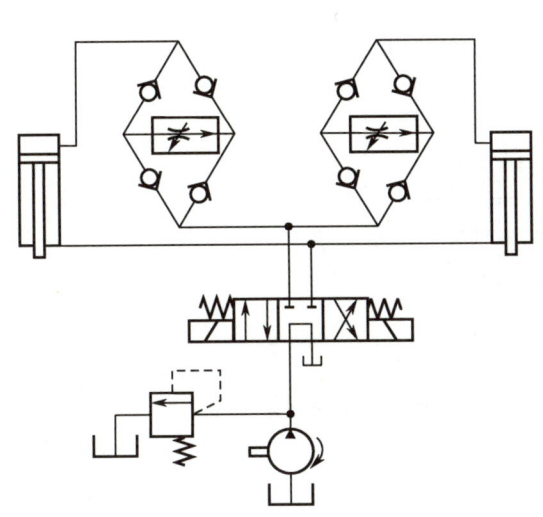
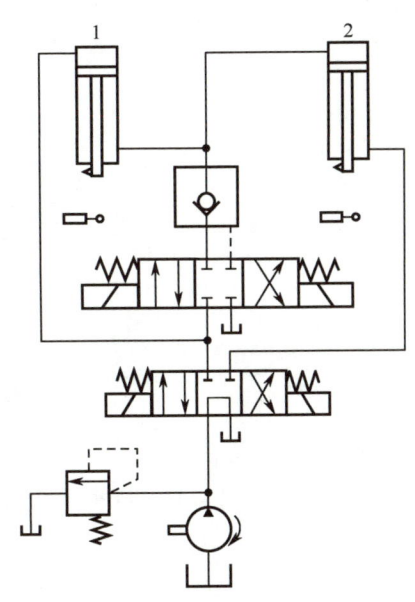

图 6-30 采用调速阀的速度同步回路　　　图 6-31 带补偿装置的串联液压缸同步回路

3. 采用同步缸或同步马达的同步回路

采用同步缸或同步马达的同步回路如图 6-32 所示。由于同步缸一般不宜做得过大，所以采用同步缸的同步回路［见图 6-32（a）］仅适用于小容量的场合。采用同步马达的同步回路如图 6-32（b）所示，两个液压马达的轴刚性连接，把等量的油液分别输入到两个尺寸相同的液压缸中，使两个液压缸同步运动。

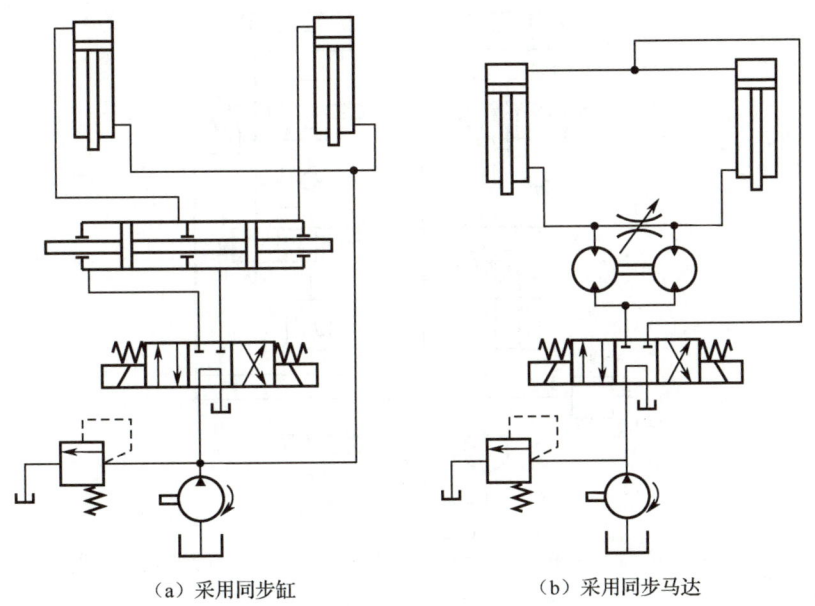

（a）采用同步缸　　　　　（b）采用同步马达

图 6-32 采用同步缸或同步马达的同步回路

4. 采用电液比例阀或电液伺服阀的同步回路

当液压系统有很高的同步精度要求时，可选用采用电液比例阀或电液伺服阀的同步回路。采用电液伺服阀的同步回路如图 6-33 所示。

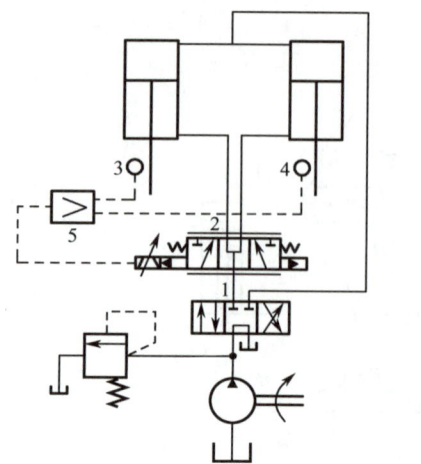

1—换向阀；2—电液伺服阀；3、4—位移传感器；5—伺服放大器。

图 6-33　采用电液伺服阀的同步回路

6.1.4.3　多缸互不干扰回路

多缸互不干扰回路的功能是使互不干扰回路液压系统中几个执行元件在完成各自工作循环时彼此互不影响。

图 6-34 所示为多缸互不干扰的回路。液压缸 A 和 B 各自要完成"快进—工进—快退"的自动工作循环。由于两个液压缸活塞的快、慢速运动各由一个液压泵分别供油，并通过相应的电磁换向阀进行控制，因此该回路能够保证各液压缸活塞的快、慢速运动互不干扰。

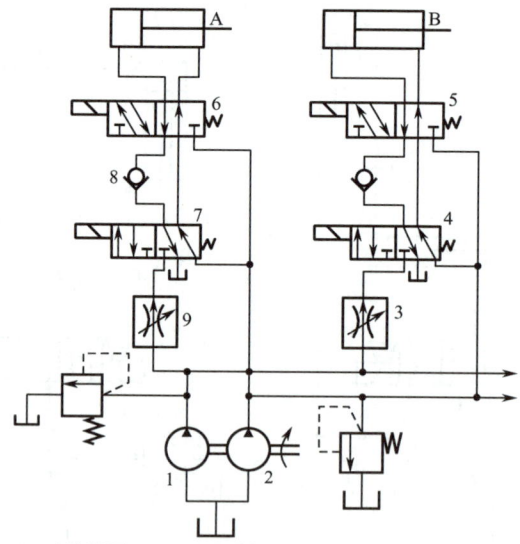

1—小流量泵；2—大流量泵；3、9—调速阀；4、5、6、7—电磁换向阀；8—单向阀。

图 6-34　多缸互不干扰回路

课内思考题：

6-4　在图 6-35 所示的回路中，已知两个液压缸活塞的有效工作面积相等，$A=20\text{cm}^2$，负载分别为 $F_1=8000\text{N}$、$F_2=4000\text{N}$，其溢流阀的调定压力 $p_y=4.5\text{MPa}$。

（1）分别计算推动液压缸 1 和液压缸 2 的活塞所需的压力为多少？

（2）试分析当减压阀的调定压力 p_j 分别为 1MPa、2MPa、4MPa 时，两个液压缸的动作情况。

6-5 如图 6-36 所示，两个结构尺寸相同的液压缸，已知 $A_1=100\text{cm}^2$，$A_2=80\text{cm}^2$，$p_1=0.9\text{MPa}$，$q_1=15\text{L/min}$。不计摩擦损失和泄漏，试求：

（1）当两个液压缸的负载相同（$F_1=F_2$）时，p_2（单位为 MPa）和负载 F_1（单位为 N）分别为多少？

（2）此时，两个液压缸活塞的运动速度 v_1 和 v_2 各为多少（单位为 m/s）？

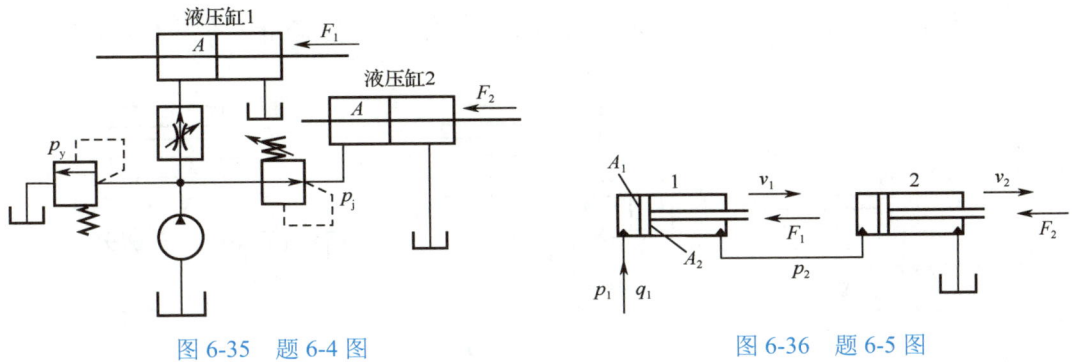

图 6-35 题 6-4 图   图 6-36 题 6-5 图

6.2 气动基本回路

气动系统是由各种具有不同功能的基本回路组成的，熟悉并掌握气动基本回路是分析和设计气动系统的基础。气动基本回路按功能可分为方向控制回路、压力控制回路、速度控制回路等。

6.2.1 方向控制回路

方向控制回路是通过对换向阀的控制来改变气缸活塞运动方向的换向回路。常用的方向控制回路有单作用气缸换向回路、双作用气缸换向回路。

6.2.1.1 单作用气缸换向回路

图 6-37 所示为单作用气缸换向回路。在图 6-37（a）所示的回路中，当电磁铁得电时，气压使活塞杆伸出；当电磁铁失电时，活塞杆在弹簧作用下缩回。在图 6-37（b）所示的回路中，三位五通换向阀的电磁铁失电后不能自动复位，可以使气缸停留在行程中的任意位置上，但定位精度不高，定位时间不宜太长。

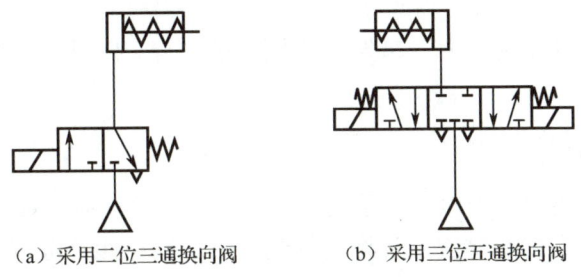

（a）采用二位三通换向阀　　（b）采用三位五通换向阀

图 6-37 单作用气缸换向回路

6.2.1.2 双作用气缸换向回路

图 6-38 所示为双作用气缸换向回路。在图 6-38（a）所示的回路中，通过对换向阀的控制可以使活塞杆伸出和缩回；在图 6-38（b）所示的回路中，当有气控信号时，活塞杆伸出，反之活塞杆缩回；图 6-38（c）所示为由二位五通气控换向阀和手动阀控制的换向回路，当手动阀换向时，由手动阀控制气流推动二位五通气控换向阀换向，活塞杆伸出，若松开手动阀，则活塞杆缩回；图 6-38（d）、（e）、（f）所示的回路两端的控制电磁铁线圈或按钮不能同时操作，否则将产生误动作，图 6-38（f）所示的回路还具有中位停止功能，但中位停止定位精度不高。

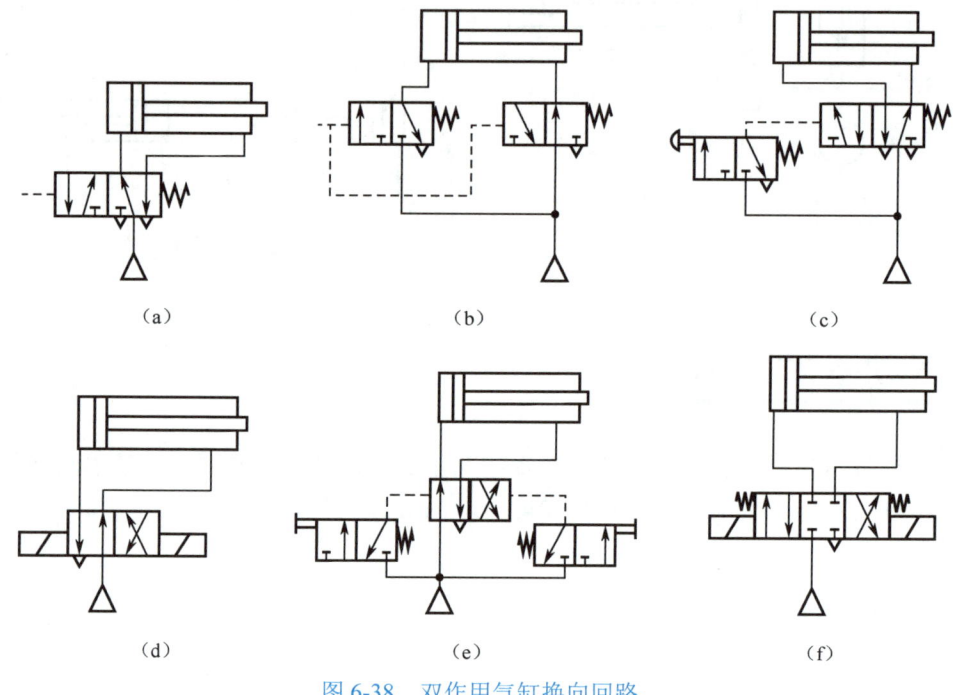

图 6-38 双作用气缸换向回路

6.2.2 压力控制回路

压力控制回路的功能是使气动系统的压力保持在规定范围内，包括一次压力控制回路、二次压力控制回路和高低压转换回路。

6.2.2.1 一次压力控制回路

如图 6-39 所示，一次压力控制回路用于控制储气罐内的压力，使其不超过规定的压力值。常用外控溢流阀或电接点压力表来控制空压机的转停，使储气罐内的压力保持在规定范围内。

6.2.2.2 二次压力控制回路

二次压力控制回路主要用于对气动系统的气源压力进行控制，如图 6-40 所示。为了保证气动系统使用的气体压力为稳定值，常将空气过滤器、减压阀、油雾器（气动三联件）联合使用。

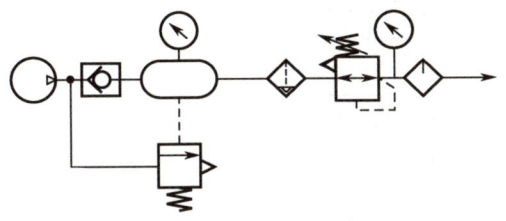

图 6-39　一次压力控制回路

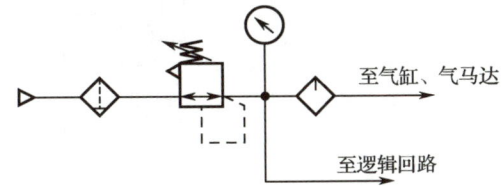

图 6-40　二次压力控制回路

6.2.2.3　高低压转换回路

高低压转换回路如图 6-41 所示。图 6-41（a）所示的回路利用减压阀和换向阀选择输出低压或高压压缩空气。如图 6-41（b）所示，若去掉换向阀，则可同时输出高压和低压压缩空气。

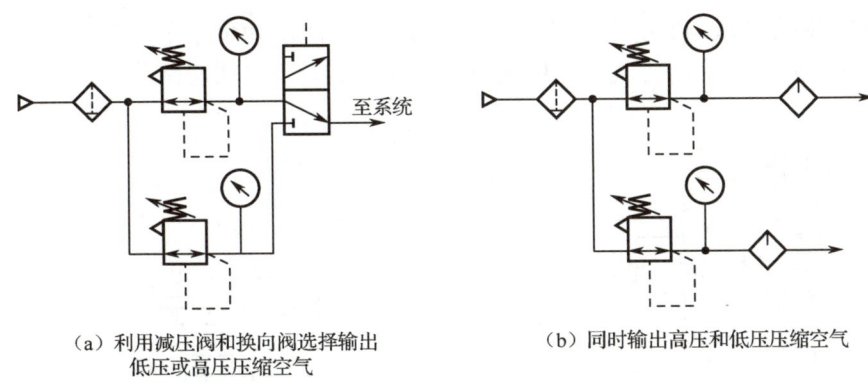

（a）利用减压阀和换向阀选择输出
低压或高压压缩空气

（b）同时输出高压和低压压缩空气

图 6-41　高低压转换回路

6.2.3　速度控制回路

在气动系统中，速度控制回路包括单向调速回路、双向调速回路和气-液调速回路。

6.2.3.1　单向调速回路

图 6-42 所示为双作用气缸单向调速回路。其中，图 6-42（a）所示为供气节流调速回路。在图示位置，当气控换向阀不换向时，进入气缸无杆腔的气流流经节流阀，从气缸有杆腔排出的气体直接经气控换向阀排出。供气节流调速回路的不足之处如下。

（1）当负载方向与活塞的运动方向相反时，活塞运动易出现不平稳现象，即"爬行"现象。

（2）当负载方向与活塞的运动方向一致时，由于气体经换向阀排出，因此负载易产生"跑空"现象，使气缸失去控制。

图 6-42（b）所示为排气节流调速回路。在图示位置，从气源来的压缩空气经气控换向阀直接进入气缸无杆腔，而从气缸有杆腔排出的气体必须经节流阀到气控换向阀继而排入大气，因此气缸有杆腔中的气体具有一定的压力。此时，活塞在气缸无杆腔与有杆腔的压差作用下前进，从而减小了"爬行"现象发生的可能性。调节节流阀阀口的开度，就可以控制排气速度，从而控制活塞的运动速度。

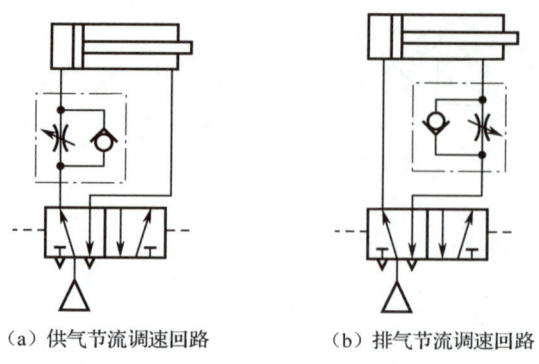

(a) 供气节流调速回路　　　　(b) 排气节流调速回路

图 6-42　双作用气缸单向调速回路

6.2.3.2　双向调速回路

双向调速回路如图 6-43 所示。其中，图 6-43（a）所示为采用单向节流阀的双向调速回路；图 6-43（b）所示为采用排气节流阀的双向调速回路。双向调速回路适用于负载变化不大的场合。

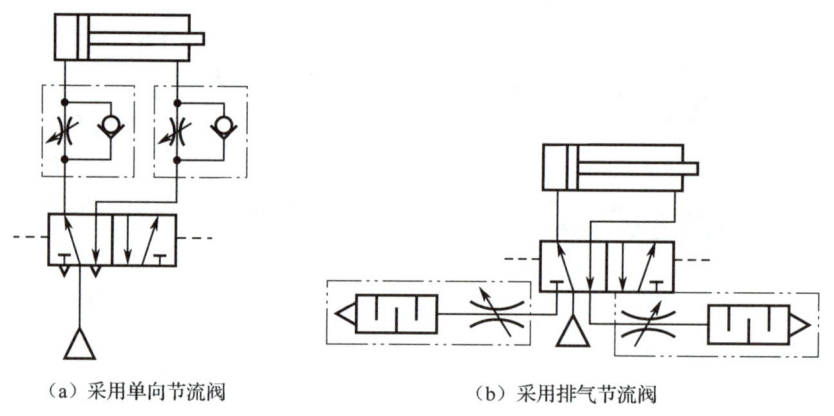

(a) 采用单向节流阀　　　　(b) 采用排气节流阀

图 6-43　双向调速回路

当负载突然增大时，气体的可压缩性将迫使气缸内的气体被压缩，使活塞的运动速度减慢；当负载突然减小时，气缸内原来被压缩的气体将膨胀，使活塞的运动速度加快，称为气缸的"自走"现象。

6.2.3.3　气-液调速回路

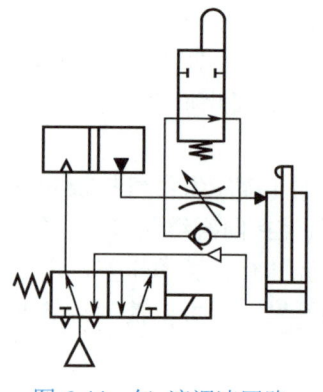

图 6-44　气-液调速回路

如图 6-44 所示，当电磁换向阀的电磁铁得电时，气压作用在气缸无杆腔活塞上，气缸有杆腔内的液压油经机控换向阀进入气-液转换器，活塞杆快速伸出。当活塞杆压下机控换向阀时，气缸有杆腔内的液压油只能通过节流阀到气-液转换器，从而使活塞杆伸出速度减慢；当电磁换向阀的电磁铁失电，处于左位接通状态时，活塞杆快速缩回。气-液调速回路可实现快进—工进—快退工况。因此，在要求气缸具有准确且平稳的运动速度（尤其是在负载变化较大场合）时，可以采用气-液相结合的调速方式。

6.2.4 其他常用气动基本回路

6.2.4.1 安全保护回路

由于气动机构负荷的过载、气压的突然降低及气动执行机构的快速动作等都可能危及操作人员或设备的安全，因此需要在气动回路中加入安全保护回路。

1. 过载保护回路

过载保护回路如图 6-45 所示。在正常工作情况下，按下手动阀 1，主控阀 2 切换至左位，活塞杆伸出；当活塞杆上的挡块碰到行程阀 5 时，控制气体又使主控阀 2 切换至右位，活塞杆缩回。当活塞杆伸出时，若遇到故障而导致负载过大，则当使气缸无杆腔压力升高到超过预定值时，顺序阀 3 打开，控制气体可经梭阀 4 将主控阀 2 切换至右位，活塞杆缩回。气缸无杆腔的气体经主控阀 2 排出，可以防止系统过载。

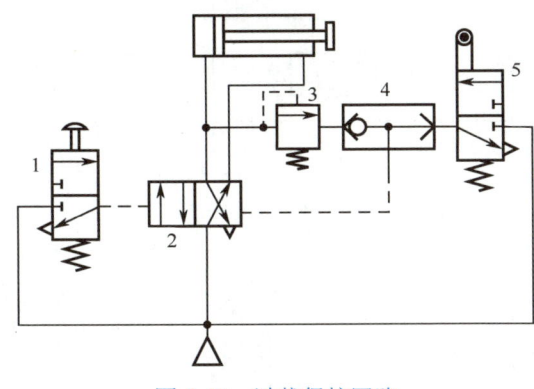

图 6-45 过载保护回路

2. 互锁回路

如图 6-46 所示，互锁回路主要利用梭阀 1、2、3 及换向阀 4、5、6 进行互锁。该回路能防止各气缸的活塞杆同时动作，保证只有一个活塞杆动作。当换向阀 7 被切换时，换向阀 4 也换向，使 A 缸活塞杆伸出。与此同时，A 缸进气管路的气体使梭阀 1、2 动作，把换向阀 5、6 锁住，此时即使换向阀 8、9 有气控信号，B、C 缸活塞杆也不会动作。如果要改变气缸活塞杆的动作，则必须把前一个动作缸的气控阀复位。

3. 双手同时操作回路

双手同时操作回路是使用两个手动阀作为启动阀，只有同时按动两个手动阀才动作的回路。这种回路主要是为了安全设计的，在锻造、冲压机床上常用来避免产生误动作，以保护操作人员的安全。

双手同时操作回路如图 6-47 所示。图 6-47（a）所示为采用逻辑"与"回路的双手同时操作回路，为了使主控阀 3 换向，必须使控制信号进入主控阀 3 左侧，为此必须使手动阀 1 和 2 同时动作。手动阀必须安装在单手不能同时操作的位置上。在操作时，如果任何一只手离开手动阀，则控制信号消失，主控阀 3 复位，活塞杆缩回。

采用三位主控阀的双手同时操作回路如图 6-47（b）所示。把主控阀 1 的信号 A 作为手动阀 2 和 3 的逻辑"与"回路信号，即当手动阀 2 和 3 同时动作时，主控阀 1 切换至左位，活塞杆伸出；把主控阀 1 的信号 B 作为手动阀 2 和 3 的逻辑"或非"回路信号，即当手动阀

2 和 3 同时松开时（图示位置），主控阀 1 切换至右位，活塞杆缩回，手动阀 2 和 3 中的任何一个动作，都将使主控阀 1 复位到中位，活塞杆处于停止状态。

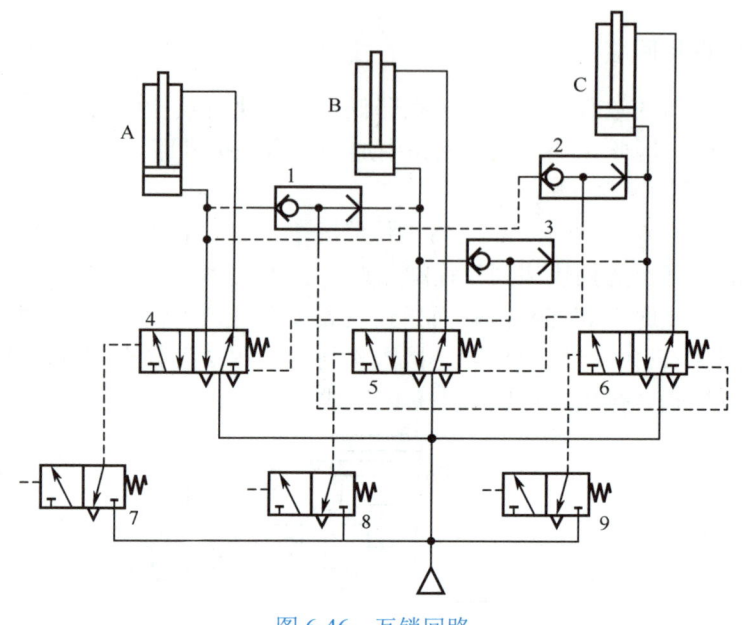

图 6-46　互锁回路

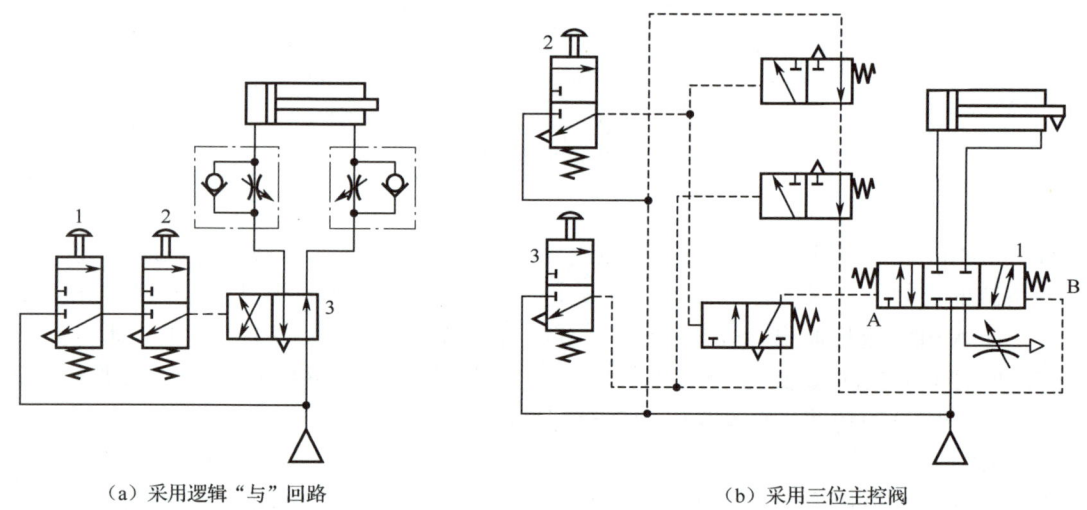

（a）采用逻辑"与"回路　　　　　　　　　（b）采用三位主控阀

图 6-47　双手同时操作回路

6.2.4.2　延时回路

延时回路如图 6-48 所示。延时输出回路如图 6-48（a）所示，当控制信号使阀 4 换向后，压缩空气经单向节流阀 3 向气罐 2 充气。当充气压力经过延时升高至使阀 1 换向时，阀 1 就有输出。

延时接通回路如图 6-48（b）所示。若按下阀 5，则活塞杆伸出，当活塞杆在伸出行程中压下阀 1 后，压缩空气经节流阀 2 向气罐 3 充气，延时后才将阀 4 换向，活塞杆缩回。

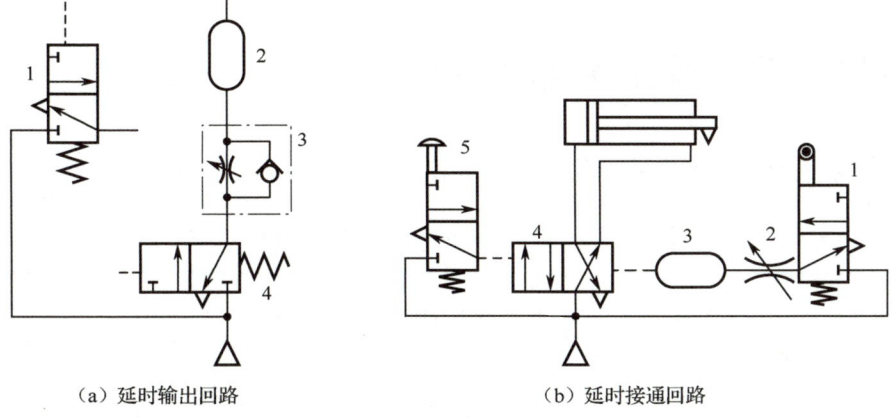

(a) 延时输出回路　　　　　　　　(b) 延时接通回路

图 6-48　延时回路

6.2.4.3　顺序动作回路

顺序动作是指在气动回路中，各个气缸按一定顺序完成各自的动作。例如，单缸有单往复动作、二次往复动作和连续往复动作等；多缸按一定顺序进行单往复或多往复顺序动作等。

1. 单往复动作回路

单往复动作回路如图 6-49 所示。图 6-49（a）所示为行程阀控制的单往复动作回路。当按下阀 1 的手动按钮后，压缩空气使阀 3 换向，活塞杆伸出；当活塞杆上的挡铁碰到行程阀 2 时，阀 3 右位工作，活塞杆缩回。图 6-49（b）所示为压力控制的单往复动作回路。当按下阀 1 的手动按钮后，阀 3 的阀芯右移，气缸无杆腔进气使活塞杆伸出，同时气压还作用在顺序阀 4 上；当活塞杆到达行程终点后，气缸无杆腔压力升高并打开顺序阀 4，使阀 3 切换至右位，活塞杆缩回。

2. 连续往复动作回路

图 6-50 所示为连续往复动作回路。当按下阀 1 的手动按钮后，阀 4 换向，活塞杆伸出，这时由于阀 3 复位将气路封闭，因此阀 4 不能复位，活塞杆继续伸出；活塞杆到达行程终点后压下行程阀 2，使阀 4 控制气路排气，阀 4 在弹簧作用下复位，活塞杆缩回；活塞杆到达行程终点后压下阀 3，阀 4 在控制压力下切换至左位，活塞杆再次伸出。这样连续往复动作，只有阀 1 的手动按钮松开后，阀 4 才复位，活塞杆缩回后停止运动。

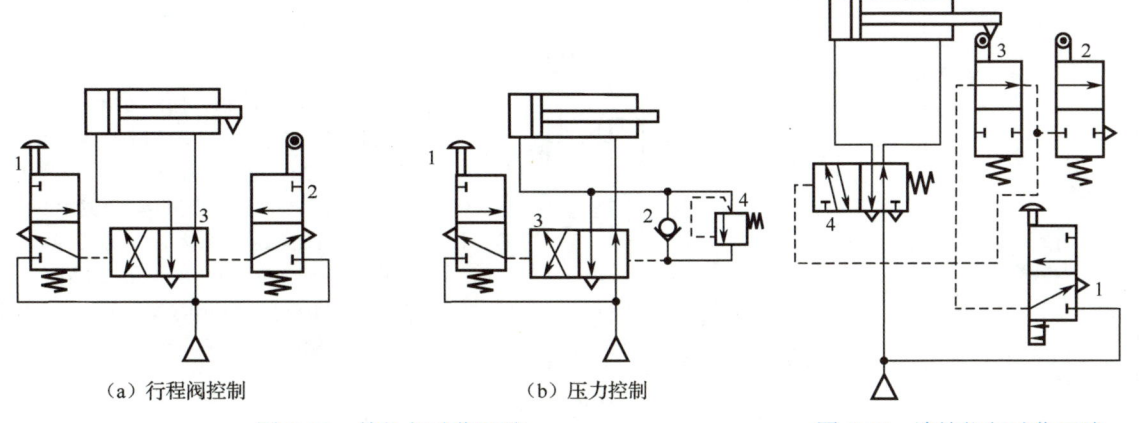

(a) 行程阀控制　　　　　(b) 压力控制

图 6-49　单往复动作回路　　　　　图 6-50　连续往复动作回路

6.3 流体传动系统常用电气回路

流体传动系统中常用电气元件的文字符号和图形符号如表 6-1 所示。

表 6-1 流体传动系统中常用电气元件的文字符号和图形符号

电气元件名称	文字符号	线圈符号	触点符号	
			动合（常开）	动断（常闭）
继电器	K	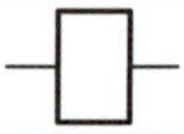		
时间继电器	KT	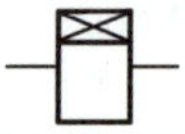	延时闭合 	延时断开 
电磁阀线圈	YV 或 YA 或 Y	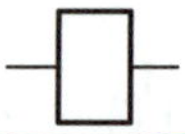		
按钮开关	SB			
行程开关	ST			

流体传动系统中常用的电气控制回路如表 6-2 所示。

表 6-2 流体传动系统中常用的电气控制回路

电路名称	电路图	说明
串联电路	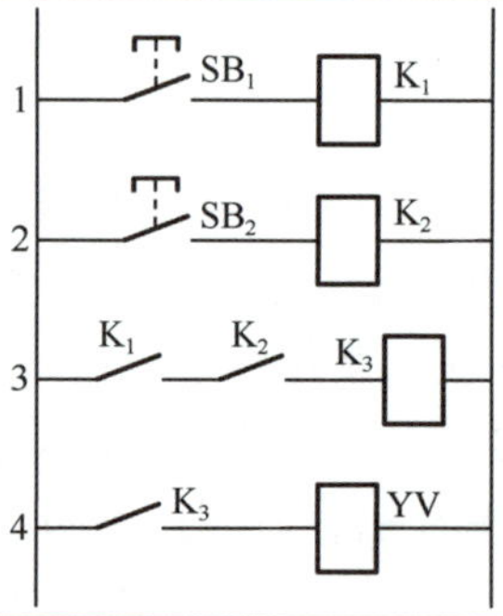 （电路图）	串联电路是逻辑"与"电路。例如，一台设备为了防止误操作，安装了两个启动按钮。只有操作人员将两个启动按钮同时按下时，设备才能开始运行。它一般是几个常开触点串联后形成的。如左图所示，只有按钮开关 SB_1、SB_2 同时被按下，电磁阀线圈 YV 才能通电励磁
并联电路	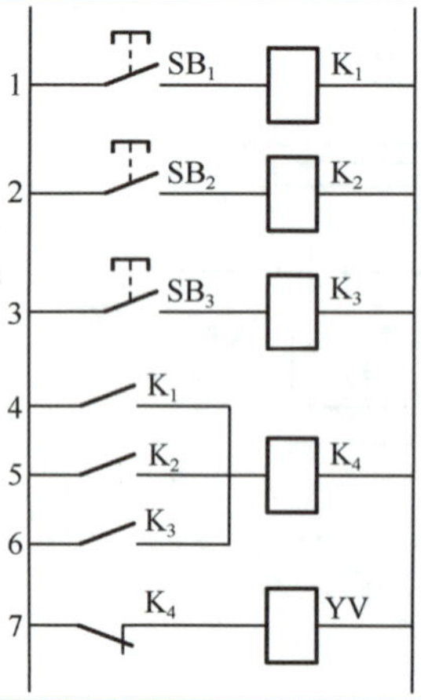 （电路图）	并联电路是逻辑"或"电路。例如，一条自动化生产线上有多名操作人员同时作业。为了确保安全，要求只要其中任何一名操作人员按下停止按钮，生产线就应停止运行。这种控制功能可由并联电路（几个常开触点并联）实现。如左图所示，当按钮开关 SB_1、SB_2、SB_3 中任何一个被按下时，电磁阀线圈 YV 在继电器 K_4 的动断触点的作用下，因不能继续得电而断开

续表

电路名称	电路图	说明
自锁电路	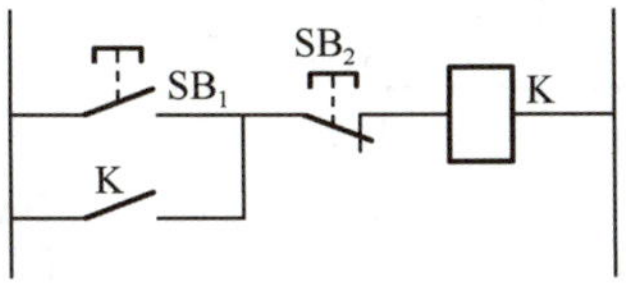	由于常用的按钮通常是即开按钮,其产生的是一个短时间信号,欲使电路保持通电信号,需要由保持电路来维持。如左图所示,当继电器 K 的动合触点和按钮开关 SB$_1$ 并联后,即使松开按钮开关 SB$_1$,继电器 K 也将通过动合触点继续保持得电状态,使继电器 K 获得记忆。左图中的 SB$_2$ 是用来解除自保持的按钮开关,并且因为当按钮开关 SB$_1$ 和 SB$_2$ 同时被按下时,SB$_2$ 先切断电路,从而使得 SB$_1$ 被按下无效,因此这种电路也称为记忆电路
延时电路	延时闭合电路	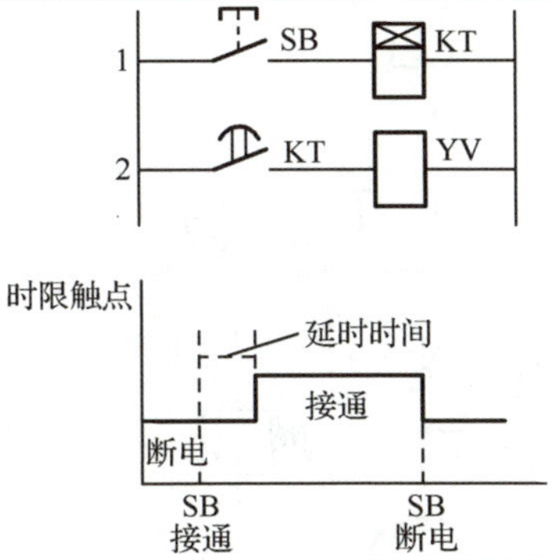 按下启动按钮 SB,时间继电器 KT 开始计时;经过设定的时间后,时间继电器 KT 的动合触点接通,YV 得电。松开 SB,时间继电器 KT 的动合触点立刻断开,YV 断电
	延时断开电路	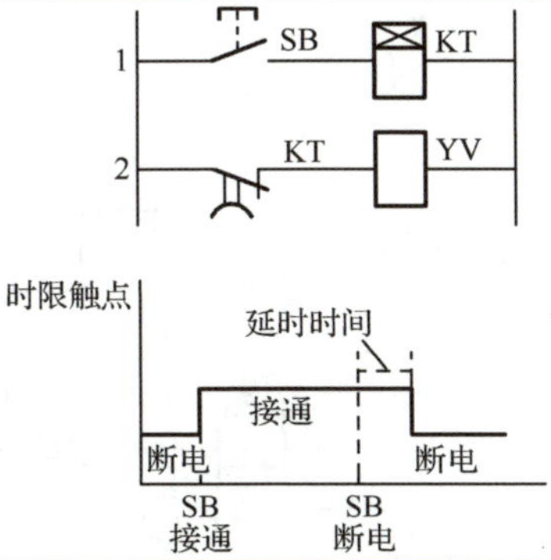 按下启动按钮 SB,时间继电器 KT 的动断触点同时接通,YV 得电。松开 SB,时间继电器 KT 开始计时,到规定时间后,时间继电器 KT 的动断触点断开,YV 断电
互锁电路	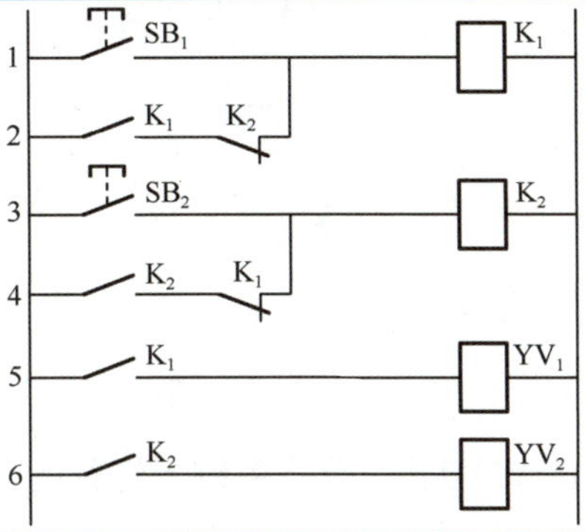	若设备中存在相互矛盾的动作,如电动机的正转与反转、活塞杆的伸出与缩回等,则为了防止同时输入相互矛盾的动作信号,使电路短路或烧坏线圈,控制电路应具有互锁功能,即电动机正转时不能使反转接触器动作,活塞杆伸出时不能使控制活塞杆缩回的电磁铁通电。如左图所示,将继电器 K$_1$ 的动断触点加到行 4 上,将继电器 K$_2$ 的动断触点加到行 2 上,这样就保证了继电器 K$_1$ 被励磁时继电器 K$_2$ 不会被励磁,反之亦然

课后思考题:

在图 6-51 所示的 8 种回路中,已知液压泵流量 q_p=10L/min,液压缸活塞的有效工作面积

$A_1=100\text{cm}^2$、$A_2=50\text{cm}^2$，溢流阀的调定压力 $p_y=2.4\text{MPa}$，负载及节流阀开口面积如图 6-51 所示，节流阀阀口为薄壁小孔。设 $C_d=0.62$，$\rho=900\text{kg/m}^3$，试分别计算活塞的运动速度和液压泵的工作压力。

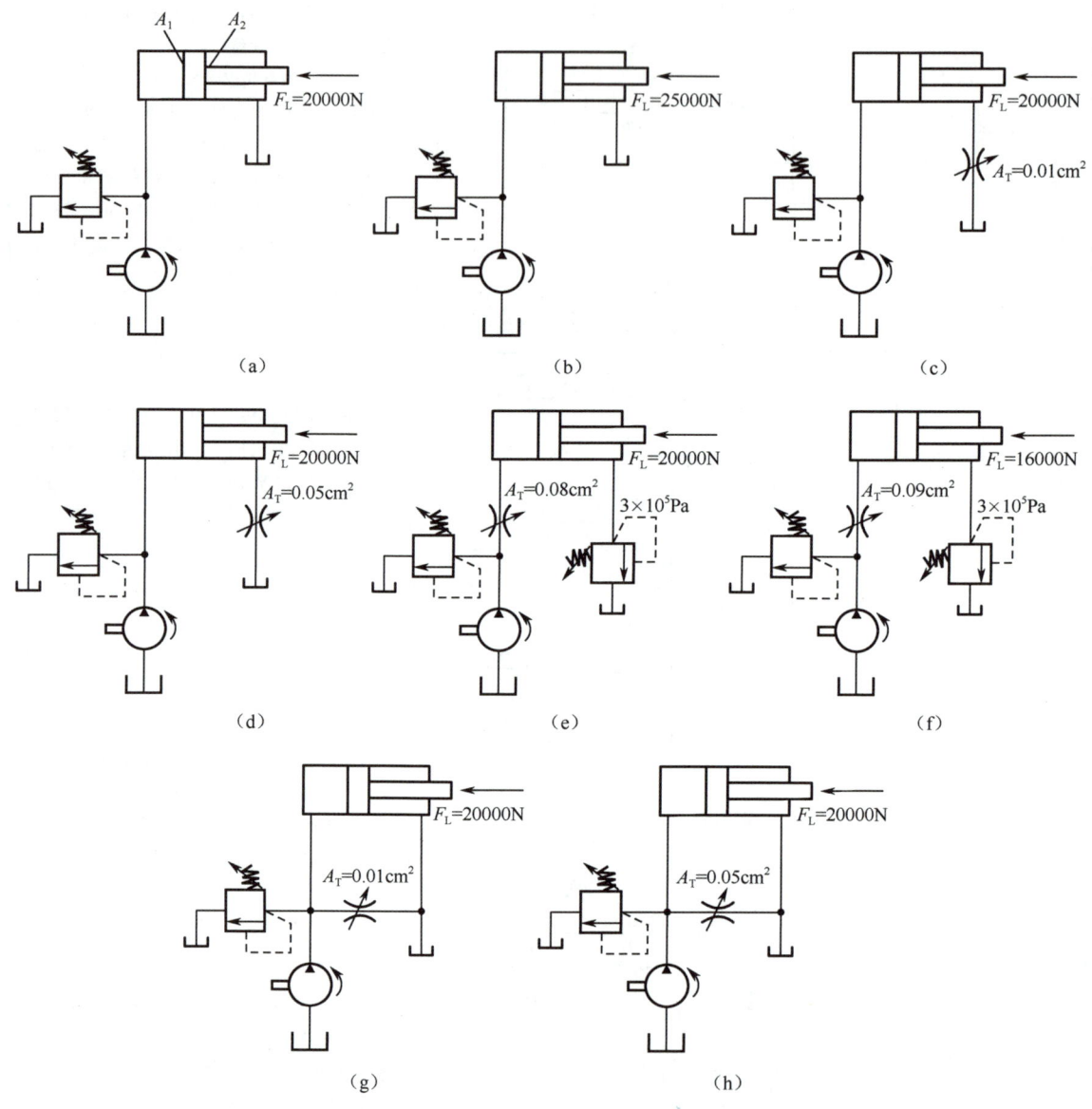

图 6-51　题 6-6 图

课后知识拓展：

Visio 软件

Visio 软件是 Microsoft 公司推出的在 Windows 操作系统下运行的流程图和矢量图绘制软件，其界面友好、操作简单、功能强大，便于用户以可视化的方式对复杂信息或系统进行分析、处理和交流。Visio 软件可以利用强大的模板（Template）、模具（Stencil）与形状（Shape）等元素，完成各种图表的绘制。Visio 软件的绘图界面如图 6-52 所示。

第 6 章　流体传动系统基本回路

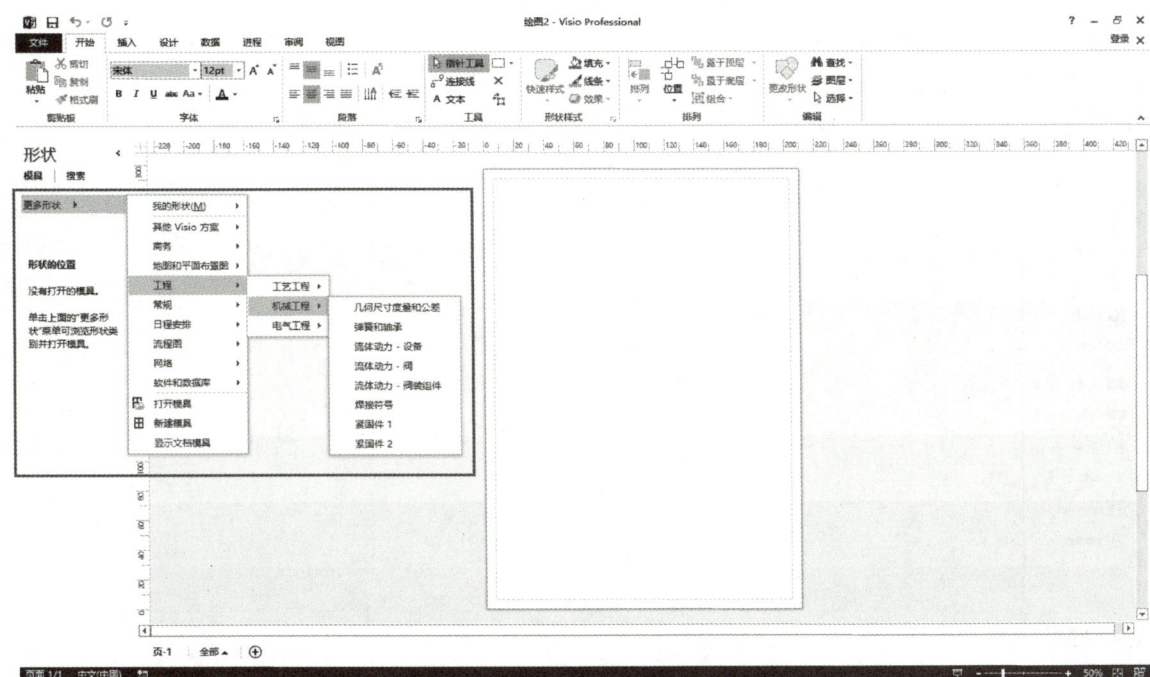

图 6-52　Visio 软件的绘图界面

　　Visio 软件中的流体动力图可以用于绘制各种液压与气动元件及回路。该模板中包括流体动力-设备（见图 6-53）、流体动力-阀（见图 6-54）、流体动力-阀装组件（见图 6-55）等模具。根据设计的元件和回路，将不同模具中的形状添加到绘图页中，并排列、连接形状，即可完成流体传动系统的绘制。

图 6-53　Visio 软件中的流体动力-设备模具

159

流体传动技术

图 6-54　Visio 软件中的流体动力-阀模具

图 6-55　Visio 软件中的流体动力-阀装组件模具

在绘图页中，执行【文件】→【新建】命令，在【类别】选项卡中选择【工程】→【机械工程】→【流体动力】选项。流体动力-设备模具中包括各种液压与气动元件，如泵、单作用缸、双作用缸、油箱等，如图 6-53 所示；流体动力-阀模具中包括各种液压与气动阀，如图 6-54 所示；流体动力-阀装组件模具中包括阀的各种操控方式，如图 6-55 所示。

在绘图页中添加流体动力形状之后，可以通过拖动形状手柄的方式来调整形状的大小和方向。针对不同的形状，可以通过右键快捷菜单中的功能调整形状的类型和外观。

如图 6-56 所示，在绘图页中选中"泵"类形状，右击并在弹出的快捷菜单中选择【气压】命令，可将该形状从液压泵更改为气压泵；若在右键快捷菜单中选择【电动机】或【泵-电动机】等命令，则可更改泵的类型和外观；拖动形状中间的黄色控制手柄，可以调整其具体显示位置。

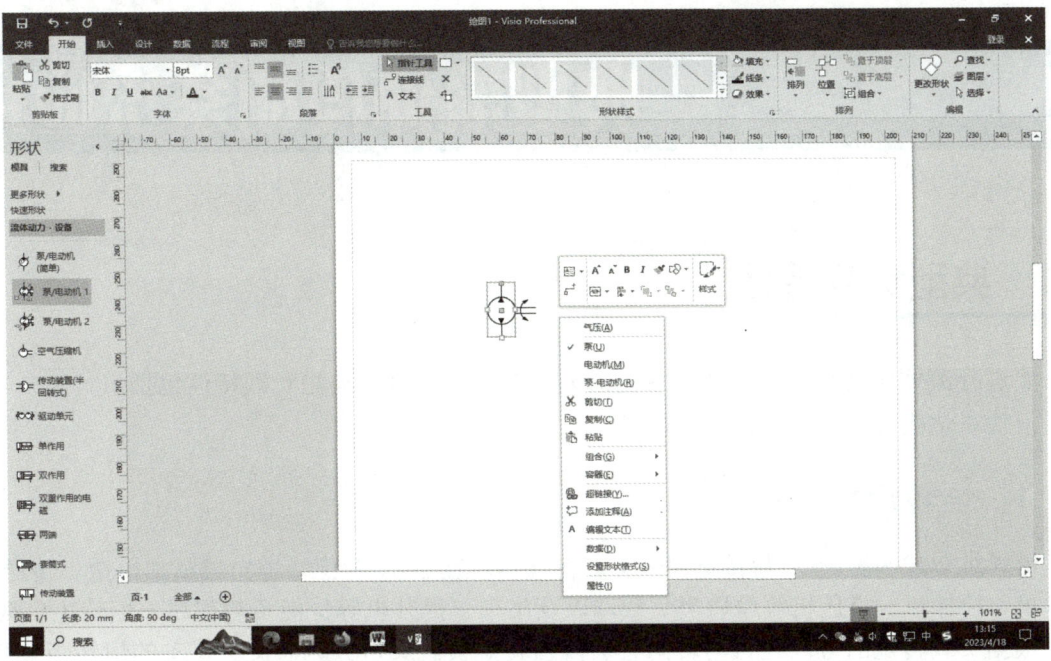

图 6-56　右键快捷菜单

第 7 章 典型流体传动系统应用

7.1 典型负载特性

要进行流体传动系统的设计，首先需要了解负载特性。典型负载特性包括恒转矩负载特性、恒功率负载特性和通风机型负载特性。

7.1.1 恒转矩负载特性

恒转矩负载的转矩 T_L 与转速 n 无关，在任何转速下 T_L 总保持恒定或基本恒定。传送带、运输机、搅拌机、挤压机等摩擦类负载，以及吊车、提升机等位能负载都属于恒转矩负载。

根据负载转矩的方向是否与转向有关，恒转矩负载又可分为做旋转运动的恒转矩负载和做直线运动的恒转矩负载两类。

（1）在实际生产中，有很多工作机构的运动属于旋转运动，如车床的主轴。有些工作机构是做直线运动的，如刨床的工作台，如图 7-1 所示。

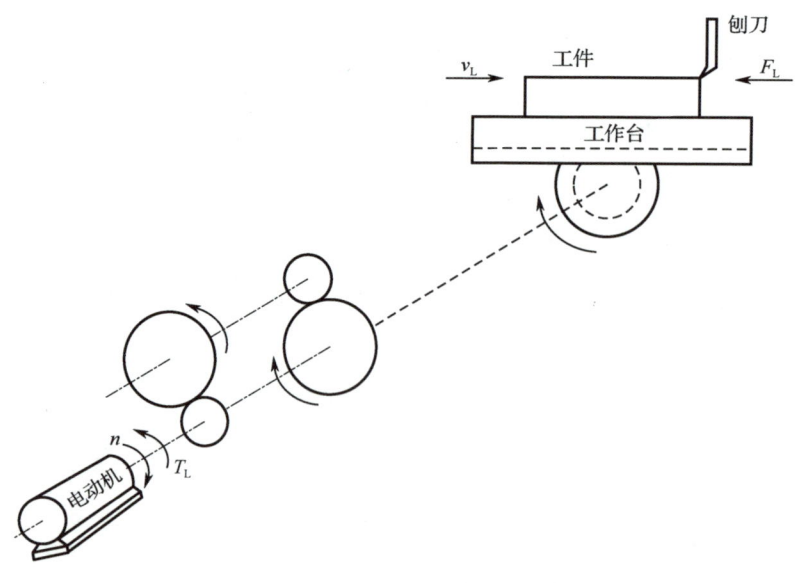

图 7-1 工作机构做直线运动的示意图

（2）有些工作机构是做升降运动的，如电梯、起重机等。升降运动也是直线运动，包括提升和下放重物。

恒转矩负载特性如下。

1. 反抗性恒转矩负载特性

反抗性恒转矩负载特性是工作机构转矩的绝对值是恒定不变的，转矩的性质是阻碍运动的制动性转矩，如带式运输机、轧钢机、刀架平移机床、在平道上行驶的电车等由摩擦力产生转矩的负载，都是反抗性恒转矩负载。

对于反抗性恒转矩负载，当 n 为正方向时，T_L 也为正方向（按前述规定，以反对正向运动的方向作为 T_L 的正方向）；当 n 为负方向时，T_L 也改变方向，变为负方向。因此，反抗性恒转矩负载特性曲线应在第一和第三象限内，如图 7-2 所示。

2. 位能性恒转矩负载特性

用于提升和下放重物的起重机类负载，不论其运动方向如何，重力作用方向总是向下的。如果以提升重物作为运动的正方向，则当 n 为正方向时，T_L 反对正向运动，也为正方向；当 n 为负方向时，T_L 的方向不变，仍为正方向，表明这时负载是帮助运动的，这就是位能性恒转矩负载特性。因此，位能性恒转矩负载特性曲线应在第一和第四象限内，如图 7-3 所示。

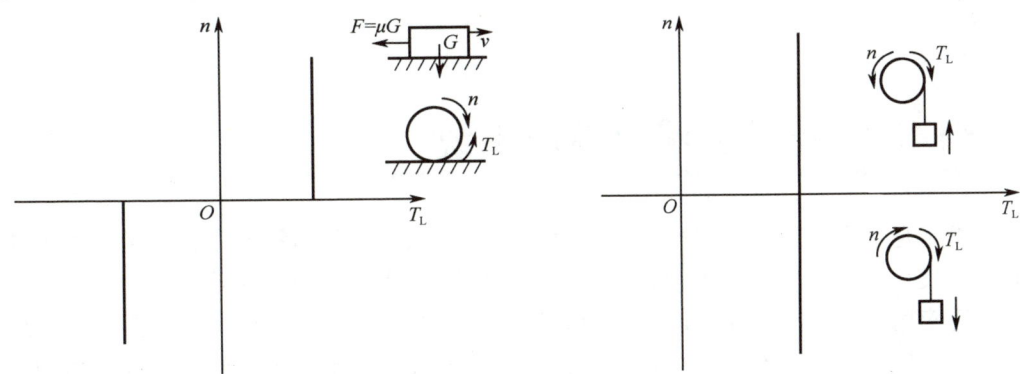

图 7-2　反抗性恒转矩负载特性曲线　　　　图 7-3　位能性恒转矩负载特性曲线

7.1.2　恒功率负载特性

机床主轴、轧机、造纸机、塑料薄膜生产线中的卷取机和开卷机等要求的转矩大体与转速成反比，这种负载就是恒功率负载。

当负载功率 P_L 为一定值时，负载转矩 T_L 与转速 n 成反比。例如，某些机床在进行粗加工时，切削量大，切削阻力也大，采用低速；在进行精加工时，切削量小，切削阻力也小，采用高速。这样在不同转速下，T_L 与 n 基本上成反比，即 $T_L=K/n$，其中 K 为比例常数。切削功率 P_L 为

$$P_L = T_L \omega = T_L \frac{2\pi n}{60} = \frac{T_L n}{9.55} = 常数 \quad (7-1)$$

恒功率负载特性曲线如图 7-4 所示。

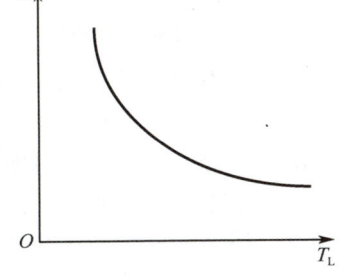

图 7-4　恒功率负载特性曲线

7.1.3　通风机型负载特性

属于通风机型负载（又称为透平负载）的机械设备有鼓风机、水泵和油泵等。空气、水

和油等介质对机械叶片的阻力基本上与转速的平方成正比,即 $T_L=Kn^2$,其中 K 为比例常数。因此,通风机型负载特性曲线是一条抛物线,如图 7-5 中的曲线 1 所示。

实际上,负载特性往往是以上三种典型负载特性的组合。如图 7-5 中的曲线 2 所示,实际的鼓风机除主要具有通风机型负载特性外,由于轴上还有一定的摩擦转矩 T_0,所以其负载特性应为

$$T_L = T_0 + Kn^2 \tag{7-2}$$

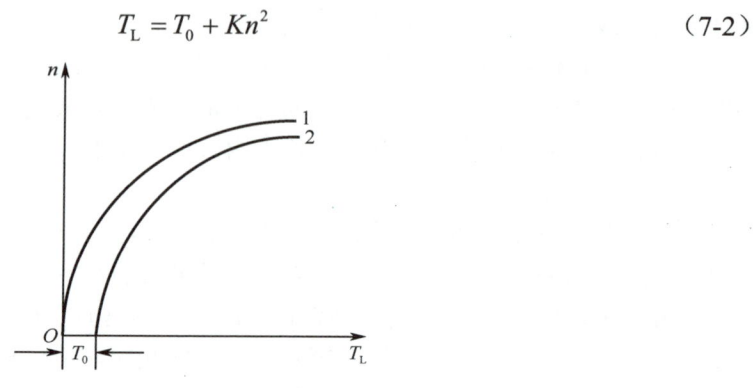

图 7-5　通风机型负载特性曲线

7.2　YT4543 型动力滑台液压系统

组合机床是适用于大批量生产的一种金属切削机床,它是由标准化、通用化的零件和按零件形状、尺寸及加工工艺要求设计的专用部件组合而成的专用、高效、自动化程度较高的机床,广泛应用于机械制造业生产线和自动线。组合机床的动力滑台是用来实现进给运动的通用部件。根据加工工艺要求,在动力滑台台面上安装动力箱、多轴箱及各种专用切削头等动力部件,可以完成钻、扩、铰、铣、镗和攻丝等加工工序,还可以完成多种复杂的进给运动工作循环。由于动力滑台的机械结构简单,既可与电器配合实现进给运动自动工作循环,又可以很方便地调节工进速度,因此它的应用比较广泛。

液压系统图的阅读和分析步骤如下。

(1) 了解机械设备工况对液压系统的要求,了解在工作循环中的各个工步对力、速度和方向的要求。

(2) 初读液压系统图,了解液压系统中包含哪些元件,且以执行元件为中心,将液压系统分解为若干个子系统。

(3) 先单独分析每个子系统,了解其执行元件与相应的阀、泵之间的关系,以及包含哪些基本回路;然后参照电磁铁动作表和执行元件的动作要求,厘清其液流路线。

(4) 根据液压系统对各执行元件间的互锁、同步、防干扰等要求,分析各子系统之间的联系,以及如何实现这些要求。

(5) 在全面读懂液压系统图的基础上,根据液压系统所使用的基本回路的性能,对液压系统进行综合分析,归纳总结整个液压系统的特点,以加深对液压系统的理解。

图 7-6 和表 7-1 分别为 YT4543 型动力滑台液压系统图及其动作顺序表。液压系统能够实现的工作循环是快进—Ⅰ工进—Ⅱ工进—死挡铁停留—快退—原位停止。

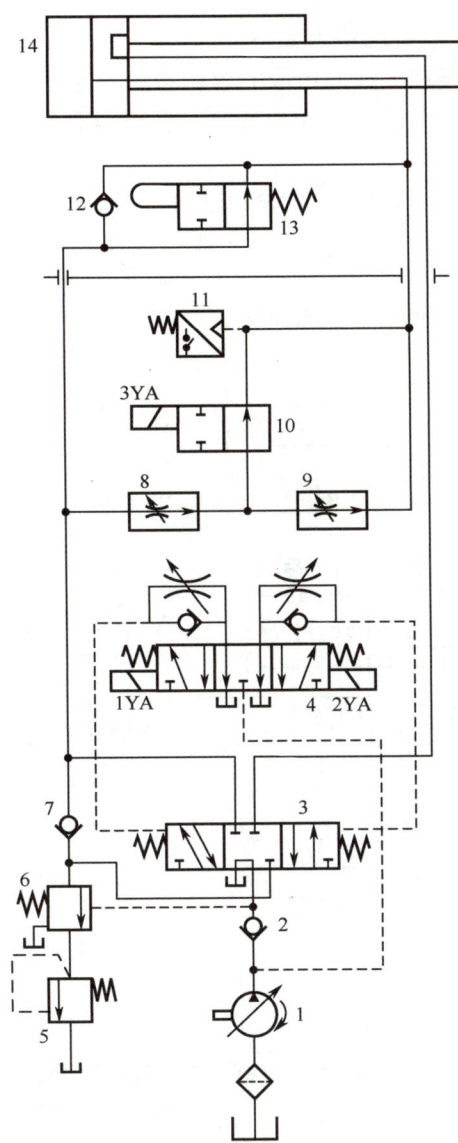

1—液压泵；2、7、12—单向阀；3—液动换向阀；4—电磁先导阀；5—背压阀；6—顺序阀；
8、9—调速阀；10—二位二通电磁换向阀；11—压力继电器；13—行程阀；14—液压缸。

图 7-6　YT4543 型动力滑台液压系统图

表 7-1　YT4543 型动力滑台液压系统的动作顺序表

动作	1YA	2YA	3YA	压力继电器 11	行程阀 13
快进（差动）	+	−	−	−	导通
Ⅰ工进	+	−	−	−	切断
Ⅱ工进	+	−	+	−	切断
死挡铁停留	+	−	+	+	切断
快退	−	+	+（−）	−	切断→导通
原位停止	−	−	−	−	导通

注："+"表示电气元件通电，"−"表示电气元件断电。

YT4543型动力滑台液压系统的特点如下。

（1）采用由限压式变量泵和调速阀组成的容积节流调速回路。

（2）采用限压式变量泵和差动连接实现快进，既能得到较高的快进速度，又不会使系统效率过低。

（3）采用行程阀和液控顺序阀使快进转换为工进，动作平稳、可靠。

课内思考题：

7-1 图7-7所示为某组合机床液压系统图。

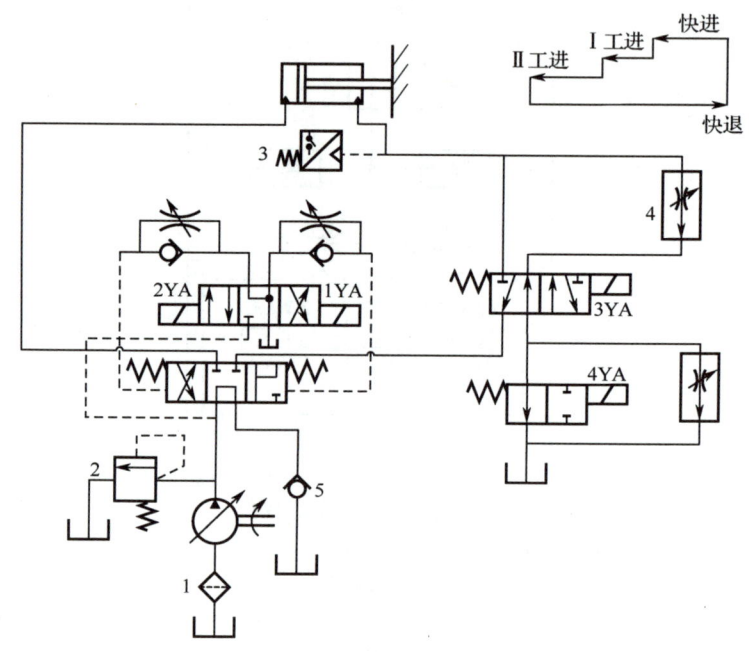

图7-7 题7-1图

（1）写出元件1、2、3、4、5的名称及其在液压系统中的作用。

序号	1	2	3	4	5
名称					
作用					

（2）试分析该液压系统的工作原理，根据其工作循环图列出电磁铁动作顺序表。（注：电气元件通电用"+"表示，断电用"-"表示）

动作	1YA	2YA	3YA	4YA
快进				
Ⅰ工进				
Ⅱ工进				
快退				
停止				

7-2 图7-8所示的液压系统可完成如下工作循环：快进—工进—快退—停止。试分析该

液压系统的工作原理，根据其工作循环列出电磁铁动作顺序表。（注：电气元件通电用"+"表示，断电用"-"表示）

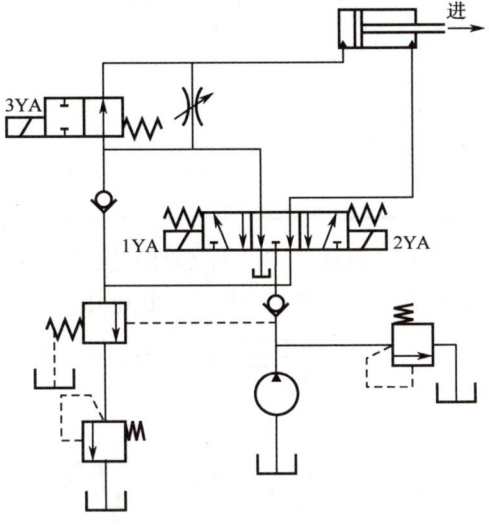

图 7-8　题 7-2 图

动作	1YA	2YA	3YA
快进			
工进			
快退			
停止			

7-3　图 7-9 所示的液压系统可完成如下工作循环：快进—工进—快退—停止、卸荷。

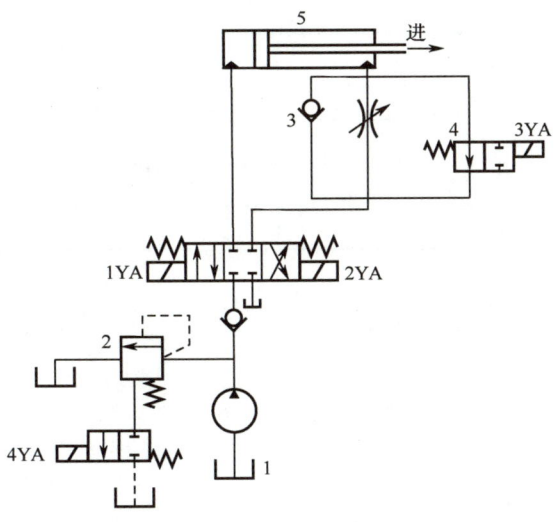

图 7-9　题 7-3 图

（1）写出标出序号的液压元件名称。

序号	1	2	3	4	5
名称					

（2）试分析该液压系统的工作原理，根据其工作循环列出电磁铁动作顺序表。（注：电气元件通电用"+"表示，断电用"-"表示）

动作	1YA	2YA	3YA	4YA
快进				
工进				
快退				
停止、卸荷				

7-4 图 7-10 所示的液压系统可完成如下工作循环：快进—工进—快退—停止。试列出电磁铁动作顺序表。（注：电气元件通电用"+"表示，断电用"-"表示）。

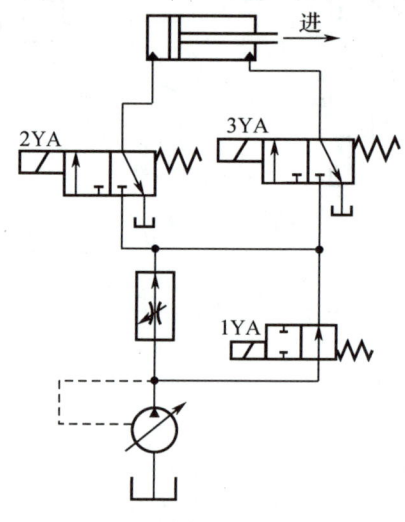

图 7-10

动作	1YA	2YA	3YA
快进			
工进			
快退			
停止			

第 8 章 流体传动系统计算机仿真

8.1 机电液系统相似模型

在机电液系统分析中，可以发现许多机械系统、电路系统和流体传动系统具有相似性，如表 8-1 所示。

表 8-1 机电液系统模拟变换表

机械系统	电路系统	流体传动系统
达朗贝尔原理	基尔霍夫电压定律	
自由度	回路	回路
力的施加	开关闭合	压力的施加
力（N）	电压（V）	压力（Pa）
位移	电荷	
速度	电流	流速
质量	电感	管路
阻尼系统	电阻	节流阀
弹簧	电容	蓄能器

8.2 流体传动系统仿真软件介绍

流体传动系统仿真软件包括 FluidSIM 软件、AMESim 软件、MATLAB/Simulink 软件等。

8.2.1 FluidSIM 软件

FluidSIM 软件是德国 Festo 公司和帕德博恩大学联合开发的、专门用于流体传动系统的仿真软件。该软件提供了一些 demo，可供学习参考。

8.2.1.1 FluidSIM 软件的特点

FluidSIM 软件包括 FluidSIM-P 软件（针对气动系统）和 FluidSIM-H 软件（针对液压系统）。FluidSIM-H 软件的用户界面如图 8-1 所示。

图 8-1　FluidSIM-H 软件的用户界面

FluidSIM 软件的特点如下。

（1）FluidSIM 软件具有方便、快捷的绘图建模功能。图库中包括上百种标准液压、气压和电气元件。在绘图建模过程中，可以把相应的元件拖到绘图区，根据需要搭建流体传动回路。同时，还可以检查各元件之间的连接是否可行。

（2）FluidSIM 软件具有先进的回路仿真功能。FluidSIM 软件可对基于元件物理模型的回路进行实时仿真，观察各元件的物理量变化值，如缸活塞的运动速度、缸的输出力、节流阀阀口的开度、回路各点的压力等，能够预先了解回路的动态特性，从而准确地估计回路实际运行时的工作状态。同时，在仿真时还可以通过插入"状态栏"来显示回路中关键元件的状态量变化曲线。

（3）FluidSIM 软件可用于设计与流体传动回路相配套的电气控制回路。通过电气控制回路控制流体传动回路，能充分展现各种电气元件、阀、缸的动作过程。

8.2.1.2　FluidSIM 建模与仿真实例

采用 FluidSIM-H 软件搭建液压双缸顺序动作回路，建模与仿真步骤如下。

（1）建模。

根据要求，选择液压源、溢流阀、二位四通电磁换向阀、液压缸等液压元件，搭建液压回路。

选择 24V 直流电源、按钮开关（常开）、继电器线圈、常开触点、电磁线圈等电气元件，搭建电气控制回路，如图 8-2 所示。

（2）参数设置。

两个液压缸的最大行程相同，但负载力不同，其仿真参数如表 8-2 所示。

表 8-2　仿真参数

参数	值
泵源压力	6MPa
液压缸的最大行程	200mm
液压缸 1A1 的负载力 F_1	10N
液压缸 1A2 的负载力 F_2	100N

（3）仿真分析。

两个液压缸活塞位移变化的仿真结果如图 8-2 中的状态栏所示。在初始时刻，二位四通电磁换向阀右位工作，由于双作用缸 1A1 的负载力为 10N，小于双作用缸 1A2 的负载力（100N），因此双作用缸 1A1 的活塞杆先伸出；双作用缸 1A1 的活塞到达缸底后，系统压力升高，推动双作用缸 1A2 的活塞杆伸出。按下电气控制回路中的按钮开关 SB1，电磁阀的继电器线圈 K1 得电，触点 K1 闭合，电磁阀线圈 1Y 通电励磁；二位四通电磁换向阀换向，左位工作，双作用缸 1A1 和 1A2 的活塞杆同时缩回，但两个液压缸活塞杆缩回的速度不同。

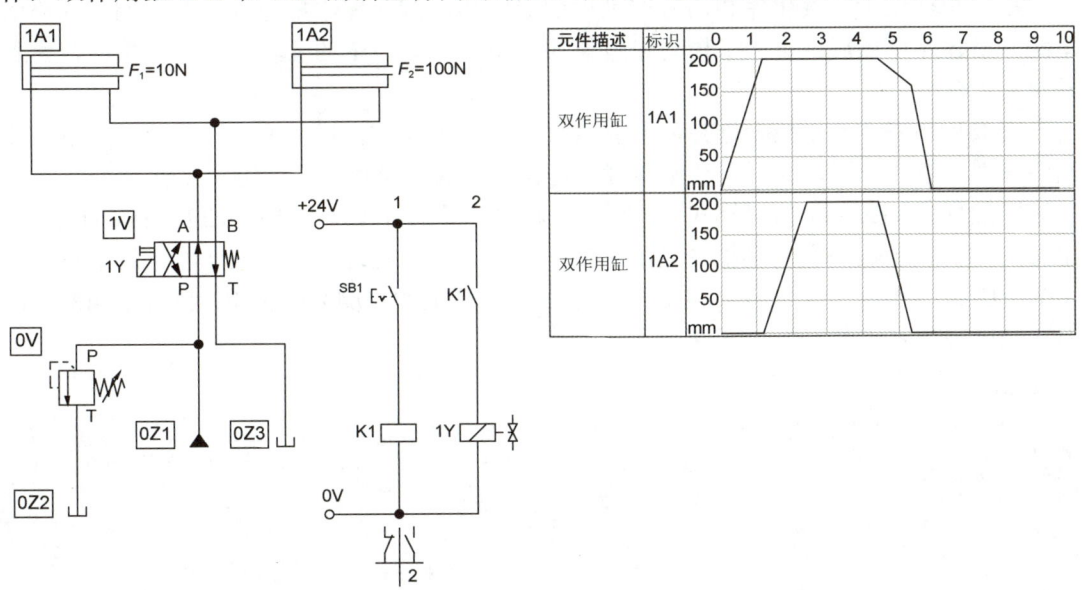

图 8-2　液压双缸顺序动作回路的 FluidSIM 仿真模型和仿真结果

课内思考题：

8-1　参考 6.1.4.1 节，采用 FluidSIM 软件搭建多缸顺序动作回路，可采用顺序阀、压力继电器、行程阀、行程开关等元件。

8.2.2　AMESim 软件

AMESim 软件是法国 Imagine 公司推出的高级建模与仿真软件，它实现了多学科领域的系统工程建模与仿真，包括机械、流体、热、电和磁等领域。目前，AMESim 软件已经成功应用于燃油喷射、制动系统、动力驱动、机电系统及冷却系统等。由于具有强大的仿真计算能力、友好的工作界面及可实现结果的可视化，AMESim 软件为流体传动系统提供了良好的仿真条件。AMESim 软件具有丰富的模型库和大量的案例，可供大家学习参考。

8.2.2.1 AMESim 软件的特点

AMESim 软件的特点如下。

（1）AMESim 软件具有多种仿真运行模式，包括动态仿真模式、稳态仿真模式、间断连续仿真模式、批处理仿真模式。其中，批处理仿真模式可以产生一系列仿真结果文件，方便对仿真结果进行对比。

（2）AMESim 软件提供了丰富的与其他软件（包括 MATLAB 软件、Adams 软件等）的接口。

（3）AMESim 软件提供了齐全的分析和结果显示工具，方便对不同的回路进行仿真分析。特别是绘图管理器（Plot Manager），可以修改横、纵坐标变量和数据显示范围，还可以进行多曲线绘制等。

8.2.2.1 AMESim 建模与仿真实例

在 AMESim 软件中进行仿真，包括四个阶段：草图阶段、子模型阶段、参数设置阶段和仿真阶段。在机械库、液压库和信号控制库中选取相应的元件，搭建进油节流调速回路的仿真草图。搭建完草图后，进入子模型设置模式，单击工具栏中的【主子模型】按钮，为各元件设置主子模型。

在完成草图搭建及子模型选择后，要进行参数设置及仿真运行参数设置，对进油节流调速回路在固定载荷作用下的不同节流阀阀口孔径对应的调速特性进行仿真分析。

采用批处理（Batch）仿真模式，选择菜单栏中的【Settings】→【Batch Parameters】命令，弹出【Batch Parameters】对话框（见图 8-3），进入参数批处理设置模式。将进油节流调速回路中节流阀阀口孔径变量"constant value"拖到该对话框的左侧列表栏中，设置不同的节流阀阀口孔径进行仿真研究。

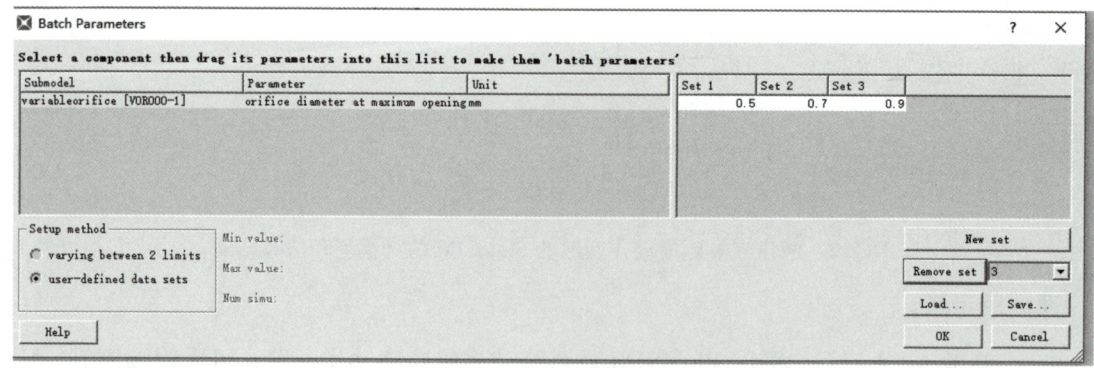

图 8-3 【Batch Parameters】对话框

课内思考题：

8-2 AMESim 软件提供了很多 demo，其中反铲式挖掘机的 AMESim 模型如图 8-4 所示。反铲式挖掘机由铲斗、铲斗柱、回转臂、支脚和液压系统等组成。铲斗与铲斗柱铰接，铲斗柱铰接在回转臂的末端。液压系统通过各液压缸控制回转臂的升降和在水平面内的回转，铲斗柱在垂直面内的转动，支脚的升降，以及铲斗的挖掘、提升和卸土状态的改变等。

结合 AMESim 平面机构，试分析反铲式挖掘机的工作原理和工作过程，给出反铲式挖掘机中多个液压缸的控制输入信号、输出位移等参数变化曲线。

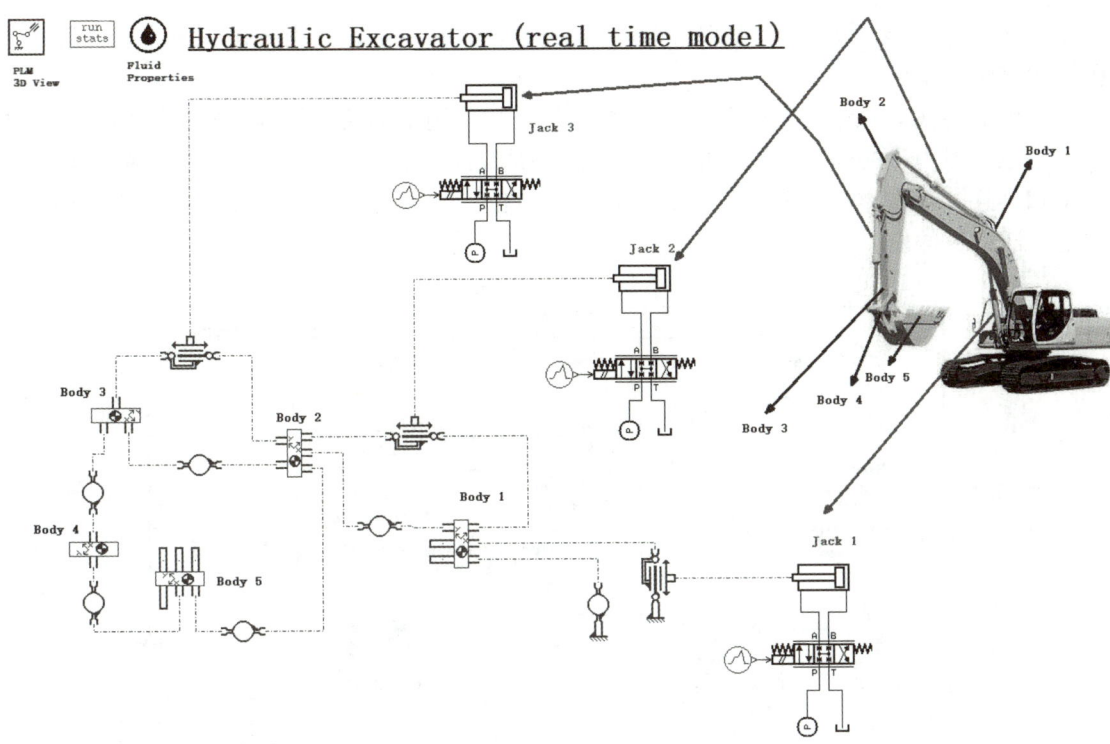

图 8-4 反铲式挖掘机的 AMESim 模型

8.2.3　MATLAB/Simulink 软件

8.2.3.1　Simulink 仿真模块

在 MATLAB/Simulink 软件中,液压系统仿真模块库如图 8-5 所示。

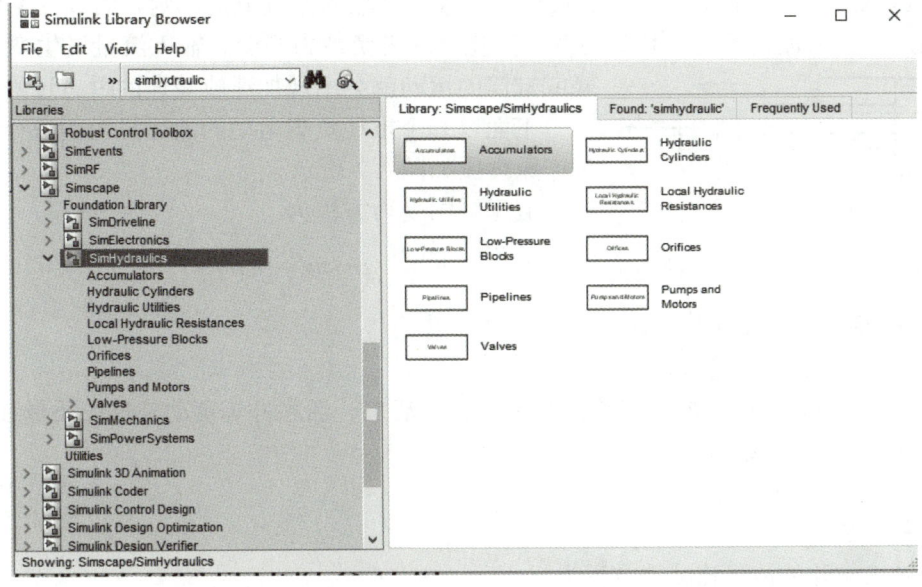

图 8-5　液压系统仿真模块库

图 8-5 所示的液压系统仿真模块库中包括蓄能器、液压缸、液压辅件、节流阀、管路、泵和马达、阀等模块。

单作用缸的换向回路仿真模型如图 8-6 所示。单作用缸的活塞杆推动质量块和弹簧，同时考虑黏性阻尼力。换向阀的输入信号为正弦信号。在初始时刻，二位三通电磁换向阀的 A 口与 T 口连通，单作用缸活塞处于缸底位置；当二位三通电磁换向阀的 A 口与 P 口连通时，单作用缸活塞杆伸出。

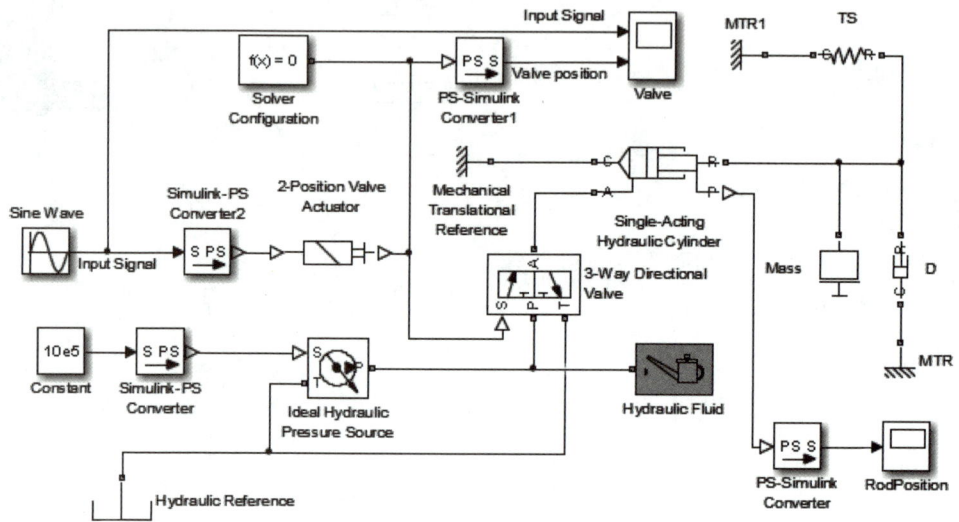

图 8-6　单作用缸的换向回路仿真模型

8.2.3.2　液压缸动态特性仿真分析

液压缸的系统建模方法主要有节点容腔法、传递函数法等，本节将应用传递函数法对液压缸进行建模。

当液压缸工作时，若液压推力与负载力相等，且输入流量恒定，则缸筒或活塞做匀速运动；当液压缸输入流量不变、负载力发生变化，或者负载力不变、输入流量发生变化时，活塞或缸筒的运动就会出现加速或减速的瞬态过程。

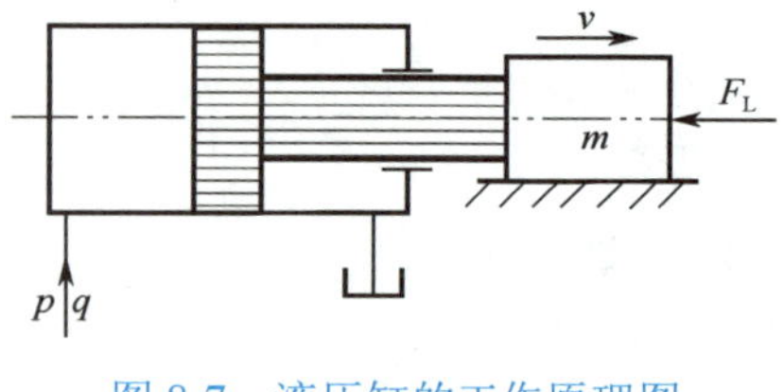

下面以一个推动负载运动的液压缸为例进行分析，其工作原理图如图 8-7 所示。

图 8-7　液压缸的工作原理图

液压缸的受力方程为

$$Ap = m\frac{\mathrm{d}v}{\mathrm{d}t} + Bv + F_L \tag{8-1}$$

式中，A——活塞的有效工作面积；

p——液压缸工作腔压力；

m——液压缸所驱动的工作部件质量（包括活塞、活塞杆等移动部件的质量在内）；

B——黏性阻尼系数；

v——活塞的运动速度；

F_L——负载力。

液压缸工作腔的流量连续性方程为

$$q = Av + k_1 p + \frac{V}{2K}\frac{dp}{dt} \tag{8-2}$$

式中，k_1——液压缸工作腔的泄漏系数；
V——液压缸工作腔和进油管内的油液体积；
K——油液的体积弹性模量。

对式（8-1）和式（8-2）进行拉普拉斯变换，有

$$Ap(s) = (ms + B)v(s) + F_L(s) \tag{8-3}$$

$$q(s) = Av(s) + \left(k_1 + \frac{V}{K}s\right)p(s) \tag{8-4}$$

利用式（8-3）、式（8-4）可得到液压缸的动态结构框图，如图 8-8 所示。

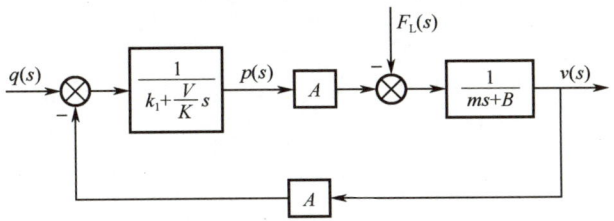

图 8-8　液压缸的动态结构框图

将式（8-3）和式（8-4）联合，可得传递函数表达式为

$$v(s) = \frac{Aq(s) - \left(k_1 + \frac{V}{K}s\right)F_L(s)}{\frac{V}{K}ms^2 + \left(k_1 + \frac{V}{K}B\right)s + (A^2 + k_1 B)}$$

$$= \frac{1}{A^2 + k_1 B} \cdot \frac{Aq(s) - \left(k_1 + \frac{V}{K}s\right)F_L(s)}{\frac{s^2}{\omega_n^2} + \frac{2\xi}{\omega_n}s + 1} \tag{8-5}$$

负载力 F_L 恒定时的液压缸传递函数为

$$G(s) = \frac{v(s)}{q(s)} = \frac{A}{A^2 + k_1 B} \cdot \frac{1}{\frac{s^2}{\omega_n^2} + 2\frac{\xi}{\omega_n}s + 1} \tag{8-6}$$

输入流量 q 恒定时的液压缸传递函数为

$$G_2(s) = \frac{v(s)}{F_L(s)} = \frac{-1}{A^2 + k_1 B} \cdot \frac{k_1 + \frac{V}{K}s}{\frac{s^2}{\omega_n^2} + 2\frac{\xi}{\omega_n}s + 1} \tag{8-7}$$

式中，ω_n、ξ 分别代表液压缸的固有角频率和阻尼比，其表达式分别为

$$\omega_n = \sqrt{\frac{(A^2 + k_1 B)K}{Vm}} \tag{8-8}$$

$$\xi = \frac{\omega_n}{2K} \cdot \frac{Kk_1 m + VB}{A^2 + k_1 B} \tag{8-9}$$

由以上公式可以看出：

（1）带管道的液压缸可以简化成一个二阶系统，它的特性方程中的系数都是正数，因此一般来说是能够稳定工作的。

（2）液压缸工作腔和进油管中的泄漏量很小，即 $k_1B/A^2 \ll 1$，所以式(8-8)中 $\omega_n = \sqrt{A^2K/Vm}$。这就是说，油液的体积弹性模量 K 越小（油液中混入的空气越多），活塞的有效工作面积越小，活塞运动时所能推动的工作部件质量越大，进油管越长（V 越大），液压缸的固有角频率 ω_n 就越低。另外，由于在活塞运动过程中 V 不断变化，因此 ω_n 不是一个定值，而是在某一频率范围内的值。

课内思考题：

8-3　基于图 8-8，试采用 MATLAB/Simulink 软件搭建系统传递函数仿真模型。

第 9 章

流体传动技术课程实验指导

流体传动技术课程实验是集机、电、液、气于一体的综合性实验，属于实践环节，其主要任务是帮助学生了解液压与气动系统的组成、液压与气压的形成原理、液压与气动元件的结构及工作原理，掌握液压与气动元件的图形符号及基本流体回路和电气回路的设计与实现。

9.1 液压与气动元件拆装实验

1. 实验目的

（1）通过对液压与气动元件的拆装，熟练掌握齿轮泵、叶片泵、柱塞泵、气缸、换向阀和溢流阀的组成、结构特征及工作原理。

（2）通过对液压与气动元件的拆装，对各种元件建立感性认识，并且从结构、工艺等方面深入理解液压与气动元件的工作原理及安装、维护问题。

2. 实验器材

液压与气动元件拆装实验器材包括齿轮泵、叶片泵、轴向柱塞泵、气缸、手动换向阀、直动式溢流阀、内六角扳手等。

3. 实验内容

（1）参考图 2-7，分析齿轮泵的组成和结构特点。观察齿轮泵外形，读铭牌标记，确定齿轮泵型号、最大工作压力、排量等参数；通过两个油口的大小来区分吸油口（直径大）和压油口（直径小）；观察齿轮啮合过程中密闭工作腔容积的变化，确定主动轴的转动方向。

（2）参考图 2-15 和图 2-16，观察叶片泵定子的形状，确定该叶片泵是单作用叶片泵还是双作用叶片泵；观察转子中叶片的个数，分析配流盘的作用、O 形密封圈的作用、传动轴与孔的配合关系、出/入口位置等。

（3）参考图 2-18，分析轴向柱塞泵的输出压力比齿轮泵和叶片泵的输出压力高的原因。

（4）了解气缸型号中数字的含义，确定气缸的缸径和行程；分析气缸缓冲装置的安装位置和作用。

（5）参考图 4-17，观察和思考手动换向阀阀芯的形状和作用，阀体上油口的位置和作用，以及弹簧的数量和作用；认识手动换向阀型号中各数字和字母的含义。

（6）参考图 4-27，观察直动式溢流阀的进油口和出油口是否相通。

9.2 单作用气缸换向及速度调节回路实验

1. 实验目的

（1）了解气动元件的结构及工作原理。
（2）了解气压的形成原理。
（3）掌握气动元件图形符号的画法。
（4）掌握单作用气缸换向及速度调节回路的设计与调试。

2. 实验设备及器材

（1）实验设备：机电液气综合实验台。
（2）实验器材：空压机、单作用气缸、进气节流阀、二位三通单电控电磁换向阀、气动三联件、连接软管等。

3. 实验内容

搭建并调试单作用气缸换向及速度调节回路对应的气动回路和电气回路。如图 9-1 所示，单作用气缸换向及速度调节回路由单作用气缸、进气节流阀、二位三通单电控电磁换向阀、气动三联件组成。单作用气缸的换向由二位三通单电控电磁换向阀实现，速度调节由进气节流阀实现。

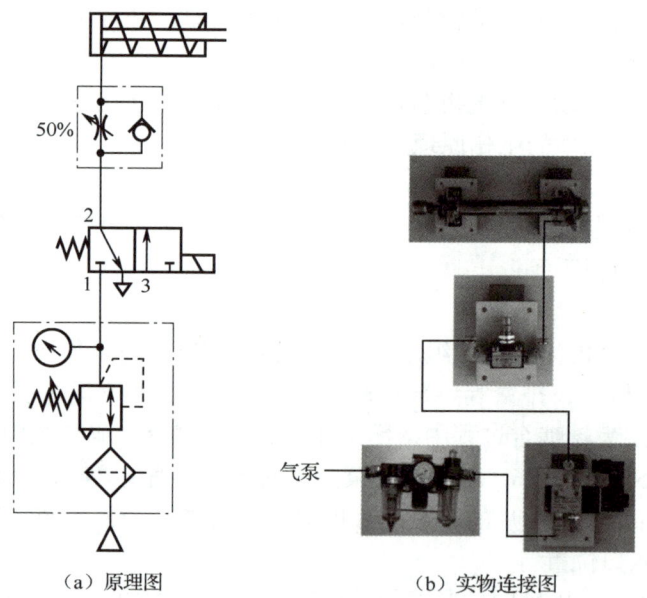

（a）原理图　　　　（b）实物连接图

图 9-1　单作用气缸换向及速度调节回路系统图

控制电磁换向阀的电磁铁线圈通、断的电气回路（自锁回路）如图 9-2 所示。其中，SB_1 和 SB_2 为按钮开关，K 为继电器，YV 为电磁阀线圈。

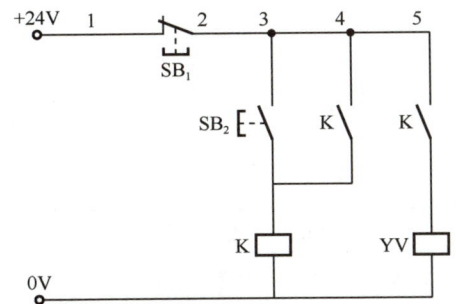

图 9-2　控制电磁换向阀的电磁铁线圈通、断的电气回路（自锁回路）

9.3　双作用气缸换向及速度调节回路实验

1. 实验目的

（1）了解气动元件的结构及工作原理。
（2）掌握气动元件图形符号的画法。
（3）掌握双作用气缸换向及速度调节回路的设计与调试。

2. 实验设备及器材

（1）实验设备：机电液气综合实验台。
（2）实验器材：空压机、双作用气缸、单向节流阀、二位五通单电控电磁换向阀、气动三联件、连接软管等。

3. 实验内容

搭建并调试双作用气缸换向及速度调节回路对应的气动回路和电气回路。如图 9-3 所示，双作用气缸换向及速度调节回路由双作用气缸、单向节流阀、二位五通单电控电磁换向阀、气动三联件组成。双作用气缸的换向由二位五通单电控电磁换向阀实现，速度调节由单向节流阀实现。

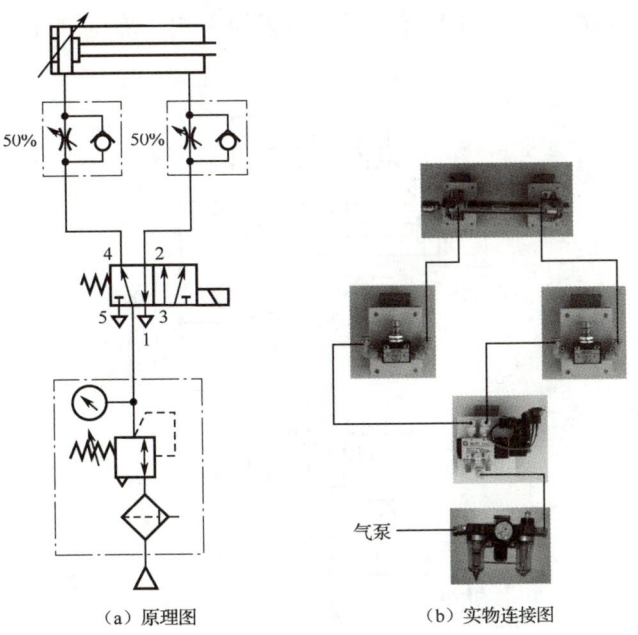

(a) 原理图　　　　　(b) 实物连接图

图 9-3　双作用气缸换向及速度调节回路系统图

课内思考题：

9-1 完成表 9-1 中的回路搭建任务。

表 9-1 不同回路要求

气缸类型	换向阀的控制方式	缸的动作控制
单/双作用缸	单电控	单缸单往复运动
	双电控	单缸连续往复运动
	手动	多缸顺序动作
	单气控	多缸同步动作
	双气控	多缸互不干扰运动

9.4 液压缸并联同步回路实验

1. 实验目的

（1）了解液压缸并联同步回路的组成及类别。

（2）了解液压缸并联同步回路的工业应用。

2. 实验设备及器材

（1）实验设备：机电液气综合实验台。

（2）实验器材：液压泵站、溢流阀、二位四通电磁换向阀、节流阀、单向阀、液压缸、油管、压力表、四通接头等。

3. 实验内容

在液压缸并联同步回路的设计中，执行元件名义上要求的流量还会受到载荷不均衡、摩擦力不相等、泄漏量有差别、制造上有差别等因素的影响。液压缸并联同步回路的原理图如图 9-4 所示。

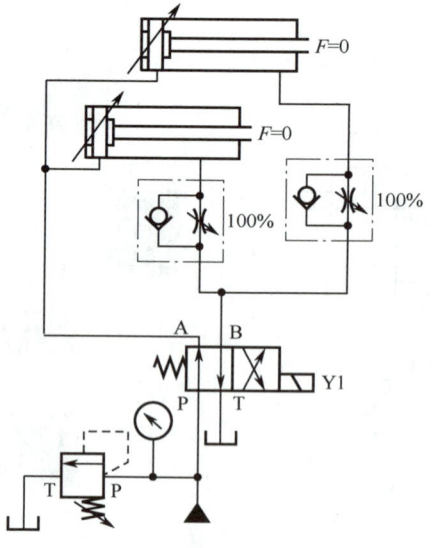

图 9-4 液压缸并联同步回路的原理图

9.5 管路液压冲击实验

1. 实验目的

（1）通过管路液压冲击实验，增加对管路液压冲击现象的了解和认识（具体介绍见 1.4.7.1 节），学习管路液压冲击实验台的组成、工作原理、基本操作，巩固和加深课堂所学知识，使抽象的理论知识具体化。

（2）学会将流体力学、工程基础和专业知识相结合，用于解决液压与气动技术领域的复杂工程问题。

2. 实验器材

管路液压冲击实验器材包括水箱、试验管路、快速关断阀、离心泵、回水管路、管路液压冲击过程动态图像分析系统、管路液压冲击过程压力流量特性分析系统等。

3. 实验内容

如图 9-5 所示，该实验平台通过阀的突然关闭来产生管路液压冲击现象。在该实验平台上，利用数据采集板记录管路液压冲击实验数据。通过改变电动机运行频率、调整管路初始流速，得到不同初始流速下的管路液压冲击压力脉动曲线。

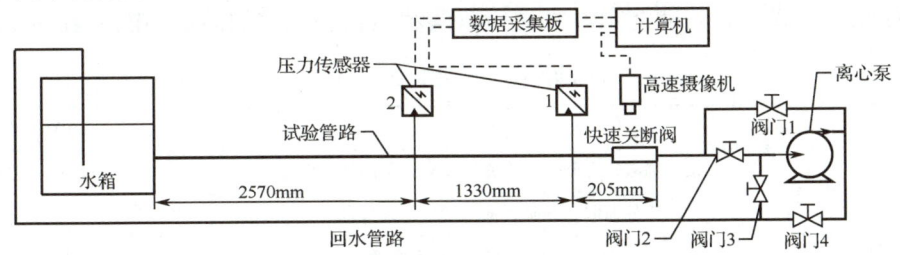

图 9-5　管路液压冲击实验装置原理图

通过撰写管路液压冲击实验报告、课后查找资料、整理实验数据，进一步加深对课堂中所学理论知识的理解，提高实验探索能力、创新能力和科研素养。

9.6 气动拾取演示实验

1. 实验目的

（1）了解气动拾取演示装置的组成、工作原理、特点等，对本课程在实际生产中的应用有更深入的认识。

（2）通过观摩气动拾取演示装置的工作过程，直观认识气动元件与电动元件的无缝结合，以及气动系统在工业生产流水线上的应用，培养在工程应用中发现问题、分析问题和解决问题的能力。

2. 实验设备

气动拾取演示实验设备为气动拾取演示装置，如图 9-6 所示。5 个 LECP6 系列控制器分别控制无杆式电缸水平搬运、出杆式电缸提升、电爪抓取、导杆滑台多点位停止及摆台进行旋转分度；LATC 控制器控制卡片式测长电缸进行工件长度测量；SY 基本配管型集装阀采用插针形式，集成了 15 个三通电磁阀，对系统中 14 个气缸及一个真空发生器进行控制。

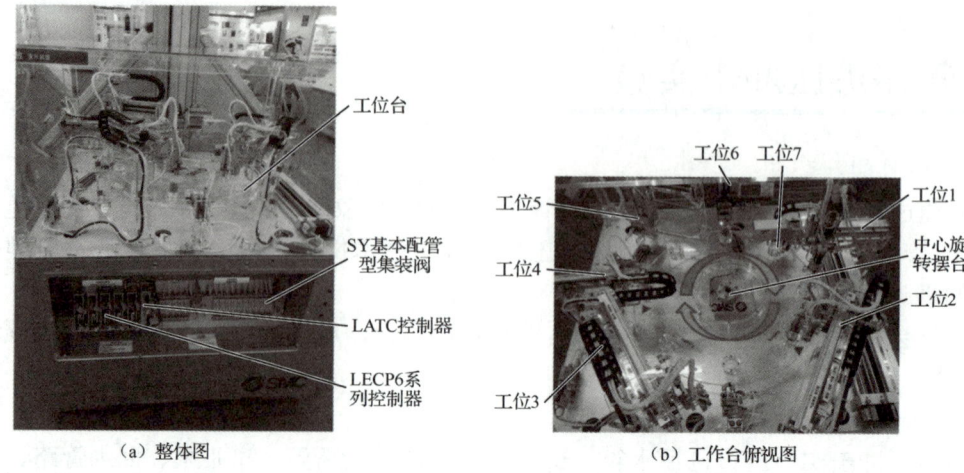

图 9-6 气动拾取演示装置

3. 实验内容

气动拾取演示装置集成了气动、电动和真空搬运系统，可通过多工位模拟演示工业生产中的工件搬运、多点位精确停止、抓取、真空吸附、工件翻转、工件长度测量及显示等功能。气动拾取演示装置包括七个工位和一个中心旋转摆台，不同的工位采用不同的气动执行元件和电动执行元件完成相关功能演示。气动拾取演示装置各工位的演示功能如表 9-2 所示。

表 9-2 气动拾取演示装置各工位的演示功能

工位	演示功能	相关元件
工位 1	工件抓取、升降、水平搬运及多点位高精度停止	电爪、电缸
工位 2	工件抓取、升降、水平搬运、夹持翻转	平行气爪、气动滑台、气动摆台
工位 3	工件抓取、升降、水平搬运	平行气爪、气动滑台
工位 4	工件吸附、升降、水平搬运	气动吸盘、气动滑台
工位 5	工件翻转、升降、水平搬运	回转气爪、气动滑台
工位 6	工件长度测量、计数	卡片式测长电缸
工位 7	工件夹持	开闭型齿轮式气爪
中心旋转摆台	分度旋转、定位	电动摆台

9.7 SMC 气动实验

1. 实验目的

（1）了解 SMC 气动实验箱的组成、工作原理、特点等。
（2）基于 SMC 气动实验箱，搭建气动回路。

2. 实验设备

SMC 气动实验设备为 SMC 气动实验箱。

3. 实验内容

SMC 气动实验箱的结构图如图 9-7 所示，包括双作用气缸、气爪、电磁阀、12V/24V 直流电源、继电器、压力表、压力开关等元件。

第9章 流体传动技术课程实验指导

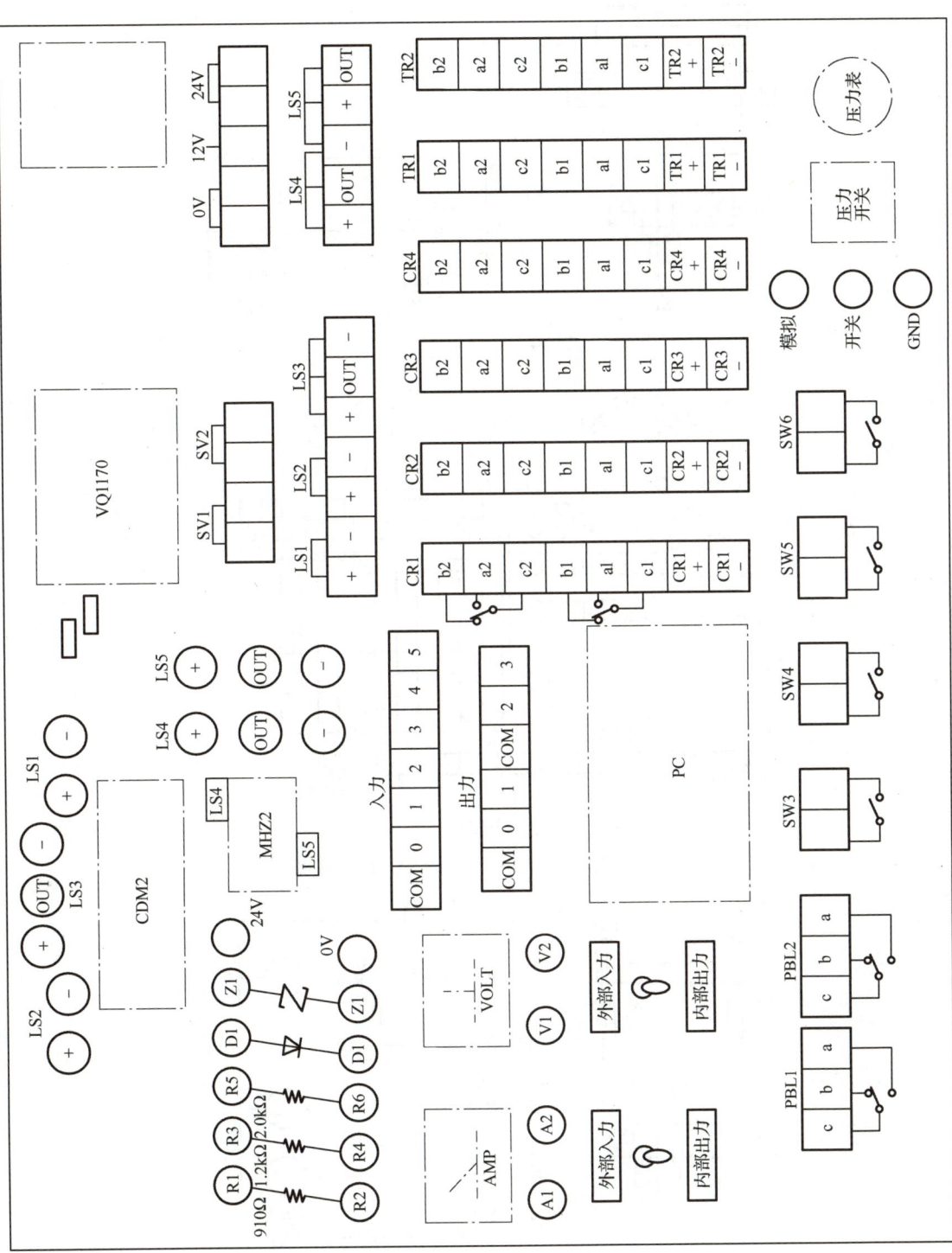

图 9-7 SMC 气动实验箱的结构图

根据图 9-8 和图 9-9 中的气动回路图、电气回路图、导线连接图，完成双作用气缸单往复运动和连续往复运动。

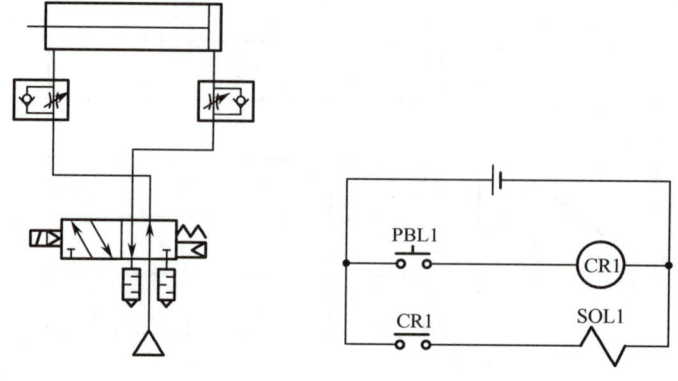

(a) 气动和电气回路图

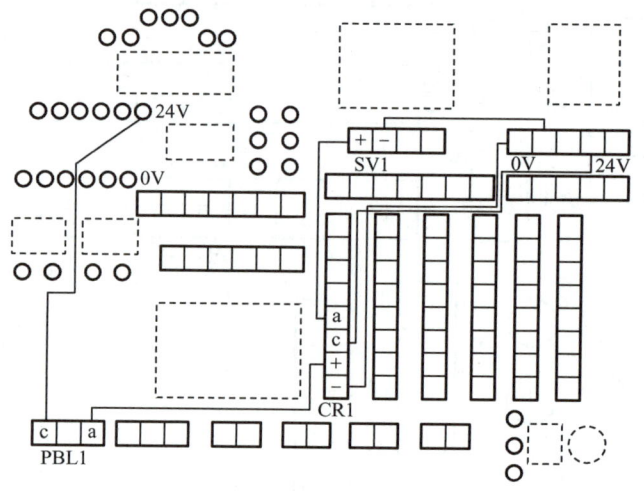

(b) 导线连接图

图 9-8 双作用气缸单往复运动的工作原理图

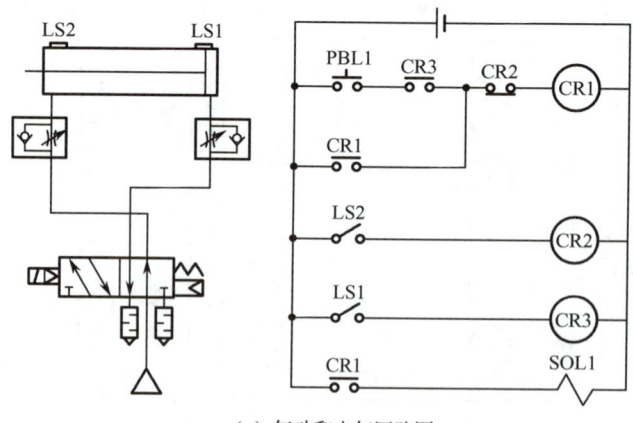

(a) 气动和电气回路图

图 9-9 双作用气缸连续往复运动的工作原理图

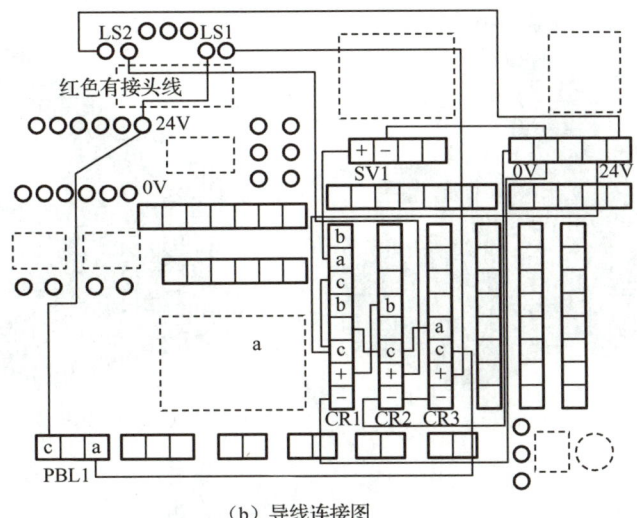

(b) 导线连接图

图 9-9 双作用气缸连续往复运动的工作原理图（续）

9.8 慧鱼气动模型搭建与调试实验

1. 实验目的

（1）掌握气动技术的基础知识，以及典型气动元件的结构特点、工作原理和应用。

（2）掌握气动基本回路的组成。

（3）激发学生的学习兴趣，使学生具备初步的工程设计能力，并为后续参加学科竞赛打下基础。

2. 实验设备

慧鱼气动模型搭建与调试实验设备包括慧鱼电子气动组合包、慧鱼控制器。

3. 实验内容

（1）基本任务：通过选取慧鱼元件，搭建不同的慧鱼气动模型，包括功能模型、车间吊机、冲床、履带式救援车、挖掘机等，如图 9-10 所示。

（a）功能模型　　　　　　　　（b）车间吊机

图 9-10 慧鱼气动模型

(c) 冲床　　　　　　　　　(d) 履带式救援车

(e) 挖掘机

图 9-10　慧鱼气动模型（续）

（2）挑战性任务：搭建气动机械臂，完成一定的功能展示，包括底座旋转、立柱升降、机械手抓取等。

课后知识拓展：

慧鱼创意组合模型

1964 年，慧鱼创意组合模型（Fischertechnik）诞生于德国，它是技术含量很高的工程技术类智趣拼装模型，也是体现世界先进教育理念的学具，为创新教育和创新实验提供了优良的载体。慧鱼创意组合模型的主要部件采用塑料制造，尺寸精确、耐磨损，在可以保证反复拆装的同时不影响模型接合的精确度。慧鱼构件的工业燕尾槽设计使其六面都可以进行拼接，其独特的设计可以实现不同的组合和扩充。基于慧鱼气动元件、机械元件、电气元件，辅以控制器和编程软件，可以搭建不同的慧鱼作品，同时实现不同的功能演示。

全国大学生机械创新设计大赛中也设立了慧鱼创新（创意）设计比赛的专项竞赛组。第六届至第十一届全国大学生机械创新设计大赛的主题和内容如表 9-3 所示。

表 9-3　第六届至第十一届全国大学生机械创新设计大赛的主题和内容

时间	主题	内容
2014 年（第六届）	幻·梦课堂	教室用设备和教具的设计与制作
2016 年（第七届）	服务社会——高效、便利、个性化	（1）钱币的分类、清点、整理机械装置； （2）不同材质、形状和尺寸商品的包装机械装置； （3）商品载运及助力机械装置
2018 年（第八届）	关注民生、美好家园	（1）解决城市小区中家庭用车停车难问题的小型停车机械装置的设计与制作； （2）辅助人工采摘包括苹果、柑橘、草莓等 10 种水果的小型机械装置或工具的设计与制作
2020 年（第九届）	智慧家居、幸福家庭	（1）帮助老年人独自活动起居的机械装置； （2）现代智能家居的机械装置
2022 年（第十届）	自然·和谐	（1）模仿自然界动物的运动形态、功能特点的机械产品（简称仿生机械）； （2）用于修复自然生态的机械装置，包括防风固沙、植被修复和净化海洋污染物的机械装置（简称生态修复机械）
2024 年（第十一届）	机械创新推进农业现代化、自然和谐迈向仿生新高度	（1）用于生产国产杂粮和 10 种蔬菜的播种、管理、收获的小型专用机械（简称兴农机械）； （2）以提高仿生机械运动性能为目标的"仿生青蛙"和"仿生蝴蝶"（简称高性能仿生机械）

课后思考题：

根据历届全国大学生机械创新设计大赛的主题，参考历届获奖作品，筛选出采用了流体传动技术的作品，试思考其优点、缺点和需要改进的地方。

参考文献

[1] 姜继海，宋锦春，高常识. 液压与气压传动[M]. 3版. 北京：高等教育出版社，2019.
[2] 陈尧明. 液压与气压传动学习指导与习题集[M]. 北京：机械工业出版社，2005.
[3] 王积伟. 液压与气压传动[M]. 3版. 北京：机械工业出版社，2018.
[4] 路甬祥. 液压气动技术手册[M]. 北京：机械工业出版社，2002.
[5] 朱洪涛. 液压与气压传动[M]. 北京：清华大学出版社，2005.
[6] 冀宏. 液压气压传动与控制[M]. 武汉：华中科技大学，2009.
[7] 李松晶，阮健，弓永军. 先进液压传动技术概论[M]. 哈尔滨：哈尔滨工业大学出版社，2008.
[8] 雷天觉. 新编液压工程手册[M]. 北京：北京理工大学出版社，1998.
[9] 成大先. 机械设计手册[M]. 北京：化学工业出版社，2002.
[10] 王春行. 液压控制系统[M]. 北京：机械工业出版社，2011.
[11] 陈淑梅. 液压与气压传动（英汉双语）[M]. 2版. 北京：机械工业出版社，2017.
[12] 刘建明，何伟利. 液压与气压传动[M]. 3版. 北京：机械工业出版社，2014.
[13] 苏杭，刘延俊. 液压与气压传动学习及实验指导[M]. 2版. 北京：机械工业出版社，2015.
[14] 付永领，祁晓野. AMESim系统建模和仿真：从入门到精通[M]. 北京：北京航空航天大学出版社，2006.
[15] 付永领，祁晓野. LMS Imagine.Lab AMESim系统建模和仿真参考手册[M]. 北京：北京航空航天大学出版社，2011.
[16] 梁全，谢基晨，聂利卫. 液压系统Amesim计算机仿真进阶教程[M]. 北京：机械工业出版社，2016.
[17] 宋志安，王成龙，曹连民. 液压传动与控制的FluidSIM建模与仿真[M]. 北京：机械工业出版社，2020.
[18] 刘银水，陈尧明，许福玲. 液压与气压传动学习指导与习题集[M]. 2版. 北京：机械工业出版社，2016.
[19] 李万国，张俐，刘光宇. 液压与气压传动实验指导[M]. 北京：机械工业出版社，2019.
[20] 周高峰，赵则祥. MATLAB/Simulink机电动态系统仿真及工程应用[M]. 北京：北京航空航天大学出版社，2014.
[21] ESPOSITO A. Fluid power with applications(pearson new international edition)[M]. 7th ed. London：Pearson Education Limited，2014.
[22] GUO Q，JIANG D. Nonlinear control techniques for electro-hydraulic actuators in robotics engineering[M]. Boca Raton：CRC Press，Taylor & Francis Group，2017.
[23] 刘延俊. 液压与气压传动[M]. 4版. 北京：机械工业出版社，2020.